L'EAU

GASTON BACHELARD

L'Eau et les Rêves

Essai sur
l'imagination de la matière

LIBRAIRIE JOSÉ CORTI

ISBN : 978-2-253-06099-4 – 1re publication – LGF

Introduction

IMAGINATION ET MATIÈRE

> Aidons l'hydre à vider son
> brouillard.
>
> MALLARMÉ, *Divagations*, p. 352.

I

Les forces imaginantes de notre esprit se développent sur deux axes très différents.

Les unes trouvent leur essor devant la nouveauté; elles s'amusent du pittoresque, de la variété, de l'événement inattendu. L'imagination qu'elles animent a toujours un printemps à décrire. Dans la nature, loin de nous, déjà vivantes, elles produisent des fleurs.

Les autres forces imaginantes creusent le fond de l'être; elles veulent trouver dans l'être, à la fois, le primitif et l'éternel. Elles dominent la saison et l'histoire. Dans la nature, en nous et hors de nous, elles produisent des germes; des germes où la forme est enfoncée dans une substance, où la *forme est interne*.

En s'exprimant tout de suite philosophiquement, on pourrait distinguer deux imaginations : une imagination qui donne vie à la cause formelle et une imagination qui donne vie à la cause matérielle ou, plus brièvement, l'*imagination formelle* et l'*imagination matérielle*. Ces derniers concepts exprimés sous une forme abrégée nous semblent en effet indispensables à une étude philosophique complète de la création poétique. Il faut qu'une cause sentimentale, qu'une cause du cœur devienne une cause formelle pour que l'œuvre ait la variété du verbe, la vie changeante de la lumière. Mais outre les images de la forme, si souvent évoquées par les psychologues de l'imagination, il y a — nous le montrerons — des images de la matière, des images *directes* de la *matière*. La vue les nomme, mais la main les connaît. Une joie dynamique les manie, les pétrit, les allège. Ces images de la matière, on les rêve substantiellement, intimement, en écartant les formes, les formes périssables, les vaines images, le devenir des surfaces. Elles ont un poids, elles sont un cœur.

Sans doute, il est des œuvres où les deux forces imaginantes coopèrent. Il est même impossible de les séparer complètement. La rêverie la plus mobile, la plus métamorphosante, la plus entièrement livrée aux formes, garde quand même un lest, une densité, une lenteur, une germination. En revanche, toute œuvre poétique qui descend assez profondément dans le germe de l'être pour trouver la solide constance et belle monotonie de la matière, toute œuvre poétique qui prend ses forces dans l'action vigilante d'une cause substantielle doit, tout de même, fleurir, se parer. Elle doit accueillir, pour la première séduction du lecteur, les exubérances de la beauté formelle.

En raison de ce besoin de séduire, l'imagination travaille le plus généralement où va la joie — ou tout au moins où va une joie ! — dans le sens des formes et des couleurs, dans le sens des variétés et des métamorphoses, dans le sens d'un avenir de la surface. Elle déserte la profondeur, l'intimité substantielle, le volume.

C'est cependant à l'imagination intime de ces forces végétantes et matérielles que nous voudrions surtout prêter notre attention dans cet ouvrage. Seul un philosophe iconoclaste peut entreprendre cette lourde besogne : détacher tous les suffixes de la beauté, s'évertuer à trouver, derrière les images qui se montrent, les images qui se cachent, aller à la racine même de la force imaginante.

Au fond de la matière pousse une végétation obscure ; dans la nuit de la matière fleurissent des fleurs noires. Elles ont déjà leur velours et la formule de leur parfum.

II

Quand nous avons commencé à méditer sur la notion de beauté de la matière, nous avons tout de suite été frappé de la carence de la *cause matérielle* dans la philosophie esthétique. Il nous a semblé, en particulier, qu'on sous-estimait la puissance individualisante de la matière. Pourquoi attache-t-on toujours la notion d'individu à la notion de forme ? N'y a-t-il pas une individualité en profondeur qui fait que la matière, en ses plus petites parcelles, est toujours une totalité ? Méditée dans sa perspective de profondeur, une matière est précisément le principe qui peut se désintéresser des formes. Elle n'est pas le simple déficit d'une activité formelle. Elle reste elle-même en dépit de toute déformation, de tout morcellement. La matière se laisse d'ailleurs valoriser en deux sens : dans le sens de l'approfondissement et dans le sens de l'essor. Dans le sens de l'approfondissement, elle apparaît comme insondable, comme un mystère. Dans le sens de l'essor, elle apparaît comme une force inépuisable, comme un miracle. Dans les deux cas, la méditation d'une matière éduque une *imagination ouverte*.

C'est seulement quand on aura étudié les formes en les attribuant à leur juste matière qu'on pourra envisager une doctrine complète de l'imagination humaine. On pourra alors se rendre compte que l'image est une plante qui a besoin de terre et de ciel, de substance et de forme. Les images trouvées par les hommes évoluent lentement, difficilement, et l'on comprend la profonde remarque de Jacques Bousquet : « Une image coûte autant de travail à l'humanité qu'un caractère nouveau à la plante. » Bien des images essayées ne peuvent vivre parce qu'elles sont de simples jeux formels, parce qu'elles ne sont pas vraiment adaptées à la matière qu'elles doivent parer.

Nous croyons donc qu'une doctrine philosophique de l'imagination doit avant tout étudier les rapports de la causalité matérielle à la causalité formelle. Ce problème se pose au poète aussi bien qu'au sculpteur. Les images poétiques ont, elles aussi, une matière.

III

Nous avons déjà travaillé à ce problème. Dans *La Psychanalyse du Feu*, nous avons proposé de marquer les différents types d'imagination par le signe des *éléments matériels* qui ont inspiré les philosophies traditionnelles et les cosmologies antiques. En effet, nous croyons possible de fixer, dans le règne de l'imagination, une *loi des quatre éléments* qui classe les diverses imaginations matérielles suivant qu'elles s'attachent au feu, à l'air, à l'eau ou à la terre. Et s'il est vrai, comme nous le prétendons, que toute poétique doive recevoir des composantes — si faibles qu'elles soient — d'essence matérielle, c'est encore cette classification par les éléments matériels fondamentaux qui doit apparenter le plus fortement les âmes poétiques. Pour qu'une rêverie se poursuive avec assez de constance pour donner une œuvre écrite, pour qu'elle ne soit pas simplement la vacance d'une heure fugitive, il faut qu'elle trouve sa *matière*, il faut qu'un élément matériel lui donne sa propre substance, sa propre règle, sa poétique spécifique. Et ce n'est pas pour rien que les philosophies primitives faisaient souvent, dans cette voie, un choix décisif. Elles ont associé à leurs principes formels un des quatre éléments fondamentaux qui sont ainsi devenus des marques de *tempéraments philosophiques*. Dans ces systèmes philosophiques, la pensée savante est liée à une rêverie matérielle primitive, la sagesse tranquille et permanente s'enracine dans une constance substantielle. Et si ces philosophies simples et puissantes gardent encore des sources de conviction, c'est parce qu'en les étudiant on retrouve des forces imaginantes toutes naturelles. Il en va toujours de même : dans l'ordre de la philosophie, on ne persuade bien qu'en suggérant des rêveries fondamentales, qu'en rendant aux pensées leur avenue de rêves.

Plus encore que les pensées claires et les images conscientes, les rêves sont sous la dépendance des quatre éléments fondamentaux. Les essais ont été nombreux qui ont relié la doctrine des quatre éléments matériels aux quatre tempéraments organiques. Ainsi un vieil auteur, Lessius, écrit dans l'*Art de vivre longtemps* (p. 54) : « Les songes des bilieux sont de feux, d'incendies, de guerres, de meurtres ; ceux des mélancoliques d'enterrements, de sépulcres, de spectres, de fuites, de fosses, de toutes choses tristes ; ceux des pituiteux, de lacs, de fleuves, d'inondations, de naufrages ; ceux des sanguins, de vols d'oiseaux, de courses, de festins, de concerts, de choses même que l'on n'ose nommer. » Par conséquent, les bilieux, les mélancoliques, les pituiteux et les sanguins seront respectivement caractérisés par le feu, la terre, l'eau et l'air. Leurs songes travaillent de préférence l'élément matériel qui les caractérise. Si l'on admet qu'à une erreur biologique sans doute manifeste mais bien générale peut correspondre une vérité onirique profonde, on est prêt à interpréter les songes *matériellement*. A côté de la psychanalyse des rêves devra donc figurer une psychophysique et une psychochimie des rêves. Cette psychanalyse très matérialiste rejoindra les vieux préceptes qui voulaient que les *maladies élémentaires* fussent guéries par les *médecines élémentaires*. L'élément matériel est déterminant pour la maladie comme pour la guérison. Nous souffrons par les rêves et nous guérissons par les rêves. Dans la cosmologie du rêve, les éléments matériels restent les éléments fondamentaux.

D'une manière générale, nous croyons que la psychologie des émotions esthétiques gagnerait à étudier la zone des rêveries matérielles qui précèdent la contemplation. On rêve avant de contempler. Avant d'être un spectacle conscient tout paysage est une expérience onirique. On ne regarde avec une passion esthétique que les paysages qu'on a d'abord vus en rêve. Et c'est avec raison que Tieck a reconnu dans le rêve humain le préambule de la beauté naturelle. L'unité d'un paysage s'offre comme l'accomplissement d'un rêve souvent rêvé, « wie die Erfüllung eines oft getraumten Traums » (L. Tieck, *Werke*, t. V, p. 10). Mais le paysage onirique n'est pas un cadre qui se remplit d'impressions, c'est une matière qui foisonne.

On comprend donc qu'à un élément matériel comme le feu, on puisse rattacher un type de rêverie qui commande les croyances, les passions, l'idéal, la philosophie de toute une vie. Il y a un sens à parler de l'esthétique du feu, de la psychologie du feu et même de la morale du feu. Une poétique et une philosophie du feu condensent tous ces enseignements. A elles deux, elles constituent ce prodigieux enseignement ambivalent qui soutient les convictions du cœur par les instructions de la réalité et qui, vice versa, fait comprendre la vie de l'univers par la vie de notre cœur.

Tous les autres éléments prodiguent de semblables certitudes ambivalentes. Ils suggèrent des confidences secrètes et montrent des images éclatantes. Ils ont tous les quatre leurs fidèles, ou, plus exactement, chacun d'eux est déjà profondément, matériellement, un *système de fidélité poétique*. A les chanter, on croit être fidèle à une image favorite, on est en réalité fidèle à un sentiment humain primitif, à une réalité organique première, à un tempérament onirique fondamental.

IV

Nous aurons, croyons-nous, confirmation de cette thèse dans le présent ouvrage où nous étudierons les images substantielles de l'eau, où nous ferons la psychologie de « l'imagination matérielle » de l'eau — élément plus féminin et plus uniforme que le feu, élément plus constant qui symbolise avec des forces humaines plus cachées, plus simples, plus simplifiantes. En raison de cette simplicité et de cette simplification, notre tâche sera ici plus difficile et plus monotone. Les documents poétiques sont bien moins nombreux et plus pauvres. Les poètes et les rêveurs sont souvent plus amusés que séduits par les jeux superficiels des eaux. L'eau est, alors un ornement de leurs paysages ; elle n'est pas vraiment la « substance » de leurs rêveries. Pour parler en philosophe, les poètes de l'eau « participent » moins à la réalité aquatique de la nature que les poètes qui écoutent l'appel du feu ou de la terre.

Pour bien dégager cette « participation » qui est l'essence même de la pensée des eaux, du *psychisme hydrant*, nous aurons donc besoin de nous appesantir sur des exemples trop rares. Mais si nous pouvons convaincre notre lecteur qu'il y a, sous les images superficielles de l'eau, une série d'images de plus en plus profondes, de plus en plus tenaces, il ne tardera pas à éprouver, dans ses propres contemplations, une sympathie pour cet approfondissement ; il sentira s'ouvrir, sous l'imagination des formes, l'imagination des substances. Il reconnaîtra dans l'eau, dans la substance de l'eau, *un type d'intimité*, intimité bien différente de celles que suggèrent les « profondeurs » du feu ou de la pierre. Il devra reconnaître que l'imagination matérielle de l'eau est un type particulier d'imagination. Fort de cette connaissance d'une profon-

deur dans un élément matériel, le lecteur comprendra
enfin que l'eau est aussi un *type de destin*, non plus seulement le vain destin des images fuyantes, le vain destin
d'un rêve qui ne s'achève pas, mais un destin essentiel qui
métamorphose sans cesse la substance de l'être. Dès lors,
le lecteur comprendra plus sympathiquement, plus douloureusement un des caractères de l'héraclitéisme. Il verra
que le mobilisme héracléten est une philosophie *concrète*,
une philosophie *totale*. On ne se baigne pas deux fois dans
un même fleuve, parce que, déjà, dans sa profondeur,
l'être humain a le destin de l'eau qui coule. L'eau est
vraiment l'élément transitoire. Il est la métamorphose
ontologique essentielle entre le feu et la terre. L'être voué à
l'eau est un être en vertige. Il meurt à chaque minute, sans
cesse quelque chose de sa substance s'écoule. La mort
quotidienne n'est pas la mort exubérante du feu qui perce
le ciel de ses flèches; la mort quotidienne est la mort de
l'eau. L'eau coule toujours, l'eau tombe toujours, elle finit
toujours en sa mort horizontale. Dans d'innombrables
exemples nous verrons que pour l'imagination matérialisante la mort de l'eau est plus songeuse que la mort de la
terre : la peine de l'eau est infinie.

V

Avant de donner le plan d'ensemble de notre étude nous
voudrions nous expliquer sur son titre, car cette explication doit éclairer notre but.

Bien que le présent ouvrage soit un nouvel exemple,
après *La Psychanalyse du Feu*, de la loi des quatre éléments
poétiques, nous n'avons pas retenu pour titre *La Psychanalyse de l'Eau* qui aurait pu faire pendant à notre ancien
essai. Nous avons choisi un titre plus vague : *L'Eau et les
Rêves*. C'est là une obligation de la sincérité. Pour parler de
psychanalyse, il faut avoir classé les images originelles
sans laisser à aucune d'elles la trace de ses premiers
privilèges ; il faut avoir désigné, puis désuni, des
complexes qui ont longtemps noué des désirs et des rêves.
Nous avons le sentiment de l'avoir fait dans notre *Psychanalyse du Feu*. On a pu s'étonner qu'un philosophe rationaliste donne une si longue attention à des illusions et à des

erreurs, et qu'il ait sans cesse besoin de représenter les valeurs rationnelles et les images claires comme des rectifications de données fausses. En fait, nous ne voyons aucune solidité à une rationalité naturelle, immédiate, élémentaire. On ne s'installe pas d'un seul coup dans la connaissance rationnelle; on ne donne pas du premier coup la juste perspective des images fondamentales. Rationaliste? Nous essayons de le *devenir*, non seulement dans l'ensemble de notre culture, mais dans le détail de nos pensées, dans l'ordre détaillé de nos images familières. Et c'est ainsi que par une psychanalyse de la connaissance objective et de la connaissance imagée nous sommes devenu rationaliste à l'égard du feu. La sincérité nous oblige à confesser que nous n'avons pas réussi le même redressement à l'égard de l'eau. Les images de l'eau, nous les vivons encore, nous les vivons synthétiquement dans leur complexité première en leur donnant souvent notre adhésion irraisonnée.

Je retrouve toujours la même mélancolie devant les eaux dormantes, une mélancolie très spéciale qui a la couleur d'une mare dans une forêt humide, une mélancolie sans oppression, songeuse, lente, calme. Un détail infime de la vie des eaux devient souvent pour moi un symbole psychologique essentiel. Ainsi l'odeur de la menthe aquatique appelle en moi une sorte de correspondance ontologique qui me fait croire que la vie est un simple arome, que la vie émane de l'être comme une odeur émane de la substance, que la plante du ruisseau doit émettre l'âme de l'eau... S'il me fallait revivre à mon compte le mythe philosophique de la statue de Condillac qui trouve le premier univers et la première conscience dans les odeurs, au lieu de dire comme elle : « Je suis odeur de rose », je devrais dire « je suis d'abord odeur de menthe, odeur de la menthe des eaux ». Car l'être est avant tout un éveil et il s'éveille dans la conscience d'une impression extraordinaire. L'individu n'est pas la somme de ses impressions générales, il est la somme de ses impressions singulières. Ainsi se créent en nous les *mystères familiers* qui se désignent en de *rares symboles*. C'est près de l'eau et de ses fleurs que j'ai le mieux compris que la rêverie est un univers en émanation, un souffle odorant qui sort des choses par l'intermédiaire d'un rêveur. Si je veux étudier la vie des images de l'eau, il me faut donc rendre leur rôle dominant à la rivière et aux sources de mon pays.

Je suis né dans un pays de ruisseaux et de rivières, dans un coin de la Champagne vallonnée, dans le Vallage, ainsi nommé à cause du grand nombre de ses vallons. La plus belle des demeures serait pour moi au creux d'un vallon, au bord d'une eau vive, dans l'ombre courte des saules et des osières. Et quand octobre viendrait, avec ses brumes sur la rivière...

Mon plaisir est encore d'accompagner le ruisseau, de marcher le long des berges, dans le bon sens, dans le sens de l'eau qui coule, de l'eau qui mène la vie ailleurs, au village voisin. Mon « ailleurs » ne va pas plus loin. J'avais presque trente ans quand j'ai vu l'Océan pour la première fois. Aussi, dans ce livre, je parlerai mal de la mer, j'en parlerai indirectement en écoutant ce qu'en disent les livres des poètes, j'en parlerai en restant sous l'influence des poncifs scolaires relatifs à l'infini. En ce qui touche ma rêverie, ce n'est pas l'infini que je trouve dans les eaux, c'est la profondeur. D'ailleurs, Beaudelaire ne dit-il pas que six à sept lieues représentent pour l'homme rêvant devant la mer le rayon de l'infini? (*Journaux intimes*, p. 79). Le Vallage a dix-huit lieues de long et douze de large. C'est donc un monde. Je ne le connais pas tout entier : je n'ai pas suivi toutes ses rivières.

Mais le pays natal est moins une étendue qu'une matière; c'est un granit ou une terre, un vent ou une sécheresse, une eau ou une lumière. C'est en lui que nous matérialisons nos rêveries; c'est par lui que notre rêve prend sa juste substance; c'est à lui que nous demandons notre couleur fondamentale. En rêvant près de la rivière, j'ai voué mon imagination à l'eau, à l'eau verte et claire, à l'eau qui verdit les prés. Je ne puis m'asseoir près d'un ruisseau sans tomber dans une rêverie profonde, sans revoir mon bonheur... Il n'est pas nécessaire que ce soit le ruisseau de chez nous, l'eau de chez nous. L'eau anonyme sait tous mes secrets. Le même souvenir sort de toutes les fontaines.

Nous avons une autre raison, moins sentimentale, moins personnelle, pour ne pas prendre comme titre de notre étude : *La psychanalyse de l'Eau*. En effet, dans le

présent livre, nous n'avons pas développé systématiquement, comme il le faudrait dans une psychanalyse profonde, le caractère organiciste des images matérialisées.
Les premiers intérêts psychiques qui laissent des traces
ineffaçables dans nos rêves sont des intérêts organiques.
La première conviction chaleureuse est un bien-être cor-
porel. C'est dans la chair, dans les organes que prennent
naissance les images matérielles premières. Ces premières
images matérielles sont dynamiques, actives; elles sont
liées à des volontés simples, étonnamment grossières. La
psychanalyse a soulevé bien des révoltes en parlant de la
libido enfantine. On comprendrait peut-être mieux
l'action de cette *libido* si on lui redonnait sa forme confuse
et générale, si on l'attachait à toutes les fonctions organiques. La *libido* apparaîtrait alors comme solidaire de
tous les désirs, de tous les besoins. Elle serait considérée
comme une dynamique de l'appétit et elle trouverait son
apaisement dans toutes les impressions de bien-être. Une
chose est sûre en tout cas, c'est que la rêverie chez l'enfant
est une rêverie matérialiste. L'enfant est un matérialiste
né. Ses premiers rêves sont les rêves des substances organiques.

Il est des heures où le songe du poète créateur est si
profond, si naturel qu'il retrouve sans s'en douter les
images de sa chair enfantine. Les poèmes dont la racine est
si profonde ont souvent une puissance singulière. Une
force la traverse et le lecteur, sans y penser, participe à
cette force originelle. Il n'en voit plus l'origine. Voici deux
pages où se révèle la sincérité organique d'une image
première :

> Connaissant ma propre quantité,
> C'est moi, je tire, j'appelle sur toutes mes racines, le
> [Gange, le Mississipi,
> L'épaisse touffe de l'Orénoque, le long fil du Rhin, le Nil
> [avec sa double vessie[1]...

Ainsi, va l'abondance... Dans les légendes populaires,
innombrables sont les fleuves qui proviennent de la mic-
tion d'un géant. Gargantua a aussi inondé la campagne
française au hasard de toutes ses promenades.

---

1. Paul Claudel, *Cinq Grandes Odes*, p. 49.

Si l'eau devient précieuse, elle devient séminale. Elle est alors chantée avec plus de mystère. Seule la psychanalyse organiciste peut éclairer une image confuse comme celle-ci :

> Et comme la goutte séminale féconde la figure
> [mathématique, départissant
> L'amorce foisonnante des éléments de son théorème,
> Ainsi le corps de gloire désire sous le corps de boue,
> [et la nuit
> D'être dissoute dans la visibilité[1].

Une goutte d'eau puissante suffit pour créer un monde et pour dissoudre la nuit. Pour rêver la puissance, il n'est besoin que d'une goutte imaginée en profondeur. L'eau ainsi dynamisée est un germe ; elle donne à la vie un essor inépuisable.

De même, dans une œuvre aussi idéalisée que l'œuvre d'Edgar Poe, Mme Marie Bonaparte a découvert la signification organique de nombreux thèmes. Elle apporte des preuves nombreuses du caractère physiologique de certaines images poétiques.

Pour aller aussi loin vers les racines de l'imagination organique, pour écrire en dessous de la psychologie de l'eau, une physiologie de l'eau onirique, nous ne nous sommes pas senti suffisamment préparé. Il y faudrait une culture médicale et surtout une grande expérience des névroses. En ce qui nous concerne, nous n'avons pour connaître l'homme que la lecture, la merveilleuse lecture qui juge l'homme d'après ce qu'il écrit. De l'homme, ce que nous aimons par-dessus tout, c'est ce qu'on en peut écrire. Ce qui ne peut être écrit mérite-t-il d'être vécu ? Nous avons donc dû nous contenter de l'étude de l'imagination matérielle *greffée* et nous nous sommes borné presque toujours à étudier les différents rameaux de l'imagination matérialisante *au-dessus de la greffe* quand une culture a mis sa marque sur une nature.

D'ailleurs ce n'est pas là, pour nous, une simple métaphore. La *greffe* nous apparaît au contraire comme un concept essentiel pour comprendre la psychologie

1. Paul Claudel, *loc. cit.*, p. 64.

humaine. C'est, d'après nous, le signe humain, le signe
nécessaire pour spécifier l'imagination humaine. A nos
yeux, l'humanité imaginante est un au-delà de la nature
naturante. C'est la greffe qui peut donner vraiment à
l'imagination matérielle l'exubérance des formes. C'est la
greffe qui peut transmettre à l'imagination formelle la
richesse et la densité des matières. Elle oblige le sauva-
geon à fleurir et elle donne de la matière à la fleur. En
dehors de toute métaphore, il faut l'union d'une activité
rêveuse et d'une activité idéative pour produire une œuvre
poétique. L'art est de la nature greffée.

Bien entendu, dans notre étude sur les images, quand
nous avons reconnu une sève plus lointaine, nous l'avons
notée au passage. Il est même très rare que nous n'ayons
pas décelé des origines organiques pour des images très
idéalisées. Mais cela ne suffisait pas pour mériter que
notre étude soit mise au rang d'une psychanalyse exhaus-
tive. Notre livre reste donc un essai d'esthétique littéraire.
Il a le double but de déterminer la substance des images
poétiques et la convenance des formes aux matières fondamentales.

VI

Voici maintenant le plan général de notre étude.

Pour bien montrer ce qu'est un axe de l'imagination
matérialisante, nous commencerons par des images qui
matérialisent mal; nous rappellerons des images superficielles, des images qui jouent à la surface de l'élément,
sans laisser à l'imagination le temps de travailler la
matière. Notre premier chapitre sera consacré aux eaux
claires, aux eaux brillantes qui donnent des images fugitives et faciles. Cependant, nous ferons sentir qu'en raison
de l'unité de l'élément, ces images s'ordonnent et s'orga-
nisent. Nous ferons alors prévoir le passage d'une poésie
des eaux à une métapoétique de l'eau, le passage d'un
pluriel à un singulier. Pour une telle métapoétique, l'eau
n'est plus seulement un *groupe* d'images connues dans une
contemplation vagabonde, dans une suite de rêveries bri-
sées, instantanées; elle est un *support* d'images et bientôt
un *apport* d'images, un principe qui fonde les images.

L'eau devient aussi peu à peu, dans une contemplation qui s'approfondit, un élément de l'imagination matérialisante. Autrement dit, les poètes amusés vivent comme une eau annuelle, comme une eau qui va du printemps à l'hiver et qui reflète aisément, passivement, légèrement toutes les saisons. Mais le poète plus profond trouve l'eau vivace, l'eau qui renaît de soi, l'eau qui ne change pas, l'eau qui marque de son signe ineffaçable ses images, l'eau qui est un organe du monde, un aliment des phénomènes coulants, l'élément végétant, l'élément lustrant, le corps des larmes...

Mais, répétons-le, c'est en se tenant assez longtemps à la surface irisée que nous comprendrons le prix de la profondeur. Nous essaierons donc de préciser certains principes de cohésion qui unifient les images superficielles. Nous verrons en particulier comment le narcissisme de l'être individuel s'encadre peu à peu dans un véritable narcissisme cosmique. En fin de chapitre nous étudierons aussi un idéal facile de blancheur et de grâce que nous caractériserons sous le nom de *complexe du cygne*. Les eaux amoureuses et légères y trouvent un symbole bien facile à psychanalyser.

C'est donc seulement dans le deuxième chapitre — où nous étudierons le rameau principal de la métapoétique d'Edgar Poe — que nous serons sûr d'atteindre l'*élément*, l'eau substantielle, l'eau rêvée dans sa substance.

A cette certitude, il y a une raison. C'est qu'aux matières originelles où s'instruit l'imagination matérielle sont attachées des ambivalences profondes et durables. Et cette propriété psychologique est si constante qu'on peut en énoncer, comme une loi primordiale de l'imagination, la réciproque : *une matière que l'imagination ne peut faire vivre doublement ne peut jouer le rôle psychologique de matière originelle*. Une matière qui n'est pas l'occasion d'une ambivalence psychologique ne peut trouver son *double poétique* qui permet des transpositions sans fin. Il faut donc qu'il y ait *double participation* — participation du désir et de la crainte, participation du bien et du mal, participation tranquille du blanc et du noir — pour que l'*élément matériel* attache l'âme entière. Or nous verrons le manichéisme de la rêverie plus net que jamais quand

Edgar Poe médite devant les rivières et les lacs. C'est par
l'eau que Poe l'idéaliste, que Poe l'intellectuel et le logicien
retrouve le contact avec la matière irrationnelle, avec la
matière « tracassée », avec la matière mystérieusement
vivante.

En étudiant les œuvres d'Edgar Poe, nous aurons donc
un bon exemple de la dialectique dont Claude-Louis
Estève a bien compris la nécessité pour la vie active du
langage : « S'il faut désubjectiver autant que possible la
logique et la science, il est non moins indispensable, en
contre-partie, de désobjectiver le vocabulaire et la syntaxe[1]. Faute de cette désobjectivation des objets, faute de
cette déformation des formes qui nous permet de voir la
matière sous l'objet, le monde s'éparpille en choses disparates, en solides immobiles et inertes, en objets étrangers à
nous-mêmes. L'âme souffre alors d'un déficit d'imagination matérielle. L'eau, en groupant les images, en dissol-
vant les substances, aide l'imagination dans sa tâche de
désobjectivation, dans sa tâche d'assimilation. Elle
apporte aussi un type de syntaxe, une liaison continue des
images, un doux mouvement des images qui désancre la
rêverie attachée aux objets. C'est ainsi que l'eau élémentaire de la métapoétique d'Edgar Poe met un univers
en mouvement singulier. Elle symbolise avec un héraclitéisme lent, doux et silencieux comme l'huile. L'eau
éprouve alors comme une perte de vitesse, qui est une
perte de vie ; elle devient une sorte de médiateur plastique
entre la vie et la mort. En lisant Poe, on comprend plus
intimement l'étrange vie des eaux mortes et le langage
apprend la plus terrible des syntaxes, la syntaxe des
choses qui meurent, la vie mourante.

Pour bien caractériser cette syntaxe d'un devenir et des
choses, cette triple syntaxe de la vie, de la mort et de l'eau,
nous proposons de retenir deux complexes que nous avons
nommés le *complexe de Caron* et le *complexe d'Ophélie*.
Nous les avons réunis dans un même chapitre parce qu'ils
symbolisent tous deux la pensée de notre dernier voyage et
de notre dissolution finale. Disparaître dans l'eau pro-

---

1. Claude-Louis Estève, *Études philosophiques sur l'expression littéraire*,
p. 192.

fonde ou disparaître dans un horizon lointain, s'associer à la profondeur ou à l'infinité, tel est le destin humain qui prend son image dans le destin des eaux.

Quand nous aurons ainsi bien déterminé les caractères superficiels et les caractères profonds de *l'eau imaginaire*, nous pourrons essayer d'étudier la composition de cet élément avant d'autres éléments de l'imagination matérielle. Nous verrons que certaines formes poétiques se nourrissent d'une double matière ; qu'un double matérialisme travaille souvent l'imagination matérielle. Dans certaines rêveries, il semble que tout élément cherche un mariage ou un combat, des aventures qui l'apaisent ou qui l'excitent. Dans d'autres rêveries, l'eau imaginaire nous apparaîtra comme l'élément des transactions, comme le schème fondamental des mélanges. C'est pourquoi nous donnerons une grande attention à la combinaison de l'eau et de la terre, combinaison qui trouve dans la pâte son prétexte réaliste. La pâte est alors le schème fondamental de la matérialité. La notion même de matière est, croyons-nous, étroitement solidaire de la notion de pâte. Il faudrait même partir d'une longue étude du pétrissage et du modelage pour bien poser les rapports réels, expérimentaux de la cause formelle et de la cause matérielle. Une main oisive et caressante qui parcourt des lignes bien faites, qui inspecte un travail fini, peut s'enchanter d'une géométrie facile. Elle conduit à une philosophie d'un philosophe qui *voit* l'ouvrier travailler. Dans le règne de l'esthétique, cette visualisation du travail fini conduit naturellement à la suprématie de l'imagination formelle. Au contraire, la main travailleuse et impérieuse apprend la dynamogénie essentielle du réel en travaillant une matière qui, à la fois, résiste et cède comme une chair aimante et rebelle. Elle accumule ainsi toutes les ambivalences. Une telle main en travail a besoin du juste mélange de la terre et de l'eau pour bien comprendre ce qu'est une matière capable d'une forme, une substance capable d'une vie. Pour l'inconscient de l'homme pétrisseur, l'ébauche est l'embryon de l'œuvre, l'argile est la mère du bronze. On n'insistera donc jamais trop, pour comprendre la psychologie de l'inconscient créateur, sur les expériences de la fluidité, de la malléabilité. Dans l'expérience des pâtes, l'eau apparaîtra nettement comme la matière dominatrice. C'est à elle qu'on rêvera quand on bénéficiera par elle de la docilité de l'argile.

Pour montrer l'aptitude de l'eau à *se composer* avec d'autres éléments, nous étudierons d'autres compositions, mais nous devrons nous souvenir que le véritable type de la composition, c'est, pour l'imagination matérielle, la composition de l'eau et de la terre.

Quand nous aurons compris que toute combinaison des éléments matériels est, pour l'inconscient, un mariage, nous pourrons rendre compte du caractère presque toujours *féminin* attribué à l'eau par l'imagination naïve et par l'imagination poétique. Nous verrons aussi la profonde *maternité* des eaux. L'eau gonfle les germes et fait jaillir les sources. L'eau est une matière qu'on voit partout naître et croître. La source est une naissance irrésistible, une naissance *continue*. De si grandes images marquent à jamais l'inconscient qui les aime. Elles suscitent des rêveries sans fin. Dans un chapitre spécial nous avons essayé de montrer comment ces images imprégnées de mythologie animent encore naturellement les œuvres poétiques.

Une imagination qui s'attache entièrement à une matière particulière est facilement valorisante. L'eau est l'objet d'une des plus grandes valorisations de la pensée humaine : la valorisation de la pureté. Que serait l'idée de pureté sans l'image d'une eau limpide et claire, sans ce beau pléonasme qui nous parle d'une *eau pure* ? L'eau accueille toutes les images de la pureté. Nous avons donc essayé de mettre en ordre toutes les raisons qui fondent la puissance de ce symbolisme. Nous avons là un exemple d'une sorte de *morale naturelle* enseignée par la méditation d'une substance fondamentale.

En liaison avec ce problème de pureté ontologique, on peut comprendre la suprématie que tous les mythologues ont reconnue à l'eau douce sur l'eau des mers. Nous avons consacré un court chapitre à cette valorisation. Il nous a semblé que ce chapitre était nécessaire pour ramener l'esprit à la considération des substances. On ne comprendra bien la doctrine de l'imagination matérielle que lorsqu'on aura rétabli l'équilibre entre les *expériences* et les *spectacles*. Les rares livres d'esthétique qui envisagent la *beauté concrète*, la beauté des substances, ne font souvent qu'effleurer le problème effectif de l'imagination matérielle. Ne donnons qu'un exemple. Dans son *Esthétique*, Max Schasler se propose d'étudier « die konkrete Naturschönheit ». Il ne consacre que dix pages aux éléments, dont trois à l'eau, et c'est à l'infini des mers qu'il consacre le paragraphe central. Il convenait donc bien que nous insistions sur les rêveries qui s'attachent aux eaux naturelles plus communes, aux eaux qui n'ont pas besoin d'infini pour retenir le rêveur.

Notre dernier chapitre abordera le problème de la psychologie de l'eau par des voies très différentes. Ce chapitre ne sera pas, à proprement parler, une étude de l'*imagination matérielle*; il sera une étude de l'*imagination dynamique* à laquelle nous espérons pouvoir consacrer un autre ouvrage. Ce chapitre est intitulé l'*eau violente*.

D'abord, dans sa violence, l'eau prend une colère spécifique ou, autrement dit, l'eau reçoit facilement tous les caractères psychologiques d'un *type de colère*. Cette colère, l'homme se vante assez rapidement de la mater. Aussi l'eau violente est bientôt l'eau qu'on violente. Un duel de méchanceté commence entre l'homme et les flots. L'eau prend une rancune, elle change de sexe. En devenant méchante, elle devient masculine. Voilà, sur un mode nouveau, la conquête d'une dualité inscrite dans l'élément, nouveau signe de la valeur originelle d'un élément de l'imagination matérielle !

Nous montrerons donc la volonté d'attaque qui anime l'homme nageant, puis la revanche du flot, le flux et le reflux de la colère qui gronde et se répercute. Nous nous rendrons compte de la dynamogénie spéciale que l'être humain acquiert dans la fréquentation des eaux violentes. Ce sera un nouvel exemple de l'organicisme fondamental de l'imagination. Nous retrouverons ainsi cette *imagination musculaire* dont nous avons signalé l'action dans la métapoétique énergétique de Lautréamont. Mais au contact de l'eau, au contact de l'élément matériel, cette imagination matérielle apparaîtra à la fois comme plus naturelle et comme plus humaine que l'imagination ani-

malisée de Lautréamont. Ce sera donc une preuve de plus
du caractère direct des symboles formés dans la contemplation des éléments par l'imagination matérielle.

Comme dans tout le cours de notre ouvrage nous nous
ferons une loi de souligner, avec une insistance peut-être
lassante, les thèmes de l'imagination matérielle, nous
n'aurons pas besoin de les résumer dans notre conclusion.
Nous consacrerons presque exclusivement cette conclusion au plus extrême de nos paradoxes. Il consistera à
prouver que les voix de l'eau sont à peine métaphoriques,
que le langage des eaux est une réalité poétique directe,
que les ruisseaux et les fleuves *sonorisent* avec une étrange
fidélité les paysages muets, que les eaux bruissantes
apprennent aux oiseaux et aux hommes à chanter, à
parler, à redire, et qu'il y a en somme continuité entre la
parole de l'eau et la parole humaine. Inversement, nous
insisterons sur le fait trop peu remarqué qu'organique-
ment le langage humain a une *liquidité*, un débit dans
l'ensemble, une eau dans les consonnes. Nous montrerons
que cette *liquidité* donne une excitation psychique spéciale, une excitation qui déjà appelle les images de l'eau.

Ainsi l'eau nous apparaîtra comme un être total : elle a
un corps, une âme, une voix. Plus qu'aucun autre élément
peut-être, l'eau est une réalité poétique complète. Une
poétique de l'eau, malgré la variété de ses spectacles, est
assurée d'une unité. L'eau doit suggérer au poète une
obligation nouvelle : *l'unité d'élément*. Faute de cette unité
d'élément, l'imagination matérielle n'est pas satisfaite et
l'imagination formelle n'est pas suffisante pour lier les
traits disparates. L'œuvre manque de vie parce qu'elle
manque de substance.

VII

Nous voulons enfin clore cette introduction générale en
faisant quelques remarques sur la nature des exemples
choisis pour soutenir nos thèses.

La plupart de ces exemples sont empruntés à la poésie.
C'est qu'à notre avis toute psychologie de l'imagination ne
peut *actuellement* s'éclairer que par les poèmes qu'elle

inspire[1]. L'imagination n'est pas, comme le suggère l'étymologie, la faculté de former des images de la réalité ; elle est la faculté de former des images qui dépassent la réalité, qui *chantent* la réalité. Elle est une faculté de surhumanité. Un homme est un homme dans la proportion où il est un surhomme. On doit définir un homme par l'ensemble des tendances qui le poussent à dépasser l'*humaine condition*. Une psychologie de l'esprit en action est automatiquement la psychologie d'un esprit exceptionnel, la psychologie d'un esprit que tente l'exception : l'image nouvelle greffée sur une image ancienne. L'imagination invente plus que des choses et des drames, elle invente de la vie nouvelle, elle invente de l'esprit nouveau ; elle ouvre des yeux qui ont des types nouveaux de vision. Elle verra si elle a « des visions ». Elle aura des visions si elle s'éduque avec des rêveries avant de s'éduquer avec des expériences, si les expériences viennent ensuite comme des preuves de ses rêveries. Comme le dit D'Annunzio :

> Les événements les plus riches arrivent en nous bien avant que l'âme s'en aperçoive. Et, quand nous commençons à ouvrir les yeux sur le visible, déjà nous étions depuis longtemps adhérents à l'invisible[2].

Cette adhésion à l'invisible, voilà la poésie première, voilà la poésie qui nous permet de prendre goût à notre destin intime. Elle nous donne une impression de jeunesse ou de jouvence en nous rendant sans cesse la faculté de nous émerveiller. La vraie poésie est une fonction d'éveil.

Elle nous éveille, mais elle doit garder le souvenir des rêves préliminaires. C'est pourquoi nous avons essayé parfois de retarder l'instant où la poésie franchit le seuil de l'expression ; nous avons tenté, toutes les fois que nous avions des indices, de retracer la route onirique qui conduit au poème. Comme le dit Charles Nodier dans ses *Rêveries* (éd. Renduel, p. 162) : « La carte du monde imaginable n'est tracée que dans les songes. L'univers sensible

---

1. En particulier l'*histoire* de la psychologie de l'eau n'est pas notre sujet. On trouvera ce sujet traité dans l'ouvrage de Martin Ninck : *Die Bedeutung des Wassers im Kult und Leben der Alten, Eine symbolgeschichtliche Untersuchung*, Philologus, 1921.
2. D'Annunzio, *Contemplation de la Mort*, trad., p. 19.

est un infiniment petit. » Les songes et les rêves sont, pour
certaines âmes, la matière de la beauté. Adam a trouvé
Ève en sortant d'un rêve : c'est pourquoi la femme est si
belle.

Fort de toutes ces convictions, nous pouvions faire abstraction des connaissances usées, des mythologies formelles et allégoriques qui survivent dans un enseignement
sans vie, sans force. Nous pouvions faire aussi abstraction
des innombrables poèmes sans sincérité où de plats
rimeurs s'acharnent à multiplier les échos les plus divers,
les plus brouillés. Quand nous nous sommes appuyé sur
des faits mythologiques, c'est que nous avons reconnu en
eux une action permanente, une action inconsciente sur
les âmes d'aujourd'hui. Une mythologie des eaux, dans
son ensemble, ne serait qu'une histoire. Nous avons voulu
écrire une psychologie, nous avons voulu relier les images
littéraires et les songes. Nous avons d'ailleurs souvent
remarqué que le *pittoresque* arrête à la fois les forces
mythologiques et les forces poétiques. Le pittoresque éparpille la force des songes. Un fantôme pour être actif n'a pas
le droit aux bigarrures. Un fantôme qu'on décrit avec
complaisance est un fantôme qui cesse d'agir. Aux divers
éléments matériels correspondent des fantômes qui
gardent des forces tant qu'ils sont fidèles à leur matière ou,
ce qui revient à peu près au même, tant qu'ils sont fidèles
aux rêves primitifs.

Le choix des exemples littéraires est aussi dû à une
ambition que, pour finir, nous voulons tranquillement
avouer : si nos recherches pouvaient retenir l'attention,
elles devraient apporter quelques moyens, quelques ins-
truments pour renouveler la critique littéraire. C'est à cela
que tend l'introduction de la notion de *complexe de culture*
dans la psychologie littéraire. Nous appelons ainsi des
attitudes irréfléchies qui commandent le travail même de
la réflexion. Ce sont, par exemple, dans le domaine de
l'imagination, des images favorites qu'on croit puisées
dans les spectacles du monde et qui ne sont que des
projections d'une âme obscure. On cultive les complexes
de culture en croyant se cultiver objectivement. Le réaliste
choisit alors *sa* réalité dans la réalité. L'historien choisit
son histoire dans l'histoire. Le poète ordonne ses impressions en les associant à une tradition. Sous sa bonne

forme, le complexe de culture revit et rajeunit une tradition. Sous sa mauvaise forme, le complexe de culture est une habitude scolaire d'un écrivain sans imagination.

Naturellement, les complexes de culture sont greffés sur les complexes plus profonds qui ont été mis à jour par la psychanalyse. Comme Charles Baudouin l'a souligné, un complexe est essentiellement un transformateur d'énergie psychique. Le complexe de culture continue cette transformation. La sublimation culturelle prolonge la sublimation naturelle. Il semble, à l'homme cultivé, qu'une image sublimée ne soit jamais assez belle. Il veut renouveler la sublimation. Si la sublimation était une simple affaire de concepts, elle s'arrêterait dès que l'image serait enfermée dans ses traits conceptuels ; mais la couleur déborde, la matière foisonne, les images se cultivent ; les rêves continuent leur poussée malgré les poèmes qui les expriment. Dans ces conditions, la critique littéraire qui ne veut pas se borner au bilan statique des images doit se doubler d'une critique psychologique qui revit le caractère dynamique de l'imagination en suivant la liaison des complexes originels et des complexes de culture. Pas d'autres moyens, à notre avis, de mesurer les forces poétisantes en action dans les œuvres littéraires. La *description* psychologique ne suffit pas. Il s'agit moins de décrire des formes que de peser une matière.

Dans ce livre, comme dans d'autres, fût-ce avec quelque imprudence, nous n'avons donc pas hésité à nommer des complexes nouveaux par leur signe culturel, par le signe que reconnaît tout homme cultivé, signe qui reste obscur, sans retentissement pour l'homme qui vit loin des livres. On étonnerait beaucoup un homme qui ne lit pas en lui parlant du charme poignant d'une morte fleurie qui s'en vas comme Ophélie, au fil de la rivière. Il y a là une image dont la critique littéraire n'a pas vécu la croissance. Il est intéressant de montrer comment de telles images, — si peu naturelles —, sont devenues des figures de rhétorique, comment ces figures de rhétorique peuvent rester actives dans une culture poétique.

Si nos analyses sont exactes, elles devraient, croyons-nous, aider à passer de la psychologie de la rêverie ordinaire à la psychologie de la rêverie littéraire, étrange rêverie qui s'écrit, qui se coordonne en s'écrivant, qui dépasse systématiquement son rêve initial, mais qui reste quand même fidèle à des réalités oniriques élémentaires. Pour avoir cette constance du rêve qui donne un poème, il faut avoir plus que des images réelles devant les yeux. Il faut suivre ces images qui naissent en nous-mêmes, qui vivent dans nos rêves, ces images chargées d'une matière onirique riche et dense qui est un aliment inépuisable pour l'imagination matérielle.

CHAPITRE PREMIER

LES EAUX CLAIRES, LES EAUX PRINTANIÈRES
ET LES EAUX COURANTES
LES CONDITIONS OBJECTIVES
DU NARCISSISME
LES EAUX AMOUREUSES

Triste fleur qui croît seule et n'a pas d'autre émoi
Que son ombre dans l'eau vue avec atonie.

MALLARMÉ, *Hérodiade*.

... Il y a même eu beaucoup de gens qui se sont
noyés dans un miroir...

RAMON GÒMEZ DE LA SERNA,
Gustave l'Incongru, trad., p. 23.

I

Les « images » dont l'eau est le prétexte ou la matière
n'ont pas la constance et la solidité des images fournies
par la terre, par les cristaux, les métaux et les gemmes.
Elles n'ont pas la vie vigoureuse des images du feu. Les
eaux ne construisent pas de « vrais mensonges ». Il faut
une âme bien troublée pour se tromper vraiment aux
mirages de la rivière. Ces doux fantômes de l'eau sont liés
d'habitude aux illusions factices d'une imagination amu-
sée, d'une imagination qui veut s'amuser. Les phénomènes
de l'eau éclairée par un soleil de printemps apportent
ainsi des métaphores communes, aisées, abondantes, qui
animent une poésie subalterne. Les poètes secondaires en
abusent. Nous pourrions accumuler sans peine des vers où
de jeunes ondines jouent, sans fin, avec de bien vieilles
images.

De telles images, même naturelles, ne nous enchaînent

pas. Elles ne réveillent pas en nous une émotion profonde
comme le font certaines images, pourtant aussi
communes, du feu et de la terre. Comme elles sont fugitives, elles ne donnent qu'une impression fuyante. Un
coup d'œil vers le ciel ensoleillé nous rend aux certitudes
de la lumière ; une décision intime, une volonté soudaine
nous rendent aux volontés de la terre, à la tâche positive de
creuser et de bâtir. Presque automatiquement, par la
fatalité de la matière grossière, la vie terrestre reconquiert
le rêveur qui ne prend aux reflets de l'eau que le prétexte
de ses vacances et de son rêve. L'imagination matérielle de
l'eau est toujours en danger, elle risque de s'effacer quand
interviennent les imaginations matérielles de la terre ou
du feu. Une psychanalyse des images de l'eau est donc
rarement nécessaire puisque ces images se dispersent
comme d'elles-mêmes. Elles n'ensorcellent pas n'importe
quel rêveur. Toutefois — nous le verrons dans d'autres
chapitres — certaines formes nées des eaux ont plus
d'attraits, plus d'insistance, plus de consistance : c'est que
des rêveries plus matérielles et plus profondes interviennent, c'est que notre être intime s'engage plus à fond,
c'est que notre imagination rêve, de plus près, aux actes
créateurs. Alors la force poétique, qui était insensible dans
une poésie des reflets, apparaît soudain ; l'eau s'alourdit,
s'enténèbre, s'approfondit, elle se matérialise. Et voici que
la rêverie matérialisante, unissant les rêves de l'eau à des
rêveries moins mobiles, plus sensuelles, voici que la rêverie finit par construire sur l'eau, par sentir l'eau avec plus
d'intensité et de profondeur.

Mais l'on mesurerait mal la « matérialité » de certaines
images de l'eau, la « densité » de certains fantômes, si l'on
n'avait pas d'abord étudié les formes irisées, tout en
surface. Cette *densité* qui distingue une poésie superficielle
d'une poésie profonde, on l'éprouvera en passant des
valeurs sensibles aux *valeurs sensuelles*. Nous croyons que
la doctrine de l'imagination ne s'éclairera que si l'on peut
faire une bonne classification des valeurs sensuelles en
rapport avec les valeurs sensibles. Seules, les valeurs
sensuelles donnent « des correspondances ». Les valeurs
sensibles ne donnent que des traductions. C'est parce
qu'on a posé, brouillant le sensible et le sensuel, la correspondance des *sensations* (éléments très intellectuels)

qu'on s'est interdit une étude vraiment dynamique de l'émotion poétique. Commençons donc par la moins sensuelle des sensations, par la vision, et voyons comment elle se sensualise. Commençons à étudier l'eau dans sa simple *parure*. Nous saisirons ensuite progressivement, à de très faibles indices, sa *volonté de paraître*, ou du moins comment elle symbolise avec la *volonté de paraître* du rêveur qui la contemple. Il ne nous semble pas que les doctrines de la psychanalyse aient également insisté, à propos du narcissisme, sur les deux termes de la dialectique : *voir et se montrer*. La poétique des eaux va nous permettre d'apporter une contribution à cette double étude.

II

Ce n'est pas un simple désir de facile mythologie, c'est une véritable prescience du rôle psychologique des expériences naturelles qui a déterminé la psychanalyse à marquer du signe de Narcisse l'amour de l'homme pour sa propre image, pour ce visage tel qu'il se reflète dans une eau tranquille. En effet, le visage humain est avant tout l'instrument qui sert à séduire. En se mirant, l'homme prépare, aiguise, fourbit ce visage, ce regard, tous les outils de séduction. Le miroir est le *Kriegspiel* de l'amour offensif. Nous indiquons, d'un trait rapide, ce *narcissisme actif*, trop oublié de la psychanalyse classique. Un livre entier serait nécessaire pour développer la « psychologie du miroir ». Qu'il nous suffise, au début de nos études, de marquer l'ambivalence profonde du narcissisme qui passe de traits masochistes à des traits sadiques, qui vit une contemplation qui regrette et une contemplation qui espère, une contemplation qui console et une contemplation qui attaque. A l'être devant le miroir on peut toujours poser la double question : Pour qui te mires-tu ? Contre qui te mires-tu ? Prends-tu conscience de ta beauté ou de ta force ? Ces courtes remarques suffiront pour montrer le caractère initialement complexe du narcissime. Nous allons voir au cours de ce chapitre le narcissisme se compliquer de page en page.

D'abord, il faut comprendre l'utilité psychologique du

miroir des eaux : l'eau sert à *naturaliser* notre image, à
rendre un peu d'innocence et de naturel à l'orgueil de
notre intime contemplation. Les miroirs sont des objets
trop civilisés, trop maniables, trop géométriques; ils sont
avec trop d'évidence des outils de rêve pour s'adapter
d'eux-mêmes à la vie onirique. Dans son préambule imagé
à son livre si moralement émouvant, Louis Lavelle a
remarqué la naturelle profondeur du reflet aquatique,
l'infini du rêve que ce reflet suggère : « Si l'on imagine
Narcisse devant le miroir, la résistance de la glace et du
métal oppose une barrière à ses entreprises. Contre elle, il
heurte son front et ses poings; il ne trouve rien s'il en fait le
tour. Le miroir emprisonne en lui un arrière-monde qui lui
échappe, où il se voit sans pouvoir se saisir et qui est
séparé de lui par une fausse distance qu'il peut rétrécir,
mais non point franchir. Au contraire, la fontaine est pour
lui un chemin ouvert[1]... » Le miroir de la fontaine est donc
l'occasion d'une *imagination ouverte*. Le reflet un peu
vague, un peu pâli, suggère une idéalisation. Devant l'eau
qui réfléchit son image, Narcisse sent que sa beauté *continue*, qu'elle n'est pas achevée, qu'il faut l'achever. Les
miroirs de verre, dans la vive lumière de la chambre,
donnent une image trop stable. Ils redeviendront vivants
et naturels quand on pourra les comparer à une eau
vivante et naturelle, quand l'imagination *renaturalisée*
pourra recevoir la *participation* des spectacles de la source
et de la rivière.

Nous saisissons ici un des éléments du *rêve naturel*, le
besoin qu'a le rêve de s'inscrire profondément dans la
nature. On ne rêve pas profondément avec des *objets*. Pour
rêver profondément, il faut rêver avec des *matières*. Un
poète qui commence par le *miroir* doit arriver à *l'eau de la
fontaine* s'il veut donner son *expérience poétique complète*.
L'expérience poétique doit, à nos yeux, être mise sous la
dépendance de l'expérience onirique. Une poésie aussi
travaillée que celle de Mallarmé manque rarement à cette
loi; elle nous donnera l'intussusception des images de
l'eau dans les images du miroir :

---

1. Louis Lavelle, *L'Erreur de Narcisse*, p. 11.

O miroir!
Eau froide par l'ennui dans ton cadre gelée
Que de fois et pendant des heures, désolée
Des songes et cherchant mes souvenirs qui sont
Comme des feuilles sous ta glace au trou profond,
Je m'apparus en toi comme une ombre lointaine,
Mais, horreur! des soirs, dans ta sévère fontaine,
J'ai de mon rêve épars connu la nudité[1]!

Une étude systématique des *miroirs* dans l'œuvre de Georges Rodenbach conduirait à la même conclusion. En faisant abstraction de l'*espion*, œil inquisiteur toujours clair, toujours offensif, on reconnaîtrait que tous les miroirs de Rodenbach sont voilés, ils ont la même vie grise que les eaux des canaux qui entourent Bruges. A Bruges tout miroir est une eau dormante.

III

Narcisse va donc à la fontaine secrète, au fond des bois. Là seulement, il sent qu'il est *naturellement* doublé; il tend les bras, il plonge les mains vers sa propre image, il parle à sa propre voix. Écho n'est pas une nymphe lointaine. Elle vit au creux de la fontaine. Écho est sans cesse avec Narcisse. Elle est lui. Elle a sa voix. Elle a son visage. Il ne l'entend pas dans un grand cri. Déjà il l'entend dans un murmure, comme le murmure de sa voix séduisante, de sa voix de séducteur. Devant les eaux, Narcisse a la révélation de son identité et de sa dualité, la révélation de ses doubles puissances viriles et féminines, la révélation surtout de sa réalité et de son idéalité.

Près de la fontaine prend ainsi naissance un *narcissisme idéalisant* dont nous voudrions marquer d'un trait rapide l'importance pour une psychologie de l'imagination. Cela nous semble d'autant plus nécessaire que la psychanalyse classique paraît sous-estimer le rôle de cette idéalisation. En effet, le narcissisme n'est pas toujours névrosant. Il joue ainsi un rôle positif dans l'œuvre esthétique, et par des transpositions rapides, dans l'œuvre littéraire. La sublimation n'est pas toujours la négation d'un désir; elle

1. Stéphane Mallarmé, *Hérodiade*.

ne se présente pas toujours comme une sublimation *contre* des instincts. Elle peut être une sublimation *pour* un idéal. Alors Narcisse ne dit plus : « Je m'aime tel que je suis », il dit : « Je suis tel que je m'aime. » Je suis avec effervescence parce que je m'aime avec ferveur. Je veux paraître, donc je dois augmenter ma parure. Ainsi la vie s'illustre, la vie se couvre d'images. La vie pousse; elle transforme l'être; la vie prend des blancheurs; la vie fleurit; l'imagination s'ouvre aux plus lointaines métaphores; elle participe à la vie de toutes les fleurs. Avec cette dynamique florale la vie réelle prend un nouvel essor. La vie réelle se porte mieux si on lui donne ses justes vacances d'irréalité.

Ce narcissisme idéalisant réalise alors la sublimation de la caresse. L'image contemplée dans les eaux apparaît comme le contour d'une caresse toute visuelle. Elle n'a nul besoin de la main caressante. Narcisse ne complaît dans une caresse linéaire, virtuelle, formalisée. Rien ne subsiste de matériel dans cette image délicate et fragile. Narcisse retient son souffle :

> Le moindre soupir
> Que j'exhalerais
> Me viendrait ravir
> Ce que j'adorais
> Sur l'eau bleue et blonde
> Et cieux et forêts
> Et rose de l'onde.

> (« Narcisse », Paul Valéry, *Mélanges*.)

Tant de fragilité et tant de délicatesse, tant d'irréalité poussent Narcisse hors du présent. La contemplation de Narcisse est presque fatalement liée à une espérance. En méditant sur sa beauté Narcisse médite sur son avenir. Le narcissisme détermine alors une sorte de *catoptromancie naturelle*. D'ailleurs les combinaisons de l'hydromancie et de la catoptromancie ne sont pas rares. Delatte[1] donne une pratique où l'on combine les reflets de l'eau et ceux d'un miroir tenu au-dessus de la source. Parfois, on additionne vraiment les puissances réfléchissantes en plongeant dans l'eau le miroir divinatoire. Il nous semble donc

---

1. Delatte, *La Catoptromancie grecque et ses dérivés*, Paris, 1932, p. 111.

indéniable qu'une des composantes de l'hydromancie provienne du narcissisme. Quand on fera une étude systématique des caractères *psychologiques* de la divination, on
devra donner un très grand rôle à l'imagination matérielle. Dans l'hydromancie, il semble bien qu'on attribue
une double vue à l'eau tranquille parce qu'elle nous
montre un double de notre personne.

IV

Mais Narcisse à la fontaine n'est pas seulement livré à la
contemplation de soi-même. Sa propre image est le centre
d'un monde. Avec Narcisse, pour Narcisse, c'est toute la
forêt qui se mire, tout le ciel qui vient prendre conscience
de sa grandiose image. Dans son livre, *Narcisse*, qui mériterait à lui seul une longue étude, Joachim Gasquet nous
livre en une formule d'une densité admirable toute une
métaphysique de l'imagination (p. 45) : « Le monde est un
immense Narcisse en train de se penser. » Où se penserait-il mieux que dans ses images ? Dans le cristal des
fontaines, un geste trouble les images, un repos les restitue. Le monde reflété est la conquête du calme. Superbe
création qui ne demande que de l'inaction, qui ne
demande qu'une attitude rêveuse, où l'on verra le monde
se dessiner d'autant mieux qu'on rêvera immobile plus
longtemps ! Un *narcissisme cosmique*, que nous allons
étudier un peu longtemps sous ses formes diverses, continue donc tout naturellement le narcissisme égoïste. « Je
suis beau parce que la nature est belle, la nature est belle
parce que je suis beau. » Tel est le dialogue sans fin de
l'imagination créatrice et de ses modèles naturels. Le
narcissisme généralisé transforme tous les êtres en fleurs
et il donne à toutes les fleurs la conscience de leur beauté.
Toutes les fleurs se *narcisent* et l'eau est pour elles l'instrument merveilleux du narcissisme. C'est seulement en suivant ce détour qu'on peut donner toute sa puissance, tout
son charme philosophique à une pensée comme celle de
Shelley[1] : « Les jaunes fleurs regardent éternellement
leurs propres yeux languissants réfléchis dans le calme

1. Shelley, *Œuvres complètes*, trad. Rabbe, t. I, p. 93.

cristal. » Du point de vue réaliste, c'est une image mal faite : l'œil des fleurs n'existe pas. Mais pour le rêve du poète, il faut que les fleurs *voient* puisqu'elles se mirent dans l'eau pure. Keats aussi réunit, dans une même page d'une délicieuse fraîcheur, la légende humaine, puis cosmique, puis floréale de Narcisse. Dans son poème, Narcisse parle d'abord à Écho, il voit alors le vide et la sérénité du ciel bleu reflété au centre de l'étang, dans une petite clairière ; enfin, sur la rive, voici la beauté dessinée, l'art géométrique des couleurs :

> ... il surprit une fleur solitaire ;
> Une modeste fleur abandonnée, sans aucune fierté,
> Penchant sa beauté sur le miroir de l'onde
> Pour s'approcher amoureusement de sa propre image attristée.
> Sourde au léger zéphyr, elle restait immobile ;
> Mais semblait insatiable de se pencher, languir, aimer.

Nuance délicate d'un narcissisme sans orgueil, qui donne à chaque chose belle, à la plus simple des fleurs, la conscience de sa beauté. Pour une fleur, naître près des ondes, c'est vraiment se vouer au narcissisme humide, humble, tranquille.

Si l'on prend une à une, comme nous essayons de le faire, les rêveries particulières devant une réalité particulière, on découvre que certaines rêveries ont un destin esthétique très régulier. Tel est le cas de la rêverie devant le reflet des eaux. Près du ruisseau, dans ses reflets, le monde tend à la beauté. Le narcissisme, première conscience d'une beauté, est donc le germe d'un pancalisme. Ce qui fait la force de ce pancalisme, c'est qu'il est progressif, c'est qu'il est détaillé. Nous aurons d'autres occasions pour l'étudier.

Donnons d'abord différentes espèces de narcissisme cosmique. Au lieu du narcissisme précis et analytique d'un reflet bien lumineux on voit intervenir dans la contemplation des eaux d'automne un narcissisme voilé, brumeux. Il semble que les objets manquent de la volonté de se refléter. Restent alors le ciel, les nuages qui ont besoin de tout le lac pour peindre leur drame. Quand le lac courroucé répond à la tempête des vents, on voit une sorte de narcissisme de la colère s'imposer au poète. Shelley traduit ce narcissisme courroucé dans une admirable image.

L'eau ressemble alors, dit-il, « à une gemme où se grave l'image du ciel » (p. 248).

On ne comprend pas toute l'importance du narcissisme si l'on se borne à sa forme réduite, si on le détache de ses généralisations. L'être confiant en sa beauté a une tendance au pancalisme. On peut montrer une activité dialectique entre le narcissisme individuel et le narcissisme cosmique en application du principe si longuement développé par Ludwig Klages : sans un pôle dans le monde, la polarité de l'âme ne pourrait s'établir[1]. Le lac ne serait pas un bon peintre s'il ne faisait d'abord mon portrait, déclare le narcissisme individuel. Puis le visage reflété au centre de la fontaine empêche soudain l'eau de fuir et la rend à sa fonction de miroir universel. Ainsi chante Éluard, *Le Livre ouvert*, p. 30 :

> Ici on ne peut se perdre
> Et mon visage est dans l'eau pure je vois
> Chanter un seul arbre
> Adoucir des cailloux
> Refléter l'horizon.

Peu à peu la beauté s'encadre. Elle se propage de Narcisse au monde et l'on comprend la certitude de Frédéric Schlegel (*Lucinde*, éd. 1907, p. 16) : « Nous savons sûrement que nous vivons dans le plus beau des mondes. » Le pancalisme devient une certitude intime.

Parfois, on sent chez un poète une résistance à ce mirage cosmique. C'est le cas, croyons-nous, d'Eugenio d'Ors. E. d'Ors est de toute évidence un poète « terrestre ». D'après lui, le paysage doit d'abord être « géologique ». Nous allons transcrire une page où se manifeste une résistance à la poésie de l'eau. Par contraste, elle éclaircira notre propre point de vue. Eugenio d'Ors[2] veut prouver que les conditions d'air et de lumière sont des *adjectifs* qui ne peuvent nous faire connaître la véritable *substance* du paysage. Il veut, par exemple, qu'une *marine* offre « une consistance architecturale » et il conclut : « Une marine

---

1. Klages, *Der Geist als Widersacher der Seele*, 3 Band. I. t., p. 1132 : « Ohne Weltpol fande der seelische Pol nicht statt. »
2. Eugenio d'Ors, *La Vie de Goya*, trad., p. 179.

que l'on pourrait intervertir, par exemple, serait un mauvais tableau. Turner lui-même — si audacieux pourtant, dans les fantasmagories lumineuses — ne se risque jamais à peindre un paysage maritime *réversible*, c'est-à-dire dans lequel le ciel pourrait être pris pour l'eau et l'eau pour le ciel. Et si l'impressionniste Monet, dans la série équivoque des *Nymphéas*, a fait ainsi, on peut dire qu'il a trouvé sa pénitence dans le péché; car jamais les *Nymphéas* de Monet n'ont été, ni ne seront tenus, dans l'histoire de l'art, pour un produit normal : plutôt pour un caprice, qui, s'il caresse un moment notre sensibilité, manque de tout titre à être accueilli dans les archives ennoblissantes de notre mémoire. Récréation d'un quart d'heure; objet fongible situé d'ores et déjà dans le voisinage immédiat de ce qui est purement décoratif entre les réalisations de l'art industriel; frère des arabesques, des tapisseries, des plats de Faenza; chose, enfin, que l'on voit sans regarder, que l'on saisit sans pensée et que l'on oublie sans remords. Quel dédain pour « l'objet fongible » ! Quel besoin d'une beauté immobile ! Combien volontiers nous accueillerons, au contraire d'Eugenio d'Ors, une œuvre d'art qui donne une illusion de mobilité, qui nous trompe même, si cette erreur nous ouvre le chemin d'une rêverie. C'est bien ce que nous éprouvons devant les *Nymphéas*. Quand on sympathise avec les spectacles de l'eau, on est toujours prêt à jouir de sa fonction narcissique. L'œuvre qui suggère cette fonction est tout de suite comprise par l'imagination matérielle de l'eau.

V

Peut-être ces remarques sur les rapports du narcissisme égoïste au narcissisme cosmique paraîtront mieux fondées si nous en accentuons le caractère métaphysique.

La philosophie de Schopenhauer a montré que la contemplation esthétique apaise un instant le malheur des hommes en les détachant du drame de la volonté. Cette séparation de la contemplation et de la volonté efface un caractère que nous voudrions souligner : la volonté de contempler. La contemplation elle aussi détermine une volonté. L'homme veut voir. Voir est un besoin direct. La curiosité dynamise l'esprit humain. Mais dans la nature elle-même, il semble que *des forces de vision* sont actives. Entre la *nature contemplée* et la *nature contemplative* les realtions sont étroites et réciproques. La nature imaginaire réalise l'unité de la *natura naturans* et de la *natura naturata*. Quand un poète vit son rêve et ses réactions poétiques, il réalise cette unité naturelle. Il semble alors que la nature contemplée aide à la contemplation, qu'elle contienne déjà des moyens de contemplation. Le poète nous demande de « nous associer d'aussi près que nous le pouvons, ces eaux que nous avons déléguées à la contemplation de ce qui existe[1]. » Mais est-ce le lac, est-ce l'œil qui contemple le mieux? Le lac, l'étang, l'eau dormante nous arrête vers son bord. Il dit au vouloir : tu n'iras pas plus loin; tu es rendu au devoir de regarder les choses lointaines, des au-delà! Tandis que tu courais, quelque chose ici, déjà, regardait. Le lac est un grand œil tranquille. Le lac prend toute la lumière et en fait un monde. Par lui, déjà, le monde est contemplé, le monde est représenté. Lui aussi peut dire : le monde est ma représentation. Près du lac, on comprend la vieille théorie physiologique de la *vision active*. Pour la vision active, il semble que l'œil projette de la lumière, qu'il éclaire lui-même ses images. On comprend alors que l'œil ait la volonté de voir ses visions, que la contemplation soit, elle aussi, volonté.

Le cosmos est donc bien en quelque manière touché de narcissisme. Le monde veut se voir. La volonté, prise dans son aspect schopenhauerien, crée des yeux pour contempler, pour se repaître de beauté. L'œil, à lui seul, n'est-il pas une beauté lumineuse? Ne porte-il pas la marque du pancalisme? Il faut qu'il soit beau pour voir le beau. Il faut que l'iris de l'œil ait une belle couleur pour que les belles couleurs entrent dans sa prunelle. Sans un œil bleu, comment voir vraiment le ciel bleu? Sans un œil noir, comment regarder la nuit? Réciproquement, toute beauté est ocellée. Cette union pancaliste du visible et de la vision, d'innombrables poètes l'ont sentie, l'ont vécue sans la définir. Elle est une loi élémentaire de l'imagination. Par exemple, dans son *Prométhée délivré*[2], Shelley écrit : « L'œil gracieux d'une violette regarde le ciel azuré

1. Paul Claudel, *L'Oiseau noir dans le Soleil levant*, p. 230.
2. Shelley, *Œuvres complètes*, trad. Rabbe, t. I, p. 23.

jusqu'à ce que sa couleur devienne semblable à ce qu'elle
regarde. » Comment mieux surprendre l'imagination
matérielle dans sa tâche de mimétisme substantiel?

La *Swanevit* de Strindberg, tandis qu'elle attend le
prince charmant, caresse le dos et la queue du paon :
« Petit Pavo! petit Pavo! Que vois-tu? qu'entends-tu?
Quelqu'un viendra-t-il? Qui viendra? Est-ce un petit
prince? Est-il beau et charmant? Peux-tu le voir avec tous
tes yeux bleus? (Elle tient en l'air une plume de paon et
regarde fixement l'œil de la plume.)[1] » Rappelons au
passage que l'*œil* des plumes s'appelle aussi le *miroir*. C'est
une preuve nouvelle de l'ambivalence qui joue sur les deux
participes *vu* et *voyant*. Pour une imagination ambivalente, le paon est une vision multipliée. D'après Creuzer, *le
paon primitif* a cent yeux[2].

Une nuance nouvelle ne tarde pas à s'introduire dans la
vision généralisée et à fortifier le caractère *volontaire* de la
contemplation. La féerie de Strindberg met ce caractère
en lumière. L'iris de la plume du paon, cet « œil » sans
paupière, cet *œil permanent* prend soudain une dureté. Au
lieu de contempler, il observe. Une *relation d'Argus*
déforme alors la tendre fascination de l'amour admirant :
Tout à l'heure tu me regardais, maintenant tu m'observes.
Aussitôt après les caresses, Swanevit sent l'insistance de la
roue ocellée : « Es-tu là pour observer, méchant Argus...
Nigaud! je tire le rideau, vois-tu. (Elle tire un rideau qui
cache le paon, mais non le paysage, ensuite elle va vers les
pigeons.) Mes tourterelles blanches, blanches, blanches,
vous allez voir ce qu'il y a de plus blanc. » Enfin, quand la
tentation viendra, le paon, Argus aux yeux cruels, tirera le
rideau (p. 248). « Qui a tiré le rideau? Qui a commandé
à l'oiseau de nous regarder avec sa centaine d'yeux? »
O queue multivoyante!

Une critique forte de convictions réalistes et logiques
nous accusera facilement de jouer ici sur le mot *œil*, mot
attribué — par quel hasard? — aux taches circulaires des
plumes du paon. Mais le lecteur qui saura accepter vraiment l'invitation à la contemplation offerte par le paon ne
pourra oublier l'étrange impression de la convergence de

1. Strindberg, *Swanevit*, trad., p. 329.
2. Creuzer, *Religion de l'Antiquité*, trad. Guigniaut, t. I, p. 168.

ces cent « regards ». De toute évidence, la queue elle-même *veut* fasciner. Qu'on observe bien la roue étalée. Elle n'est pas plane. Elle est incurvée comme une coquille. Si quelque être de la basse-cour vient à passer au centre de ce miroir concave, de cette vision concave, l'orgueil devient du courroux, une colère court dans les plumes, la roue tout entière frémit, tremble, bruit. Le spectateur a alors le sentiment d'être en présence d'une *volonté directe* de beauté, d'une puissance d'ostentation qui ne peut rester passive. La psychologie humaine de quelque beauté sotte-ment pavanée manque de ce caractère de *beauté offensive* qu'un observateur de l'animal ne pourra méconnaître. Sur cet exemple, un philosophe schopenhauerien pourra se convaincre qu'il est nécessaire de réunir en une synthèse nouvelle les leçons divisées de Schopenhauer : Le magné-tisme de la contemplation est de l'ordre du vouloir. Contempler, ce n'est pas s'opposer à la volonté, c'est suivre un autre rameau de la volonté, c'est participer à la volonté du beau qui est un élément de la volonté générale.

Sans une doctrine de l'imagination active qui réunit le phénomène de la beauté à la volonté de vision, des pages comme celle de Strindberg sont incompréhensibles et ternes. On les lit mal encore si l'on y cherche de faciles symboles. Pour bien les lire, il faut que l'imagination *participe* à la fois à la vie des formes et à la vie des matières. Le paon vivant opère cette synthèse.

A Victor Hugo n'a pas échappé cette composition du narcissisme cosmique et du pancalisme dynamique. Il comprit que la nature nous forçait à la contemplation. Devant un des grands spectacles des bords du Rhin, il écrit : « C'était un de ces lieux où l'on croit voir faire la roue à ce paon magnifique qu'on appelle la nature[1]. » On peut donc bien dire que le paon est un microcosme du pancalisme universel.

Ainsi, sous les formes les plus diverses, dans les occa-sions les plus différentes, chez les auteurs les plus étran-gers les uns aux autres, on voit se reproduire un échange sans fin de la vision au visible. Tout ce qui fait voir voit. Lamartine écrit dans *Graziella* : « Les éclairs jaillissent sans interruption à travers les fentes de mes volets, comme

---

1. Victor Hugo, *Le Rhin*, II, p. 20.

les clignements d'un œil de feu sur les murs de ma chambre[1]. » Ainsi l'éclair qui illumine regarde.

Mais si le regard des choses est un peu doux, un peu grave, un peu pensif, c'est un regard de l'eau. L'examen de l'imagination nous conduit à ce paradoxe : dans l'imagination de la vision généralisée, l'eau joue un rôle inattendu. L'œil véritable de la terre, c'est l'eau. Dans nos yeux, c'est *l'eau* qui rêve. Nos yeux ne sont-ils pas « cette flaque inexplorée de lumière liquide que Dieu a mise au fond de nous-mêmes[2] » ? Dans la nature, c'est encore l'eau qui voit, c'est encore l'eau qui rêve. « Le lac a fait le jardin. Tout se compose autour de cette eau qui pense[3]. » Dès qu'on se livre entièrement au règne de l'imagination, avec toutes les forces réunies du rêve et de la contemplation, on comprend la profondeur de la pensée de Paul Claudel : « L'eau ainsi est le regard de la terre, son appareil à regarder le *temps*[4]... »

VI

Après cette digression métaphysique, revenons à des caractères plus simples de la psychologie des eaux.

A tous les jeux des eaux claires, des eaux printanières, toutes miroitantes d'images, il faut joindre une composante de la poésie des deux : c'est la *fraîcheur*. Nous retrouverons par la suite cette qualité qui appartient au volume de l'eau quand nous ferons une étude des mythes de la pureté. Nous verrons que cette fraîcheur est une force de réveil. Mais dès à présent nous devons la signaler parce qu'elle entre en composition avec les autres images immédiates. Une psychologie de l'imagination a besoin d'envisager ensemble toutes les données immédiates de la conscience esthétique.

Cette fraîcheur qu'on éprouve en se lavant les mains au ruisseau s'étend, s'épand, s'empare de la nature entière. Elle est rapidement la fraîcheur du printemps. A aucun

1. Lamartine, *Confidences*, p. 245.
2. Claudel, *L'Oiseau noir dans le Soleil levant*, p. 229.
3. *Ibid.*
4. *Ibid.*

substantif plus fortement qu'à l'eau, l'adjectif *printanier* ne peut être associé. Pour une oreille française, il n'est pas de plus frais vocable que celui des *eaux printanières*. La fraîcheur imprègne le printemps par ses eaux ruisselantes : elle valorise toute la saison du renouveau. Au contraire, la fraîcheur est péjorative dans le règne des images de l'air. Un vent frais, déjà, jette un froid. Il refroidit un enthousiasme. Chaque adjectif a ainsi son substantif privilégié que l'imagination matérielle retient bien vite. La *fraîcheur* est ainsi un adjectif de l'eau. L'eau est, à certains égards, la fraîcheur substantifiée. Elle marque un climat poétique. C'est ainsi qu'elle dialectise la verte Erin et la rousse Écosse, l'herbe contre la bruyère.

Quand on a trouvé la racine substantielle de la qualité poétique, quand on a trouvé vraiment la *matière* de l'adjectif, la matière sur laquelle travaille l'imagination matérielle, toutes les métaphores bien enracinées se développent d'elles-mêmes. Les valeurs sensuelles — et non plus les sensations — étant attachées à des substances donnent des *correspondances* qui ne trompent pas. Ainsi les parfums verts comme les prairies sont évidemment des parfums frais; ce sont des chairs fraîches et lustrées, des chairs pleines comme des chairs d'enfant. Toute la *correspondance* est soutenue par l'*eau primitive*, par une eau charnelle, par l'élément universel. L'imagination matérielle est sûre de soi quand elle a reconnu la valeur ontologique d'une métaphore. Au contraire, le phénoménisme, en poésie, est une doctrine sans force.

VII

Fraîche et claire est aussi la chanson de la rivière. Le bruit des eaux prend en effet tout naturellement les métaphores de la fraîcheur et de la clarté. Les eaux riantes, les ruisseaux ironiques, les cascades à la gaieté bruyante se retrouvent dans les paysages littéraires les plus variés. Ces rires, ces gazouillis sont, semble-t-il, le langage puéril de la Nature. Dans le ruisseau parle la Nature enfant.

On se détache difficilement de cette poésie enfantine. Chez de nombreux poètes, les ruisseaux disent leurs glouglou de ce même ton spécial à la « nursery » qui bloque

trop souvent l'âme enfantine dans les dissylabes aux
pauvres consonnes : dada, bobo, lolo, coco. Ainsi chantent
les ruisseaux dans les contes d'enfant fabriqués par les
grandes personnes.

Mais cette simplification excessive d'une harmonie pure
et profonde, cette puérilité persistante, cet infantilisme
poétique, qui est la tare de tant de poèmes, ne doivent pas
nous faire sous-estimer la jeunesse des eaux, la leçon de
vivacité que nous donnent les eaux vives.

Ces sources bocagères, ces « Waldquellen », souvent
cachées, on les entend avant de les voir. On les entend au
réveil, quand on sort des rêves. C'est ainsi que Faust les
entend aux rives du Pénée :

> *Scheint die Welle doch ein Schwätzen*
> (L'onde semble comme un babil)

et les Nymphes répondent :

> *Wir säuseln, wir rieseln*
> *Wir flüsten dir zu.*

« Nous murmurons, nous ruisselons, nous gazouillons
pour toi » (*Second Faust*, IIe acte, *Le Pénée*).

Mais cette mythologie a-t-elle une force véritable ? Heureux celui qui est réveillé par la fraîche chanson du
ruisseau, par une voix réelle de la nature vivante. Chaque
jour nouveau a pour lui la dynamique de la naissance. A
l'aurore, le chant du ruisseau est un chant de jeunesse, un
conseil de jouvence. Qui nous rendra le réveil *naturel*, le
réveil *dans la nature* ?

VIII

A la poésie assez superficielle des reflets s'associe une
sexualisation toute visuelle, artificielle et souvent
pédante. Elle donne lieu à l'évocation plus ou moins
livresque des naïades et des nymphes. Il se forme ainsi un
amas de désirs et d'images, un véritable complexe de
culture qu'on désignerait assez bien sous le nom de
complexe de Nausicaa. En effet, nymphes et néréides,
dryades et hamadryades ne sont plus que des images

scolaires. Elles sont des produits de la bourgeoisie bacho-
tée. Transportant à la campagne des souvenirs de collège,
un bourgeois qui cite vingt mots de grec en mouillant
quelques trémas sur l'*i* n'imagine pas la source sans la
nymphe, la baie ombragée sans la fille d'un roi.

Nous caractériserons mieux le *complexe de culture* à la
fin de ce chapitre quand nous aurons pu faire le bilan des
mots et des *images* dans les symboles traditionnels. Revenons à l'examen des spectacles réels qui sont à l'origine
des métaphores de l'imagination.

Telle que les poètes la décrivent ou la suggèrent, telle
que les peintres la dessinent, *La femme au bain* est introuvable dans nos campagnes. Le bain n'est plus qu'un sport.
En tant que sport, il est le contraire de la timidité féminine. La baignade est désormais une *foule*. Elle donne « un
milieu » à des romanciers. Elle ne peut plus donner un
véritable poème de la nature.

D'ailleurs, l'image primitive, l'image de la baigneuse au
lumineux reflet, est fausse. La baigneuse, en agitant les
eaux, brise sa propre image. Qui se baigne, ne se reflète
pas. Il faut donc que l'imagination supplée la réalité. Elle
réalise alors un désir.

Quelle est donc la fonction sexuelle de la rivière? C'est
d'évoquer la nudité féminine. Voici une eau bien claire, dit
le promeneur. Avec quelle fidélité elle refléterait la plus
belle des images! Par conséquent, la femme qui s'y baigne-
rait sera blanche et jeune; par conséquent elle sera nue.
L'eau évoque d'ailleurs la nudité *naturelle*, la nudité qui
peut garder une innocence. Dans le règne de l'imagination, les êtres vraiment nus, aux lignes sans toison, sortent
toujours d'un océan. L'être qui sort de l'eau est un reflet
qui peu à peu se matérialise : il est une *image* avant d'être
un *être*, il est un désir avant d'être une image.

Pour certaines rêveries, tout ce qui se reflète dans l'eau
porte la marque féminine. Voici un bon exemple de ce
fantasme. Un héros de Jean-Paul rêvant au bord des eaux
dit brusquement, sans la moindre explication : « Du
milieu des flots purs des lacs s'élevaient la pointe des
collines et des montagnes qui semblaient autant de baigneuses sortant de l'eau [1]... » On peut mettre au défi

1. Jean-Paul, *Le Titan*, trad. Chasles, t. I, p. 36.

n'importe quel réaliste, il ne pourra expliquer cette image.
On peut interroger n'importe quel géographe : s'il ne
déserte pas la terre pour des rêves, il n'aura jamais occasion de confondre un profil orographique et un profil
féminin. L'image féminine s'est imposée à Jean-Paul par
une rêverie sur un reflet. On ne peut en rendre compte que
par les longs circuits de l'explication psychologique que
nous proposons.

IX

Le cygne, en littérature, est un ersatz de la femme nue.
C'est la nudité permise, c'est la blancheur immaculée et
cependant ostensible. Au moins, les cygnes se laissent
voir ! Qui adore le cygne désire la baigneuse.

Une scène du *Second Faust* va nous montrer en détail
comment le cadre fait surgir le personnage, comment
aussi évolue, sous différents masques, le désir du rêveur.
Voici cette scène que nous diviserons en trois tableaux : le
paysage — la femme — le cygne [1].

D'abord le paysage inhabité :

« Les eaux se glissent à travers la fraîcheur des buissons
épais, doucement agités ; elles ne murmurent point, elles
coulent à peine, de tous côtés, mille sources se rassemblent
en bassins purs et brillants, aplanis, creusés pour le
bain. »

« *Zum Bade flach vertieften Raum.* »

Il semble donc que la nature ait formé des cryptes pour
cacher des baigneuses. Aussitôt, dans le poème, l'espace
creux et frais se peuple suivant la loi de l'imagination des
eaux. Voici donc le second tableau :

« Florissantes et jeunes figures de femmes, offertes à
l'œil enchanté, doublées par le miroir liquide ! Elles se
baignent ensemble gaiement, nageant avec hardiesse,
marchant avec crainte ; et les cris enfin et la lutte dans les
flots ! »

Alors le désir se condense, se précise, s'intériorise. Il
n'est plus une simple joie des yeux. L'image totale et
vivante se prépare :

1. Goethe, *Faust*, 2ᵉ partie, acte II, trad. Porchat, p. 342.

« Ces belles devraient me suffire, mon œil ici devrait jouir ; cependant mon désir va toujours plus avant ; mon regard pénètre vivement jusqu'à cette retraite. Le riche feuillage de la verdure épaisse cache le noble reine. » Et le rêveur contemple véritablement ce qui se cache ; avec du réel, il fabrique du mystère. Les images de « couverture » vont donc faire leur apparition. Nous sommes maintenant au noyau du fantasme. Bien couvert, le noyau va proliférer ; il va agglomérer les images les plus lointaines. Voici donc d'abord les cygnes, ensuite le Cygne :

« O merveille ! des cygnes aussi viennent à la nage de leurs retraites, avec des mouvements purs et majestueux ; ils voguent doucement, tendres et familiers : mais comme fièrement et avec complaisance la tête et le bec se meuvent... Un d'eux surtout semble se rengorger avec audace, et fait voile rapidement à travers tous les autres ; ses plumes se gonflent ; poussant les vagues sur les vagues, il s'avance vers l'asile sacré... »

Les points de suspension — si rares en allemand classique — sont mis par Goethe aux bons endroits (vers 7300 et 7306. Édition Hermann Bohlau, Weimar, 1888). Comme c'est souvent le cas, les points de suspension « psychanalysent » le texte. Ils tiennent en suspens ce qui ne doit pas être dit explicitement. Nous nous sommes permis de retrancher de la traduction de Porchat les nombreux points de suspension qui ne figurent pas dans le texte allemand et qui ont été ajoutés pour suggérer des évasions sans force, sans vérité surtout si on les compare aux évasions qui réclament une psychanalyse.

Il ne sera d'ailleurs pas difficile au moindre apprenti en psychanalyse de saisir, dans cette dernière image du cygne, des traits *masculins*. Comme toutes les images en action dans l'inconscient, l'image du cygne est hermaphrodite. Le cygne est féminin dans la contemplation des eaux lumineuses ; il est masculin dans l'action. Pour l'inconscient, l'action est un acte. Pour l'inconscient, il n'y a qu'*un acte*... Une image qui suggère un acte doit évoluer, dans l'inconscient, du féminin au masculin.

La page du *Second Faust* nous offre donc un bon exemple de ce que nous appellerons une *image complète*, ou mieux une image complètement dynamisée. L'imagination amasse parfois les images dans le sens de la sensua-

lité. Elle se nourrit d'abord de lointaines images ; elle rêve
devant un large panorama ; elle en détache ensuite un site
secret où elle assemble des images plus humaines. Elle
passe de la jouissance des yeux à des désirs plus intimes.
Enfin, à l'apogée du rêve de séduction, les visions
deviennent des visées sexuelles. Elles suggèrent des actes.
Alors « les plumes se gonflent, le cygne s'avance vers
l'asile sacré... »

Un pas de plus dans la psychanalyse et l'on comprendrait que le chant du cygne avant sa mort peut s'interpréter comme les éloquents serments de l'amant, comme
la voix chaude du séducteur avant l'instant suprême,
avant ce terme si fatal à l'exaltation qu'il est vraiment
« une mort amoureuse ».

Ce *chant du cygne*, ce chant de la mort sexuelle, ce chant
du désir exalté qui va trouver son apaisement n'apparaît
que rarement dans sa signification complexuelle. Il n'a
plus de retentissement dans notre inconscient parce que la
métaphore du *chant du cygne* est une métaphore usée entre
toutes. C'est une métaphore qu'on a écrasée sous un symbolisme factice. Quand le cygne de La Fontaine dit « son
dernier chant » sous les coutelas du cuisinier, la poésie
cesse de vivre, elle cesse d'émouvoir, elle perd sa signification propre soit au profit d'un symbolisme conventionnel,
soit au profit d'une signification réaliste périmée. Au beau
temps du réalisme, on se demandait encore si le larynx du
cygne permet un chant véritable et même un cri d'agonie.
Ni du côté de la convention, ni du côté de la réalité la
métaphore du chant du cygne n'est explicable. Il faut,
comme pour tant d'autres métaphores, chercher dans
l'inconscient les motifs d'une explication. L'image du
« cygne », si notre interprétation générale des reflets est
exacte, est toujours un *désir*. C'est dès lors, en tant que
désir qu'il chante. Or, il n'y a qu'un seul désir qui chante en
mourant, qui meurt en chantant, c'est le désir sexuel. Le
chant du cygne c'est donc le désir sexuel à son point
culminant.

Par exemple, notre interprétation est, nous semble-t-il,
la seule qui puisse rendre compte de toutes les résonances
inconscientes et poétiques de cette belle page nietzschéenne [1]. Le mythe tragique « pousse le monde phéno-

---

1. Nietzche, *La Naissance de la tragédie*, trad. G. Bianquis, p. 112.

ménal jusqu'à la limite où il se nie lui-même et cherche à rentrer dans le sein de la vraie et de l'unique réalité, où, pareil à Yseult, il semble entonner ce métaphysique chant du cygne :

> Dans le flot ondoyant
> De la mer des délices,
> Dans le fracas sonore
> De vagues parfumées,
> Dans la mouvante unité
> De la palpitation universelle
> S'engloutir — s'enfouir
> En pleine inconscience — suprême volupté !

Quel est donc ce sacrifice qui anéantit l'être en l'engloutissant dans des vagues odorantes, qui unit l'être à un univers qui toujours palpite et qui berce comme un flot ? Quel est donc ce sacrifice enivrant d'un être à la foi inconscient de sa perte et de son bonheur — et qui chante ? Non, ce n'est pas la mort définitive. C'est la mort d'un soir. C'est un désir comblé qu'un brillant matin verra renaître, comme le jour renouvelle l'image du cygne dressé sur les eaux [1].

X

Pour qu'un complexe comme le complexe du cygne que nous venons de formuler ait toute sa force poétisante, il faut qu'il agisse *en secret* dans le cœur du poète, il faut que le poète contemplant longuement le cygne sur les eaux ne sache pas lui-même qu'il désire une plus tendre aventure. C'est le cas, croyons-nous, de la rêverie de Goethe. Pour souligner le naturel de la rêverie de Faust, nous allons lui opposer un deuxième exemple où les symboles vont nous

---

1. Peut-être pourrait-on surprendre dans le *Cygne* de Mallarmé la fusion du narcissisme de l'amour et du narcissisme de la mort amoureuse. Claude-Louis Estève, dans son essai sur Mallarmé (*Études philosophiques sur l'expression littéraire*, p. 146), dit synthétiquement : « Le cygne de Mallarmé, à la beauté et à la consomption narcissienne, dont le col (et non les pattes) secoue la blanche agonie, ou enfin immobilisé dans les glaces, reste toujours le Pur et le Magnifique. »

apparaître évidemment fabriqués, grossièrement assemblés. Dans cet exemple, nous verrons en action cet hellénisme de pacotille si caractéristique des complexes de culture. La fusion du désir et du symbole ne s'y fait pas, l'image primitive n'a pas sa vie propre, elle a été trop tôt accaparée par le souvenir d'une mythologie apprise. Nous emprunterons cet exemple à une des nouvelles que Pierre Louys a réunies sous le titre *Le Crépuscule des Nymphes* (éd. Montaigne). Ce livre contient de fort belles pages. Nous ne prétendons pas le juger du point de vue littéraire. C'est le point de vue psychologique qui nous intéresse ici.

Dans la nouvelle : *Lêda*[1] *ou la louange des bienheureuses ténèbres* le *complexe du cygne* décèle immédiatement ses traits humains, trop humains. Les *images de couverture* ne remplissent pas leur rôle. On y voit trop clair. Un lecteur libidineux est tout de suite servi, directement servi. « Le bel oiseau était blanc comme une femme, splendide et rose comme la lumière » (p. 21). Mais l'oiseau blanc comme une femme dès qu'il tourne autour de la nymphe et la « regarde de côté » a déjà abandonné toute valeur symbolique. Alors il s'approche de Lêda (p. 22). Quand le cygne « fut tout près [de Lêda], il s'approcha encore, et se haussant sur ses larges pattes rouges, étendit le plus haut qu'il put la grâce onduleuse de son col, devant les jeunes cuisses bleuâtres et jusqu'au doux pli sur la hanche. Les mains étonnées de Lêda prirent avec soin la petite tête et l'enveloppèrent de caresses. L'oiseau frémissait de toutes ses plumes. Dans son aile profonde et moelleuse, il serrait les jambes nues et les faisait plier. Lêda se laissa tomber à terre ». Et deux pages plus loin, tout est consommé : « Lêda s'ouvrait à lui comme une fleur bleue du fleuve. Elle sentait entre ses genoux froids la chaleur du corps de l'oiseau. Tout à coup, elle cria : Ah!... Ah!... et ses bras tremblèrent comme des branches pâles. Le bec l'avait affreusement pénétrée et la tête du Cygne se mouvait en elle avec rage, comme s'il mangeait ses entrailles, délicieusement. »

De telles pages ont perdu tout leur mystère et il n'est pas besoin d'un psychanalyste pour les expliquer. Le cygne est ici un bien inutile euphémisme. Il n'est plus un habitant

---

1. Nous gardons dans les citations l'orthographe choisie par l'auteur.

des eaux. Lêda n'a aucun titre à l'image « d'une fleur bleue du fleuve ». Aucune des parures de l'eau n'est ici à sa place. Malgré le grand talent littéraire de Pierre Louÿs, la *Lêda* n'a pas de force poétique. Cette nouvelle, *Lêda ou la louange des bienheureuses ténèbres*, manque aux lois de l'imagination matérielle qui veut que les images variées soient attachées à une image fondamentale.

En bien d'autres pages de Pierre Louÿs on pourrait trouver des exemples de ce nudisme littéraire, caché sous l'image du cygne. Dans *Psyché*, sans préparation, sans atmosphère, sans que rien ne suggère ni le bel oiseau ni l'eau réfléchissante, Pierre Louÿs écrit (p. 63) : « Aracœli était assise toute nue dans le tiroir supérieur de sa commode Empire et semblait être la Lêda du grand cygne de cuivre jaune qui s'éployait à la serrure. » Faut-il noter aussi qu'Aracœli parle de son amant « qui ne se mourait dans ses bras que pour renaître toujours plus beau » ?

Le folklore est, lui aussi, touché du « nudisme » des cygnes. Donnons une seule légende où ce nudisme se présente sans surcharge mythologique : « Un jeune pâtre de l'île d'Ouessant qui gardait son troupeau sur le bord d'un étang, surpris de voir s'y reposer des cygnes blancs, d'où sortaient de belles jeunes filles nues, qui, après le bain venaient reprendre leur peau et s'envolaient, raconta la chose à sa grand-mère ; elle lui dit que ce sont des filles-cygnes, et que celui qui parvient à s'emparer de leur vêtement, les force à le transporter dans leur beau palais retenu dans les nuages par quatre chaînes d'or. » Voler l'habit des baigneuses, plaisanterie de mauvais garçons ! Souvent dans les rêves, on éprouve de telles mésaventures. Le cygne est ici, dans toute l'acception du terme, un symbole de couverture. La *fille-cygne* appartient plutôt à la rêverie qu'aux rêves nocturnes. Au moindre prétexte, elle apparaît dans la rêverie des eaux. Un seul trait parfois l'indique, ce qui prouve son caractère régulier. Ainsi, dans un rêve de Jean-Paul où s'accumulent des blancheurs immaculées apparaissent « des cygnes blancs, les ailes ouvertes comme des bras ». Cette image, dans son aspect rudimentaire, en dit long. Elle porte la marque d'une imagination impulsive, c'est-à-dire d'une imagination qu'il faut saisir comme une impulsion : des ailes qui sont des bras ouverts désignent un bonheur de la terre. C'est l'image opposée à des bras qui sont des ailes et qui nous emportent au ciel.

XI

Dans son excès de surcharge mythologique, l'exemple du *cygne* de Pierre Louys peut maintenant faire comprendre le sens précis d'un *complexe de culture*. Le plus souvent le complexe de culture s'attache à une culture scolaire, c'est-à-dire à une culture traditionnelle. Il ne semble pas que Pierre Louys ait eu la patience d'un érudit comme Paulus Cassel [1] qui a colligé les mythes et les contes dans plusieurs littératures pour mesurer à la fois l'unité et la multiplicité du symbole du Cygne. Pierre Louys s'est adressé à la mythologie scolaire pour écrire sa nouvelle. Ne pourront la lire que des « initiés » à la connaissance *scolaire* des mythes. Mais si un tel lecteur est satisfait, sa satisfaction reste impure. Il ne sait pas s'il aime le fond ou s'il aime la forme; il ne sait pas s'il enchaîne des images ou s'il enchaîne des passions. Souvent les symboles sont réunis sans souci de leur évolution symbolique. Qui parle de Lêda doit parler du cygne et de l'œuf. Le même conte réunira les deux histoires, sans pénétrer le caractère mythique de l'œuf. Dans la nouvelle de Pierre Louys l'idée vient même à Lêda qu'elle pourrait « faire cuire l'œuf dans la cendre chaude comme elle avait vu que faisaient les satyres. » On voit de reste que le complexe de culture perd souvent le contact avec les complexes profonds et sincères. Il est bientôt le synonyme d'une tradition mal comprise, ou, ce qui revient au même, d'une tradition naïvement rationalisée. L'érudition classique, comme l'a si bien montrée Mme Marie Delcourt [2], impose à des mythes de liaisons rationnelles et utilitaires qu'ils ne comportent pas.

La psychanalyse d'un complexe de culture réclamera donc toujours la séparation de ce qu'on *sait* et de ce qu'on *sent*, comme l'analyse d'un symbole réclame la séparation

1. Paulus Cassel, *Der Schwanin Sage und Leben*, Berlin, 1872.
2. Marie Delcourt, *Stérilités mystérieuses et Naissances maléfiques dans l'antiquité classique*, 1938, *passim*.

de ce qu'on voit et de ce qu'on désire. A cette solution, on peut se demander si un vieux symbole est encore animé de forces symboliques, on peut apprécier des mutations esthétiques qui parfois viennent ranimer d'anciennes images.

Ainsi, maniés par de vrais poètes, les complexes de culture peuvent faire oublier leurs formes convention-nelles. Ils peuvent soutenir alors des images paradoxales. Telle sera la figure de la *Lêda sans cygne* de Gabriele D'Annunzio. Voici l'image de départ (trad., p. 51) : « A présent, la Lêda sans cygne était là, tellement lisse qu'elle ne devait même pas avoir de lignes dans le creux de la main, et polie vraiment par les eaux de l'Eurotas. » Le cygne semble une beauté travaillée par les eaux, lissée par le courant. On a cru longtemps qu'il avait été le premier modèle des bateaux, le profil optimum de l'esquif. Les voiles copieraient le rare spectacle des ailes dressées dans la brise.

Mais cette pureté et cette simplicité de lignes qui paraît la première raison de la métaphore de D'Annunzio corres-pond à une imagination trop formelle. Dès que l'image du cygne se présente, comme une forme, à l'imagination, l'eau doit sourdre, tout ce qui entoure le cygne doit suivre l'impulsion de l'imagination matérielle de l'eau. Qu'on suive, dans ce sens même, la fougue de métamorphoses qui anime la poésie de Gabriele D'Annunzio. La femme n'apparaît pas dans les flots. Elle apparaît entourée de ses blancs lévriers. Mais la femme est si belle et si désirée que le symbole mêlé de Lêda et du cygne va se former sur la terre même (p. 58) : « L'antique rythme de la métamor-phose circule encore à travers le monde. » L'eau va sourdre partout, dans l'être et hors de l'être. « La jeune femme semblait reprise et recréée dans la jeunesse de la nature, et habitée par une source qui venait bouillonner contre le cristal de ses yeux. Elle était sa propre source, sa rivière et sa rive, l'ombre du platane, le frissonnement du roseau, le velours de la mousse; les grands oiseaux sans ailes l'assaillirent; et certes, quand elle tendait la main vers l'un d'eux, et le prenait par son col plumeux, elle répétait exactement le geste de la fille de Thestios. » Comment mieux dire l'immanence d'une *eau imaginaire* ? Des chiens, une femme — sous un ciel italien, sur la terre

italienne, voilà la donnée. Et cependant derrière l'image
d'un *cygne* absent, effacé, virtuel, qu'on refuse de nommer,
voici l'*eau* de la *Lêda sans cygne* qui envahit la scène, qui
baigne les personnages, qui dit quand même sa vie légendaire. On jugera mal de telles pages si l'on se réfère à une
simple « association d'idées » à une « association
d'images ». Il s'agit d'une poussée plus directe, d'une
production d'images profondément homogènes parce
qu'elles participent à une réalité élémentaire de l'imagination matérielle.

XII

Les images aussi actives que l'image du cygne sont
susceptibles de tous les grandissements. De même que
nous avons parlé d'un narcissisme cosmique, on peut,
dans certaines pages, reconnaître un cygne cosmique.
Comme le dit Pierre Reverdy : « Le drame universel et le
drame humain tendent à s'égaler[1]. » Un grand désir se
croit un désir universel.

On trouvera sur le thème du Cygne reflété par les eaux
un exemple de cette sublimation par l'énorme dans une
œuvre de jeunesse d'Albert Thibaudet : *Le Cygne Rouge*.
C'est un *mythe dramatique*, un mythe solaire cultivé
(p. 175) : « Au fond des horizons crépusculaires le Cygne
rouge épanouit toujours son éternel défi... Il est roi de
l'espace, et la mer se pâme comme une esclave au pied de
son trône clair. Et pourtant il est fait de mensonge comme
je suis fait de chair... » Ainsi parle le guerrier, et la femme
répond (p. 176) : « Souvent aussi le Cygne rouge glissait
lentement, posé au cœur d'un halo de nacre rose, et son
ombre traînait sur les choses en longue nappe de silence...
ses reflets tombaient sur la mer comme un effleurement de
baisers. » Malgré les deux personnages qui vivent du
symbole, les images sont cohérentes. L'auteur croit que ses
images sont de l'ordre de la puissance guerrière. En fait,
les preuves sexuelles abondent : le Cygne rouge est la
femme à posséder, à conquérir. Le mythe construit par
Thibaudet est donc un bon exemple de *dissymbolisme* :

1. Pierre Reverdy, *Le Gant de crin*, p. 41.

symbolisme du côté des images explicitement énoncées, symbolisme du côté et leur signification sexuelle. A bien vivre ce dissymbolisme, on a l'impression que la vue assemble les images comme le cœur agglomère les désirs. Une imagination sentimentale sous-tend une imagination des formes. Quand un symbolisme puise ses forces dans le cœur même, combien grandissent les visions ! Il semble alors que les visions *pensent*. Dans des œuvres comme *Le Cygne Rouge* on sent qu'une méditation continue la contemplation. C'est pourquoi les métaphores se généralisent. C'est pourquoi elles envahissent le ciel.

C. G. Jung donne d'ailleurs plusieurs arguments qui nous permettent de comprendre, sur le plan cosmique, pourquoi le *cygne* est à la fois le symbole d'une lumière sur les eaux et d'un hymne de mort. Il est vraiment le mythe du soleil mourant. Le mot allemand *Schwan* provient du radical *Swen* comme Sonne : soleil et ton [1], et, dans une autre page (p. 156), Jung cite un poème où la mort du cygne chanteur est décrite comme une *disparition sous les eaux* :

> Sur le vivier chante le cygne,
> Tout en glissant de long en large
> Et en chantant toujours plus bas
> Il plonge et rend son dernier souffle.

On trouverait facilement d'autres exemples de la métaphore du cygne montée au niveau cosmique. La lune comme le soleil peut évoquer cette image. Tel est le cas d'une image de Jean-Paul : « La lune, ce beau cygne du ciel, promenait son blanc plumage du Vésuve au sommet du firmament [2]... » Inversement, pour Jules Laforgue, le cygne est un « succédané » de la Lune pendant le jour [3].

Dans les *Moralités légendaires*, Laforgue a aussi écrit (p. 115) : « Le cygne éploie ses ailes, et, s'enlevant tout droit dans un frémissement imposant et neuf, cingle à pleines voiles, et bientôt s'efface tout par-delà la Lune.

« Oh, sublime façon de brûler ses vaisseaux ! Noble fiancé. »

1. C. G. Jung, *Métamorphoses et Symboles de la Libido*, p. 331.
2. Jean-Paul, *Titan*, trad. Chasles, t. II, p. 129.
3. Jules Laforgue, *Lettres*, N.R.F., mars 1941, p. 432.

Toutes ces images si disparates, si peu explicables par une doctrine réaliste de la métaphore, n'ont vraiment d'unité que par la poésie des reflets, que par un des thèmes les plus fondamentaux de la poésie des eaux.

CHAPITRE II

LES EAUX PROFONDES – LES EAUX
DORMANTES – LES EAUX MORTES
« L'EAU LOURDE »
DANS LA RÊVERIE D'EDGAR POE

> Il faut deviner le peintre pour
> comprendre l'image.
>
> NIETZSCHE, *Schopenhauer*, p. 33.

I

C'est un grand avantage pour un psychologue qui étudie une faculté variable, mobile, diverse comme l'imagination, de rencontrer un poète, un génie doué de la plus rare des unités : l'*unité d'imagination*. Edgar Poe est un tel poète, un tel génie. Chez lui, l'unité d'imagination est quelquefois masquée par des constructions intellectuelles, par l'amour des déductions logiques, par la prétention à une pensée mathématique. Parfois l'humour exigé par les lecteurs anglo-saxons des revues disparates couvre et cache la tonalité profonde de la rêverie créatrice. Mais dès que la poésie reprend ses droits, sa liberté, sa vie, l'imagination d'Edgar Poe retrouve son étrange unité.

Mme Marie Bonaparte, dans sa minutieuse et profonde analyse des poésies et des contes d'Edgar Poe, a découvert la raison psychologique dominante de cette unité. Elle a prouvé que cette unité d'imagination était la fidélité à un souvenir impérissable. On ne conçoit pas comment on pourrait approfondir une telle enquête qui a triomphé de toutes les anamnèses, qui a pénétré dans l'au-delà de la psychologie logique et consciente. Nous utiliserons donc sans compter les leçons psychologiques accumulées dans le livre de Mme Bonaparte.

Mais, à côté de cette unité inconsciente, nous croyons pouvoir caractériser dans l'œuvre d'Edgar Poe une unité des moyens d'expression, une tonalité du verbe qui fait de l'œuvre une *monotonie géniale*. Les grandes œuvres ont toujours ce double signe : la psychologie leur trouve un foyer secret, la critique littéraire un verbe original. La langue d'un grand poète comme Edgar Poe est sans doute riche, mais elle a une hiérarchie. Sous ses mille formes, l'imagination cache une substance privilégiée, une substance active qui détermine l'unité et la hiérarchie de l'expression. Nous n'aurons pas de peine à prouver que chez Poe cette matière privilégiée est l'eau ou plus exactement une eau spéciale, une *eau lourde*, plus profonde, plus morte, plus ensommeillée que toutes les eaux dormantes, que toutes les eaux mortes, que toutes les eaux profondes qu'on trouve dans la nature. L'*eau*, dans l'imagination d'Edgar Poe, est un superlatif, une sorte de substance, une substance mère. La poésie et la rêverie d'Edgar Poe pourront donc nous servir de types pour caractériser un élément important de cette *Chimie poétique* qui croit pouvoir étudier les images en fixant pour chacune leur poids de rêverie interne, leur matière intime.

II

Si nous ne craignons pas de paraître si dogmatiques, c'est que nous avons tout de suite une preuve de choix : chez Edgar Poe, le destin des images de l'eau suit très exactement le destin de la rêverie principale qui est la rêverie de la mort. En effet, ce que Mme Bonaparte a montré le plus clairement, c'est que l'image qui *domine* la poétique d'Edgar Poe est l'image de la mère mourante. Toutes les autres aimées que la mort ravira : Hélène, Frances, Virginia, renouvelleront l'image première, ranimeront la douleur initiale, celle qui a marqué à jamais le pauvre orphelin. L'humain, chez Poe, c'est la mort. On décrit une vie par la mort. Le *paysage* aussi — nous le montrerons — est également déterminé par le rêve fondamental, par la rêverie qui revoit sans cesse la mère mourante. Et cette détermination est d'autant plus instructive qu'elle ne correspond à rien de réel. En effet, Élisabeth, la mère d'Edgar Poe, comme Hélène, l'amie, comme Frances, la mère adoptive, comme Virginia, l'épouse, est morte dans son lit, d'une mort citadine. Leurs tombeaux sont dans un coin du cimetière, d'un cimetière américain qui n'a rien de commun avec le cimetière romantique des Camaldunes où reposera Lélia. Edgar Poe n'a pas trouvé, comme Lélia, un corps aimé dans les roseaux du lac. Et cependant, autour d'une morte, pour une morte, c'est tout un pays qui s'anime, qui s'anime en s'endormant, dans le sens d'un repos éternel ; c'est toute une vallée qui se creuse et s'enténèbre, qui prend une profondeur insondable pour ensevelir le malheur humain tout entier, pour devenir la patrie de la mort humaine. C'est enfin un élément matériel qui reçoit la mort dans son intimité, comme une essence, comme une vie étouffée, comme un souvenir tellement total qu'il peut vivre inconscient, sans jamais dépasser la force des songes.

Alors toute eau primitivement claire est pour Edgar Poe une eau qui doit s'assombrir, une eau qui va absorber la noire souffrance. Toute eau vive est une eau dont le destin est de s'alentir, de s'alourdir. Toute eau vivante est une eau qui est sur le point de mourir. Or, en *poésie dynamique*, les choses ne sont pas ce qu'elles sont, elles sont ce qu'elles deviennent. Elles deviennent dans les images ce qu'elles deviennent dans notre rêverie, dans nos interminables songeries. Contempler l'eau, c'est s'écouler, c'est se dissoudre, c'est mourir.

A première vue, dans la poésie d'Edgar Poe, on peut croire à la variété des eaux si universellement chantée par les poètes. En particulier, on peut découvrir les deux eaux, celle de la joie et celle de la peine. Mais il n'y a qu'un seul souvenir. Jamais l'eau lourde ne devient une eau légère, jamais une eau sombre ne s'éclaircit. C'est toujours l'inverse. Le conte de l'eau est le conte humain d'une eau qui meurt. La rêverie commence parfois devant l'eau limpide, tout entière en reflets immenses, bruissante d'une musique cristalline. Elle finit au sein d'une eau triste et sombre, au sein d'une eau qui transmet d'étranges et de funèbres murmures. La rêverie près de l'eau, en retrouvant ses morts, meurt, elle aussi, comme un univers submergé.

III

Nous allons suivre dans ses détails la vie d'une eau imaginée, la vie d'une substance bien personnalisée par une imagination matérielle puissante; nous allons voir qu'elle assemble les schèmes de la vie attirée par la mort, de la vie qui veut mourir. Plus exactement, nous allons voir que l'eau fournit le symbole d'une vie spéciale attirée par une mort spéciale.

D'abord, au point de départ, montrons l'amour d'Edgar Poe pour une *eau élémentaire*, pour une eau imaginaire qui réalise l'idéal d'une rêverie créatrice parce qu'elle possède ce qu'on pourrait appeler l'*absolu du reflet*. En effet, il semble, en lisant certains poèmes, certains contes, que le reflet soit plus réel que le réel parce qu'il est plus pur. Comme la vie est un rêve dans un rêve, l'univers est un reflet dans un reflet; l'univers est *une image absolue*. En immobilisant l'image du ciel, le lac crée un ciel en son sein. L'eau en sa jeune limpidité est un ciel renversé où les astres prennent une vie nouvelle. Aussi Poe, dans cette contemplation au bord des eaux, forme cet étrange concept double d'une étoile-île (*star-isle*), d'une étoile liquide prisonnière du lac, d'une étoile qui serait une île du ciel. A un être cher disparu, Edgar Poe murmure :

> *Away, then, my dearest*
> *Oh! hie thee away.*
> ....
> *To lone lake that smiles*
> *In its dream of deep rest,*
> *At the many star-isles*
> *That enjewel its breast.*

> Loin, alors ma très chère
> Oh! va-t'en loin.
> ....
> Vers quelque lac isolé qui sourit,
> Dans son rêve de profond repos,
> Aux innombrables îles-étoiles
> Qui gemment son sein.
> (*Al. Aaraaf*, trad. Mourey, p. 162.)

Où est le réel : au ciel, ou au fond des eaux? L'infini, en

nos songes, est aussi profond au firmament que sous les ondes. On ne donnera jamais trop d'attention à ces doubles images comme celle d'île-étoile dans une psychologie de l'imagination. Elles sont comme des charnières du rêve qui, par elles, change de registre, change de matière. Ici, à cette charnière, l'eau prend le ciel. Le rêve donne à l'eau le sens de la plus lointaine patrie, d'une patrie céleste.

Dans les contes, cette construction du *reflet absolu* est plus instructive encore, puisque les contes revendiquent souvent une vraisemblance, une logique, une réalité. Dans le canal qui mène au domaine d'Arnheim : « Le navire semblait emprisonné dans un cercle enchanté, formé de murs de feuillage, infranchissables et impénétrables, avec un plafond de satin d'outre-mer, et sans plan inférieur, — la quille oscillant, avec une admirable symétrie, sur celle d'une barque fantastique qui, s'étant retournée de haut en bas, aurait flotté de conserve avec la vraie barque, comme pour la soutenir [1]. » Ainsi l'eau, par ses reflets, double le monde, double les choses. Elle double aussi le rêveur, non pas simplement comme une vaine image, mais en l'engageant dans une nouvelle expérience onirique.

En effet, un lecteur inattentif pourra ne voir là qu'une image usée entre toutes. C'est qu'il n'a pas vraiment joui de la délicieuse *opticité* des reflets. C'est qu'il n'a pas vécu le rôle imaginaire de cette peinture naturelle, de cette étrange aquarelle qui donne l'humidité aux plus brillantes couleurs. Comment alors un tel lecteur pourrait-il suivre le conteur dans sa tâche de matérialisation du fantastique ? Comment pourrait-il monter dans la barque des fantômes, dans cette barque qui se glisse soudain — quand l'inversion imaginaire est enfin réalisée — sous la barque réelle ? Un lecteur réaliste ne veut pas accepter le spectacle des reflets comme une invitation onirique : comment sentirait-il la dynamique du rêve et les étonnantes impressions de légèreté ? Si le lecteur réalisait toutes les images du poète, s'il faisait abstraction de son réalisme, il éprouverait enfin physiquement l'invitation au voyage, il serait bientôt lui aussi « enveloppé d'un sentiment exquis d'étrangeté. L'idée de la nature subsistait encore, mais

---

1. Edgar Poe, *Histoires grotesques et sérieuses*, trad. Baudelaire, p. 280.

altérée déjà et subissant dans son caractère une curieuse modification; c'était une symétrie mystérieuse et solennelle, une uniformité émouvante, une correction magique dans ces ouvrages nouveaux. Pas une branche morte, pas une feuille desséchée ne se laissait apercevoir; pas un caillou égaré, pas une motte de terre brune. L'eau cristalline glissait sur le granit lisse ou sur la mousse immaculée avec une acuité de ligne qui effarait l'œil et le ravissait en même temps » (p. 282). Ici l'image reflétée est donc soumise à une idéalisation systématique : le mirage corrige le réel; il en fait tomber les bavures et les misères. L'eau donne au monde ainsi créé une solennité platonicienne. Elle lui donne aussi un caractère *personnel* qui suggère une forme schopenhauerienne : dans un si pur miroir, le monde est ma vision. Peu à peu, je me sens l'auteur de ce que je vois seul, de ce que je vois de mon point de vue. Dans *L'Ile de la Fée*, Edgar Poe connaît le prix de cette vision solitaire des reflets : « L'intérêt avec lequel... j'ai contemplé le *ciel* de maint lac limpide a été un intérêt grandement accru par la pensée... que je contemplais seul [1]. » Pure vision, vision solitaire voilà le double don des eaux réfléchissantes. Tieck, dans *Les Voyages de Sternbald*, souligne de même le sens de la solitude.

Si l'on poursuit le voyage sur la rivière aux innombrables méandres qui conduit au domaine d'Arnheim, on va avoir une nouvelle impression de liberté visuelle. On arrive en effet dans un bassin central où la dualité du reflet et du réel va s'équilibrer complètement. Il y a, croyons-nous, un grand intérêt à présenter, sur le mode littéraire, un exemple de cette réversibilité qu'Eugenio d'Ors demandait qu'on interdise en peinture : « Ce bassin était d'une grande profondeur, mais l'eau en était si transparente, que le fond, qui semblait consister en une masse épaisse de petits cailloux ronds d'albâtre, devenait distinctivement visible par éclairs — c'est-à-dire chaque fois que l'œil parvenait à *ne pas voir*, tout au fond du ciel renversé, la floraison répercutée des collines » (*loc. cit.*, p. 283).

Encore une fois, il y a deux manières de lire de sem-

1. Edgar Poe, *Nouvelles Histoires extraordinaires*, trad. Baudelaire, p. 278.

blables textes : on peut les lire en suivant une expérience positive, dans un esprit positif, en essayant d'évoquer, parmi les paysages que la vie nous a fait connaître, un site où nous pouvons vivre et penser à la manière du narrateur. Avec de tels principes de lecture, le texte présent paraît si pauvre qu'on a bien de la peine à en achever la lecture. Mais on peut aussi lire de telles pages en essayant de sympathiser avec la rêverie créatrice, en essayant de pénétrer jusqu'au noyau onirique de la création littéraire, en communiquant, par l'inconscient, avec la volonté de création du poète. Alors ces descriptions rendues à leur *fonction subjective*, dégagées du réalisme statique, donnent une autre vision du monde, mieux, la vision d'un autre monde. En suivant la leçon d'Edgar Poe, on s'aperçoit que la rêverie matérialisante — cette rêverie qui rêve la matière — est un au-delà de la rêverie des formes. Plus brièvement, on comprend que *la matière est l'inconscient de la forme*. C'est l'eau même dans sa masse, ce n'est plus la surface, qui nous envoie l'insistant message de ses reflets. Seule une matière peut recevoir la charge des impressions et des sentiments multiples. Elle est un *bien* sentimental. Et Poe est sincère quand il nous dit que dans une telle contemplation « les impressions produites sur l'observateur étaient celles de richesse, de chaleur, de couleur, de quiétude, d'uniformité, de douceur, de délicatesse, d'élégance, de volupté et d'une miraculeuse extravagance de culture » (*loc. cit.*, p. 283).

Dans cette contemplation en profondeur, le sujet prend aussi conscience de son intimité. Cette contemplation n'est donc pas une *Einfühlung* immédiate, une fusion sans retenue. Elle est plutôt une perspective d'approfondissement pour le monde et pour nous-mêmes. Elle nous permet de nous tenir distant devant le monde. Devant l'eau profonde, tu choisis ta vision ; tu peux voir à ton gré le fond immobile ou le courant, la rive ou l'infini ; tu as le droit ambigu de voir et de ne pas voir ; tu as le droit de vivre avec le batelier ou de vivre avec « une race nouvelle de fées laborieuses, douées d'un goût parfait, magnifiques et minutieuses ». La fée des eaux, gardienne du mirage, tient tous les oiseaux du ciel dans sa main. Une flaque contient un univers. Un instant de rêve contient une âme entière.

Après un tel voyage onirique, quand on arrivera au cœur

du domaine d'Arnheim, on verra le *Château intérieur*,
construit par les quatre architectes des rêves construc-
teurs, par les quatre grands maîtres des éléments oniriques fondamentaux : « Il a l'air de se soutenir dans les
airs comme par miracle — faisant étinceler sous la rouge
clarté du soleil ses fenêtres encorbellées, ses miradors, ses
minarets et ses tourelles, — et semble l'œuvre fantastique
des Sylphes, des Fées, des Génies et des Gnomes réunis. »
Mais la lente introduction, toute à la gloire des constructions aériennes de l'eau, dit assez nettement que l'eau est
la matière où la Nature, en d'émouvants reflets, prépare
les châteaux du rêve.

Parfois la construction des reflets est moins grandiose ;
alors la volonté de réalisation est encore plus étonnante.
Ainsi le petit lac du *Cottage Landor* réfléchissait « si nettement tous les objets qui le dominaient, qu'il était vraiment
difficile de déterminer le point où la vraie rive finissait et
où commençait la rive réfléchie[1]. Les truites et quelques
autres variétés de poissons, dont cet étang semblait, pour
ainsi dire, foisonner, avaient l'aspect exact de véritables
poissons volants. Il était presque impossible de se figurer
qu'ils ne fussent pas suspendus dans les airs. » Ainsi l'eau
devient une sorte de patrie universelle ; elle peuple le ciel
de ses poissons. Une symbiose des images donne l'oiseau à
l'eau profonde et le poisson au firmament. L'inversion qui
jouait sur le concept ambigu inerte de l'*étoile-île* joue ici
sur le concept ambigu vivant *oiseau-poisson*. Qu'on fasse
effort pour constituer en l'imagination ce concept ambigu
et l'on éprouvera l'ambivalence délicieuse que prend soudain une bien pauvre image. On jouira sur un cas particulier de la *réversibilité* des grands spectacles de l'eau. Si
l'on réfléchit à ces jeux producteurs de soudaines images,
on comprendra que l'imagination a sans cesse besoin de
dialectique. Pour une imagination bien dualisée, les
concepts ne sont pas des centres d'images qui
s'accumulent par ressemblance ; les concepts sont des
points de croisements d'images, des croisements à angle
droit, incisifs, décisifs. Après le croisement, le concept a un
caractère de plus : le poisson vole et nage.

Ce fantasme de poisson volant dont nous avons déjà

---

1. La même imagerie est répétée dans *L'Ile de la Fée*, p. 279.

étudié un exemple, sous sa forme chaotique, à propos des *Chants de Maldoror*[1], n'est pas produit, chez Edgar Poe, dans un cauchemar. Il est le don de la plus douce, de la plus lente des rêveries. La *truite volante* apparaît, avec le naturel d'une rêverie familière, dans un récit sans drame, dans un conte sans mystère. Y a-t-il même un récit, y a-t-il même un conte sous le titre *Le cottage Landor*? Cet exemple est donc fort propre à nous montrer comment la rêverie sort de la Nature, comment la rêverie appartient à la nature; comment une matière fidèlement contemplée produit des rêves.

Bien d'autres poètes ont senti la richesse métaphorique d'une eau contemplée *en même temps* dans ses reflets et dans sa profondeur. On lit, par exemple, dans le *Prélude* de Wordsworth : « Celui qui se penche par-dessus le bord d'une barque lente, sur le sein d'une eau tranquille, se plaisant aux découvertes que fait son œil au fond des eaux, voit mille choses belles — des herbes, des poissons, des fleurs, des grottes, des galets, des racines d'arbres, — et en imagine plus encore » (IV, pp. 256-273, trad. E. Legouis). Il en imagine plus encore parce que tous ces reflets et tous ces objets de la profondeur le mettent sur la route des images, parce que de ce mariage du ciel et de l'eau profonde naissent des métaphores à la fois infinies et précises. Ainsi Wordsworth continue : « Mais il est souvent perplexe et ne peut pas toujours séparer l'ombre de la substance, distinguer les rocs et le ciel, les monts et les nuages, reflétés dans les profondeurs du flot clair, des choses qui habitent là et y ont leur vraie demeure. Tantôt il est traversé par le reflet de sa propre image, tantôt par un rayon de soleil, et par les ondulations venues de il ne sait d'où, obstacles qui ajoutent encore à la douceur de sa tâche. » Comment mieux dire que l'eau *croise* les images ? Comment mieux faire comprendre sa puissance de métaphore ? Wordsworth a d'ailleurs développé cette longue imagerie pour préparer une métaphore psychologique qui nous semble la métaphore fondamentale de la *profondeur*. « C'est ainsi, dit-il, c'est avec la même incertitude que je me suis plu longtemps à me pencher sur la surface du temps écoulé. » Pourrait-on vraiment décrire un passé

1. Cf. Bachelard, *Lautréamont*, éd. José Corti, p. 64.

sans des images de la profondeur ? Et aurait-on jamais une image de la *profondeur pleine* si l'on n'a pas médité au bord d'une eau profonde ? Le passé de notre âme est une eau profonde.

Et puis, quand on a vu tous les reflets, soudain, on regarde l'eau elle-même ; on croit alors la surprendre en train de fabriquer de la beauté ; on s'aperçoit qu'elle est belle en son volume, d'une beauté interne, d'une beauté active. Une sorte de narcissisme volumétrique imprègne la matière même. On suit alors avec toutes les forces du rêve le dialogue maeterlinckien de Palomides et d'Alladine :

L'eau bleue « est pleine de fleurs immobiles et étranges... As-tu vu la plus grande qui s'épanouit sous les autres ? On dirait qu'elle vit d'une vie cadencée... Et l'eau... Est-ce de l'eau ?... elle semble plus belle et plus pure et plus bleue que l'eau de la terre...

— Je n'ose plus la regarder. »

Une âme aussi est une matière si grande ! On n'ose pas la regarder.

IV

Tel est donc le premier état de l'imagination de l'eau dans la poétique d'Edgar Poe. Cet état correspond à un rêve de limpidité et de transparence, à un rêve des couleurs claires et heureuses. C'est un rêve éphémère dans l'œuvre et dans la vie du malheureux conteur.

Nous allons suivre maintenant le *destin de l'eau* dans la poétique d'Edgar Poe. Nous allons voir que c'est un destin qui approfondit la matière, qui en augmente la substance en la chargeant de douleur humaine. Nous allons voir s'opposer aux qualités de la surface les qualités du volume, du volume qui est — étonnante formule ! — « une importante considération aux yeux du Tout-Puissant » (*L'Ile de la Fée*). L'eau va s'assombrir. Et, pour cela, elle va absorber matériellement des ombres.

Partons donc des lacs ensoleillés et voyons comment soudain les ombres les travaillent. Un côté du panorama reste clair autour de l'Ile des Fées. De ce côté, la surface des eaux est illuminée par « une splendide cascade, or et

pourpre, vomie par les fontaines occidentales du ciel »
(p. 278). « L'autre côté, le côté de l'île, était submergé dans
l'ombre la plus noire. » Mais cette ombre n'est pas due
simplement au rideau des arbres qui cachent le ciel : elle
est plus réelle, elle est plus matériellement *réalisée* par
l'imagination matérielle. « L'ombre des arbres tombait
pesamment sur l'eau et semblait s'y ensevelir, imprégnant
de ténèbres les profondeurs de l'élément » (p. 280).

Dès cet instant, la poésie des formes et des couleurs fait
place à la poésie de la matière ; un rêve des substances
commence ; une intimité *objective* se creuse dans l'élément
pour recevoir matériellement les confidences d'un rêveur.
Alors la nuit est substance comme l'eau est substance. La
substance nocturne va se mêler intimement à la substance
liquide. Le monde de l'air va *donner* ses ombres au ruisseau.

Il faut prendre ici le verbe *donner* dans un sens concret
comme tout ce qui s'exprime dans le rêve. Il ne faut pas se
contenter de parler d'un arbre feuillu qui donne de
l'ombre un jour d'été et qui protège la sieste d'un dormeur.
Dans la rêverie d'Edgar Poe, pour un rêveur vivant, fidèle
à la clairvoyance du rêve, comme Edgar Poe, une des
fonctions du végétal est de produire de l'ombre comme la
seiche produit l'encre. A chaque heure de sa vie la forêt
doit aider la nuit à noircir le monde. Chaque jour l'arbre
produit et abandonne une ombre comme chaque année il
produit et abandonne un feuillage. « Je m'imaginais que
chaque ombre, à mesure que le soleil descendait plus bas,
toujours plus bas, se séparait à regret du tronc qui lui avait
donné naissance et était absorbée par le ruisseau, pendant
que d'autres ombres naissaient à chaque instant des
arbres, prenant la place de leurs aînées défuntes » (p. 280).
Tant qu'elles tiennent à l'arbre, les ombres vivent encore :
elles meurent en le quittant ; elles le quittent en mourant,
en s'ensevelissant dans l'eau comme dans une mort plus
noire.

Donner ainsi une ombre quotidienne qui est une part de
soi-même, n'est-ce pas faire ménage avec la Mort ? La
mort est alors une longue et douloureuse histoire, ce n'est
pas seulement le drame d'une heure fatale, c'est « une
espèce de dépérissement mélancolique ». Et le rêveur,
devant le ruisseau, pense à des êtres qui rendraient « à

Dieu leur existence petit à petit, épuisant lentement leur substance jusqu'à la mort, comme ces arbres rendent leurs ombres l'une après l'autre. Ce que l'arbre qui s'épuise est à l'eau qui en boit l'ombre et devient plus noire de la proie qu'elle avale, la vie de la Fée ne pourrait-elle pas bien être la même chose à la Mort qui l'engloutit ? »

Il faut noter au passage cette nouvelle *inversion* qui donne l'action humaine à l'élément matériel. L'eau n'est plus une substance qu'on boit; c'est une substance qui boit; elle *avale* l'ombre comme un noir sirop. Ce n'est pas là une image exceptionnelle. On la trouverait assez facilement dans les fantasmes de la soif. Elle peut donner à une expression poétique une force singulière, preuve de son caractère inconscient profond. Ainsi, Paul Claudel s'écrie : « Mon Dieu... Ayez pitié de ces eaux en moi qui meurent de soif[1] ! »

Ayant *réalisé* dans toute la force du terme cette absorption des ombres, quand nous verrons passer dans les poèmes d'Edgar Poe la bitumineuse rivière, « *the naphtaline river* », de *For Annie*, ailleurs encore (*Ulalume*) la rivière scoriaque aux sulfureux courants, la rivière safranée, nous ne devrons pas les considérer comme des monstruosités cosmiques. Pas davantage, nous ne devrons les prendre comme des images scolaires plus ou moins renouvelées du fleuve des enfers. Ces images ne portent nulle trace d'un facile complexe de culture. Elles ont leur origine dans le monde des images premières. Elles suivent le principe même du rêve matériel. Leurs eaux ont rempli une fonction psychologique essentielle : absorber les ombres, offrir une tombe quotidienne à tout ce qui, chaque jour, meurt en nous.

L'eau est ainsi une invitation à mourir; elle est une invitation à une mort spéciale qui nous permet de rejoindre un des refuges matériels élémentaires. Nous le comprendrons mieux quand nous aurons réfléchi, dans le chapitre suivant, sur le *complexe d'Ophélie*. Dès maintenant, nous devons noter la séduction en quelque manière continue qui conduit Poe à une sorte de *suicide permanent*, en une sorte de dipsomanie de la mort. En lui, chaque heure méditée est comme une larme vivante qui va rejoindre l'eau des regrets; le temps tombe goutte à goutte

1. Paul Claudel, *Les Cinq Grandes Odes*, p. 65.

des horloges naturelles ; le monde que le temps anime est une mélancolie qui pleure.

Quotidiennement, le chagrin nous tue ; le chagrin, c'est l'ombre qui tombe au flot. Edgar Poe suit le long voyage de la Fée autour de son îlot. D'abord elle se tenait droite « sur un canot singulièrement fragile, et le mouvait avec un fantôme d'aviron. Tant qu'elle fut sous l'influence des beaux rayons attardés, son attitude parut traduire la joie ; — mais le chagrin altéra sa physionomie quand elle passa dans la région de l'ombre. Lentement quand elle passa dans la région de l'ombre. Lentement elle glissa tout le long, fit peu à peu le tour de l'île, et rentra dans la région de la lumière.

« — La révolution qui vient d'être accomplie par la Fée — continuai-je, toujours rêvant, — est le cycle d'une brève année de sa vie. Elle a traversé son hiver et son été. Elle s'est approchée de la Mort d'une année ; car j'ai bien vu que, quand elle entrait dans l'obscurité, son ombre se détachait d'elle et était engloutie par l'eau sombre, rendait sa noirceur encore plus noire. »

Et, durant son heure de rêverie, le conteur suit toute la vie de la Fée. A chaque hiver, une ombre se détache et tombe « dans l'ébène liquide » ; elle est absorbée par les ténèbres. Chaque année, le malheur s'appesantit, « un spectre plus obscur est submergé par une ombre plus noire ». Et quand vient la fin, quand les ténèbres sont dans le cœur et dans l'âme, quand les êtres aimés nous ont quittés et que tous les soleils de la joie ont déserté la terre, alors la fleuve d'ébène, gonflé d'ombres, lourd de regrets et de remords ténébreux, va commencer sa lente et sourde vie. Il est maintenant l'*élément* qui se souvient des morts.

Sans le savoir, par la force de son rêve génial, Edgar Poe retrouve l'intuition héraclitéenne qui voyait la mort dans le devenir hydrique. Héraclite d'Éphèse imaginait que dans le sommeil déjà, l'âme, en se détachant des sources du feu vivant et universel, « tendait momentanément à se transformer en humidité ». Alors, pour Héraclite, la mort, c'est l'eau même. « C'est mort pour les âmes que de devenir eau » (*Héraclite*, frag. 68). Edgar Poe, nous semble-t-il, aurait compris ce vœu gravé sur un tombeau :

Veuille Osiris te présenter l'eau fraîche[1].

1. Voir Maspéro, *Études de mythologie et d'archéologie*, I, pp. 336 *sqq.*

Ainsi, dans le seul règne des images, nous saisissons progressivement l'emprise de l'image de la Mort sur l'âme de Poe. Nous croyons apporter, de cette manière, une contribution complémentaire à la thèse démontrée par Mme Bonaparte. Comme l'a découvert Mme Bonaparte, le souvenir de la mère mourante est génialement actif dans l'œuvre d'Edgar Poe. Il a une puissance d'assimilation, et d'expression singulière. Cependant, si des images si diverses adhèrent si fortement à un souvenir inconscient, c'est qu'elles ont déjà entre elles une cohérence naturelle. Telle est du moins notre thèse. Cette cohérence, bien entendu, n'est pas logique. Elle n'est pas non plus directement réelle. Dans la réalité, on ne voit pas les ombres des arbres emportées par les flots. Mais *l'imagination matérielle* rend raison de cette cohérence des images et des rêveries. Quelle que soit la valeur de l'enquête psychologique de Mme Bonaparte, il n'est pas inutile de développer une explication de la cohérence de l'imagination sur le plan même des images, au niveau même des moyens d'expression. C'est à cette psychologie plus superficielle des images que se voue, répétons-le sans cesse, notre présente étude.

V

Qui s'enrichit s'alourdit. Cette eau riche de tant de reflets et de tant d'ombres est une *eau lourde*. C'est l'eau vraiment caractéristique de la métapoétique d'Edgar Poe. Elle est la plus lourde de toutes les eaux.

Nous allons donner tout de suite un exemple où l'eau imaginaire est à son maximum de densité. Nous l'emprunterons aux *Aventures d'Arthur Gordon Pym de Nantucket*. Cette œuvre est, comme on le sait, un récit de voyages, un récit de naufrages. Ce récit est encombré de détails techniques sur la vie maritime. Nombreuses sont les pages où le narrateur, féru d'idées scientifiques plus ou moins solides, aboutit à une surcharge fatigante d'observations techniques. Le souci de la précision est tel que les naufragés mourant de faim suivent sur le calendrier l'histoire de leurs infortunes. Au temps de ma première culture, je n'avais trouvé qu'ennui à cet ouvrage, et bien que je fusse dès la vingtième année un admirateur d'Edgar Poe, je n'avais pas eu le courage d'achever la lecture de ces interminables et monotones aventures. Quand j'eus compris l'importance des révolutions accomplies par les nouvelles psychologies, j'ai repris toutes les anciennes lectures, et d'abord celles qui avaient ennuyé un lecteur déformé par la lecture positive, réaliste, scientifique ; j'ai repris en particulier la lecture de *Gordon Pym* en plaçant cette fois le drame où il est, — où est tout drame — aux confins de l'inconscient et du conscient. J'ai compris alors que cette aventure qui, en apparence, court sur deux océans, est en réalité une aventure de l'inconscient, une aventure qui se meut dans la nuit d'une âme. Et ce livre, que le lecteur guidé par la culture de rhétorique peut prendre pour pauvre et inachevé, s'est révélé au contraire comme le total achèvement d'un rêve d'une singulière unité. Désormais j'ai replacé *Pym* parmi les grandes œuvres d'Edgar Poe. Sur cet exemple, avec une particulière clarté, j'ai compris la valeur des *nouveaux procédés de lecture* fournis par l'*ensemble* des nouvelles écoles psychologiques. Dès qu'on lit une œuvre avec ces nouveaux moyens d'analyse, on participe à des sublimations très variées qui acceptent des images éloignées et qui donnent essor à l'imagination dans des voies multiples. La critique littéraire classique entrave cet essor divergent. Dans ses prétentions à une connaissance psychologique instinctive, à une intuition psychologique native, qui ne s'apprend pas, elle réfère les œuvres littéraires à une expérience psychologique désuète, à une expérience ressassée, à une *expérience fermée*. Elle oublie simplement la fonction poétique qui est de donner une forme nouvelle au monde qui n'existe poétiquement que s'il est sans cesse réimaginé.

Mais voici l'étonnante page où aucun voyageur, où aucun géographe, où aucun réaliste ne reconnaîtra une eau terrestre. L'île où se trouve cette eau extraordinaire est située, d'après le narrateur, « par 83° 20' de latitude et 43° 5' de longitude ouest ». Cette eau sert de boisson à tous les sauvages de l'île. On va voir si elle peut étancher la soif, si elle peut, comme l'eau du grand poème d'Annabel Lee, « étancher toute soif ».

« En raison du caractère de cette eau, dit le récit [1], nous

---

1. Poe, *Aventures d'Arthur Gordon Pym*, trad. Baudelaire, pp. 210-211.

refusâmes d'y goûter, supposant qu'elle était corrompue ;
et ce ne fut qu'un peu plus tard que nous parvînmes à
comprendre que telle était la physionomie de tous les
cours d'eau dans tout cet archipel. Je ne sais vraiment
comment m'y prendre pour donner une idée nette de la
nature de ce liquide, et je ne puis le faire sans employer
beaucoup de mots. Bien que cette eau coulât avec rapidité
sur toutes les pentes, comme aurait fait toute eau ordinaire, cependant elle n'avait jamais, excepté dans le cas de
chute et de cascade, l'apparence habituelle de la *limpidité*.
Néanmoins, je dois dire qu'elle était aussi limpide
qu'aucune eau calcaire existante, et la différence n'existait
que dans l'apparence. A première vue, et particulièrement
dans les cas où la déclivité était peu sensible, elle ressem-
blait un peu, quant à la consistance, à une épaisse dissolution de gomme arabique dans l'eau commune. Mais cela
n'était que la moins remarquable de ses extraordinaires
qualités. Elle n'était pas incolore ; elle n'était pas non plus
d'une couleur uniforme quelconque, et tout en coulant elle
offrait à l'œil toutes les variétés de la pourpre, comme des
chatoiements et des reflets de soie changeante... En pui-
sant de cette eau plein un bassin quelconque, et en la
laissant se rasseoir et prendre son niveau, nous remar-
quions que toute la masse de liquide était faite d'un
certain nombre de veines distinctes, chacune d'une couleur particulière ; que ces veines ne se mêlaient pas ; et que
leur cohésion était parfaite relativement aux molécules
dont elles étaient formées, et imparfaite relativement aux
veines voisines. En faisant passer la pointe d'un couteau à
travers les tranches, l'eau se refermait subitement derrière
la pointe, et quand on la retirait, toutes les traces du
passage de la lame étaient immédiatement oblitérées.
Mais, si la lame intersectait soigneusement deux veines,
une séparation parfaite s'opérait, que la puissance de
cohésion ne rectifiait pas immédiatement. Les phénomènes de cette eau formèrent le premier anneau défini de
cette vaste chaîne de miracles apparents dont je devais
être à la longue entouré. »

Mme Marie Bonaparte n'a pas manqué de citer ces deux
pages extraordinaires. Elle les cite, dans son livre[1], après

---

1. Marie Bonaparte, *Edgar Poe*, p. 418.

avoir déjà résolu le problème des fantasmes dominants qui mènent le conteur. Elle ajoute donc simplement : « Il n'est pas difficile de reconnaître en cette eau du sang. L'idée de veines y est expressément exprimée, et cette terre, "qui différait essentiellement de toutes celles visitées jusqu'alors par les hommes civilisés" et où rien de ce que l'on aperçoit n'est "familier", est au contraire ce qu'il y a de plus familier à tous les hommes : un corps dont le sang, avant même le lait, en son temps nous nourrit, celui de notre mère, laquelle neuf mois nous hébergea. On dira que nos interprétations sont monotones et reviennent sans cesse au même point. La faute n'en est pas à nous, mais à l'inconscient des hommes, qui puise dans sa préhistoire les thèmes éternels sur lesquels ensuite il brode mille variations différentes. Quoi de surprenant alors si, au-dessous des arabesques de ces variations, les mêmes thèmes reparaissent toujours ? »

Nous avons tenu à citer dans son détail cette explication psychanalytique. Elle fournit un lumineux exemple du *matérialisme organique* si actif dans l'inconscient, comme nous l'avons signalé dans notre Introduction. Au lecteur qui a étudié page par page le grand ouvrage de Mme Bonaparte, il ne fait pas de doute que les hémoptysies qui ont entraîné vers la mort d'abord la mère, ensuite toutes les femmes fidèlement aimées par Edgar Poe ont marqué pour la vie l'inconscient du poète. C'est Poe lui-même qui a écrit : « Et ce mot, — sang — ce mot suprême, ce roi des mots, — toujours si riche de mystère, de souffrance et de terreur, — comme il m'apparut alors trois fois plus gros de signifiance ! — Comme cette syllabe vague (*blood*), — détachée de la série des mots précédents qui la qualifiaient et la rendaient distincte, — tombait, pesante et glacée, parmi les profondes ténèbres de ma prison, dans les régions les plus intimes de mon âme ! » (*Pym*, p. 47). On s'explique donc que, pour un psychisme aussi marqué, tout ce qui, dans la nature, coule lourdement, douloureusement, mystérieusement soit comme un sang maudit, comme un sang qui charrie la mort. Quand un liquide se valorise, il s'apparente à un liquide organique. Il y a donc une poétique du sang. C'est une poétique du drame et de la douleur, car le sang n'est jamais heureux.

Il y a cependant place pour une poétique du sang

valeureux. Paul Claudel animera cette poétique du *sang vivant* si différente de la poésie d'Edgar Poe. Donnons un exemple où le sang est une eau ainsi valorisée : « Toute eau nous est désirable ; et, certes, plus que la mer vierge et bleue, celle-ci fait appel à ce qu'il y a en nous entre la chair et l'âme, notre eau humaine chargée de vertu et d'esprit, le brûlant sang obscur[1]. »

Avec *Gordon Pym*, nous sommes en apparence aux antipodes de la vie intime : les aventures veulent être géographiques. Mais le conteur qui commence par une narration descriptive éprouve le besoin de donner une impression d'étrangeté. Il faut donc qu'il invente ; il faut donc qu'il puise en son inconscient. Pourquoi l'eau, ce liquide universel, ne pourrait-elle pas, elle aussi, recevoir une propriété singulière ? L'eau trouvée sera donc un liquide inventé. L'invention, soumise aux lois de l'inconscient, suggère un liquide organique. Ce pourrait être le lait. Mais l'inconscient d'Edgar Poe porte une marque particulière, une marque fatale : la valorisation se fera par le sang. Ici, le conscient intervient : le mot *sang* ne sera pas écrit dans cette page. Le mot serait-il prononcé que tout se liguerait contre lui : le conscient le refoulerait logiquement comme une absurdité, expérimentalement comme une impossibilité, intimement comme un souvenir maudit. L'eau extraordinaire, l'eau qui étonne le voyageur, sera donc du sang innommé, du sang innommable. Voilà l'analyse du côté de l'auteur. Du côté du lecteur ? Ou bien — ce qui est loin d'être général — l'inconscient du lecteur possède la valorisation du sang : la page est lisible ; elle peut même, avec une bonne orientation, émouvoir ; elle peut aussi déplaire — voire répugner — ce qui porte encore trace de valorisation. Ou bien cette valorisation du liquide par le sang manque chez le lecteur : la page perd tout intérêt ; elle est incompréhensible. Dans notre première lecture, au temps de notre âme « positive », nous n'y avons vu que trop facile arbitraire. Depuis nous avons compris que si cette page n'avait aucune vérité *objective* elle avait du moins un sens *subjectif*. Ce sens subjectif force l'attention d'un psychologue qui s'attarde à retrouver les rêves qui préfacent les œuvres.

---

1. Paul Claudel, *Connaissance de l'Est*, p. 105.

Cependant, il ne semble pas que la psychanalyse classique dont nous avons suivi les leçons dans cette interprétation particulière rende compte de toute l'imagerie. Elle néglige d'étudier la zone intermédiaire entre le sang et l'eau, entre l'innommable et le nommé. Précisément dans cette zone intermédiaire où l'expression demande « beaucoup de mots » la page d'Edgar Poe porte la marque de liquides effectivement expérimentés. Ce n'est pas l'inconscient qui suggérerait l'expérience du canif glissé entre les veines de l'eau extraordinaire. Il y faut une expérience positive de « l'eau fibrillaire » d'un liquide qui, bien qu'informe, a une structure interne et qui, comme tel, amuse sans fin l'imagination matérielle. Nous croyons donc pouvoir affirmer qu'Edgar Poe a été intéressé, en son enfance, par les gelées et les gommes; il a vu qu'une gomme qui s'épaissit prend une structure fibreuse, il a glissé la lame d'un couteau entre les fibres. Il le dit, pourquoi ne pas le croire? Sans doute, il a rêvé au sang en travaillant les gommes, mais c'est parce qu'il a travaillé les gommes — comme tant d'autres! — qu'il n'a pas hésité à mettre dans un récit *réaliste* des fleuves qui coulent lentement, qui coulent en respectant des veines comme une eau épaissie. Edgar Poe a fait passer au niveau cosmique des expériences restreintes, suivant la loi déjà signalée de l'imagination active. Aux entrepôts où il jouait enfant, il y avait de la mélasse. C'est aussi une matière « mélancolique ». On hésite à y goûter, surtout quand on a un père adoptif sévère comme John Allan. Mais on aime à la remuer avec la cuillère de bois. Quelle joie aussi d'étirer et de couper la guimauve! La chimie naturelle des matières familières donne une première leçon aux rêveurs qui n'hésitent pas à écrire des poèmes cosmologiques. L'eau lourde de la métapoétique d'Edgar Poe a sûrement « une composante » venant d'une physique très puérile. Il faillait que nous l'indiquions avant de reprendre l'examen de « composantes » plus humaines, plus dramatiques.

VI

Si l'eau est, comme nous le prétendons, la matière fondamentale pour l'inconscient d'Edgar Poe, elle doit

commander la terre. Elle est le sang de la Terre. Elle est la
vie de la Terre. C'est l'eau qui va entraîner tout le paysage
vers son propre destin. En particulier, telle eau, tel vallon.
Dans la poésie d'Edgar Poe, les plus claires vallées
s'assombrissent :

> Once *it smiled a silent dell*
> *Where the people did not dwell*
> ....
> Now *each visitor shall confess*
> *The sad valley's restlessness.*
>
> *Autrefois* souriait un silencieux vallon
> Où personne ne demeurait
> ....
> *Maintenant* chaque visiteur confessera
> L'agitation de la morne vallée.
>
> (*The valley of unrest*, trad. Mourey.)

L'inquiétude doit tôt ou tard nous surprendre dans la
vallée. La vallée accumule les eaux et les soucis, une eau
souterraine la creuse et la travaille. Ce destin latent, voilà
ce qui fait « qu'on n'aimerait vivre dans aucun des paysages poesques » comme le remarque Mme Bonaparte :
« Pour les paysages lugubres, cela va de soi ; qui habiterait
la Maison Usher ? Mais les paysages riants de Poe sont
presque aussi répulsifs ; ils sont trop volontairement doux,
trop artificiels, nulle part la fraîche nature n'y respire »
(p. 322).

Pour mieux souligner la tristesse de toute beauté nous
ajouterions que chez Edgar Poe la beauté se paie par la
mort. Autrement dit, chez Poe, *la beauté est une cause de
mort*. Telle est l'histoire commune de la femme, de la
vallée, de l'eau. Le beau vallon, un instant jeune et clair,
doit donc devenir nécessairement un cadre de la mort, le
cadre d'une mort caractéristique. La mort de la vallée et
des eaux n'est pas, chez Poe, un romantique automne. Elle
n'est pas faite de feuilles mortes. Les arbres n'y jaunissent
pas. Simplement, les feuillages y passent du vert clair à un
vert sombre, à un vert matériel, à un vert gras, qui est,
croyons-nous, la couleur fondamentale de la métapoétique
d'Edgar Poe. Les ténèbres elles-mêmes ont souvent, dans
la vision poesque, cette couleur verte : « Les yeux séra-

phiques ont vu les ténèbres de ce monde : ce vert grisâtre (*that greyish green*) que la Nature préfère pour la tombe de la Beauté » (*Al Aaraaf*, trad. Mourey). C'est que, même sous le signe des couleurs, la Mort est, chez Poe, placée dans une lumière spéciale. C'est la mort fardée des couleurs de la vie. Mme Bonaparte, en des pages nombreuses, a fixé le sens psychanalytique de la notion de *Nature*. En particulier, elle spécifie ainsi le sens de la Nature chez Edgar Poe : « Pour chacun de nous, la nature n'est qu'un prolongement de notre narcissisme primitif qui, au début, s'annexa la mère, nourricière et enveloppante. Comme pour Poe, la mère était devenue précocement un cadavre, le cadavre, il est vrai, d'une jeune et jolie femme, quoi de surprenant si les paysages poesques, même les plus fleuris, ont toujours quelque chose d'un cadavre fardé ? » (p. 322).

C'est dans une telle nature, fusion du passé et du présent, fusion de l'âme et des choses, que repose le *lac d'Auber*, le lac poesque entre tous. Il ne relève que de la géographie intime, que de la géographie subjective. Il a sa place, non pas sur « la carte du tendre », mais sur « la carte du mélancolique », sur la « carte du malheur humain ».

« C'était fort près de l'obscur lac d'Auber, dans la brumeuse moyenne région de Weir — c'était là, près de l'humide marais d'Auber, dans le bois hanté par les goules de Weir » (*Ulalume*, trad. Mallarmé).

Ailleurs, dans le lac de la *Terre de Songe*, reviendront les mêmes fantômes, les mêmes goules. Ce sera *donc* le même lac, la même eau, la même mort. « Par les lacs qui ainsi débordent de leurs eaux solitaires, solitaires et mortes — leurs eaux tristes, tristes et glacées de la neige des lys inclinés — par les montagnes — par les bois gris — par le marécage où s'installent le crapaud et le lézard — par les flaques et [les] étangs lugubres — où habitent les Goules — en chaque lieu le plus décrié — dans chaque coin le plus mélancolique : partout le voyageur rencontre, effarées, les Réminiscences du Passé » (*Terre de Songe*, trad. Mallarmé).

Ces eaux, ces lacs sont nourris des larmes cosmiques qui tombent de la nature entière : « Noir val — et cours d'eau ombreux — et bois pareils à des nuages, dont on ne peut découvrir les formes à cause des larmes qui s'égouttent partout. » Le soleil lui-même pleure sur les eaux : « Une influence roséeuse, assoupissante, vague, s'égoutte de ce halo d'or » (*Irène*, trad. Mourey). C'est vraiment une *influence* de malheur qui tombe du ciel sur les eaux, une influence astrologique, c'est-à-dire une matière ténue et tenace, portée par les rayons comme un mal physique et matériel. Cette *influence* apporte à l'eau, dans le style même de l'alchimie, la *teinture de la peine universelle*, la teinture des larmes. Elle fait de l'eau de tous ces lacs, de tous ces marais, l'eau-mère du chagrin humain, la matière de la mélancolie. Il ne s'agit plus d'impressions vagues et générales ; il s'agit d'une participation matérielle. Le rêveur ne rêve plus d'images, il rêve de matières. De lourdes larmes apportent au monde un sens humain, une vie humaine, une matière humaine. Le romantisme s'allie ici à un étrange matérialisme. Mais, inversement, le matérialisme imaginé par l'imagination matérielle prend ici une sensibilité si aiguë, si douloureuse, qu'il peut comprendre toutes les douleurs du poète idéaliste.

VII

Nous venons de réunir de nombreux documents — qu'on pourrait aisément multiplier — pour prouver que l'eau imaginaire impose son devenir psychologique à tout l'univers dans la métapoétique d'Edgar Poe. Il faut que nous allions maintenant à l'essence même de cette *eau morte*. Alors nous comprendrons que l'eau est le véritable *support* matériel de la mort, ou encore, par une inversion toute naturelle en psychologie de l'inconscient, nous comprendrons en quel sens profond, pour l'imagination matérielle marquée par l'eau, la mort est l'hydre universelle.

Sous sa forme simple, le théorème de psychologie de l'inconscient que nous proposons paraît banal, c'est sa démonstration qui soulève, croyons-nous, des leçons psychologiques nouvelles. Voici la proposition à démontrer : les eaux immobiles évoquent les morts parce que les eaux mortes sont des eaux dormantes.

En effet, les nouvelles psychologies de l'inconscient nous enseignent que les morts, tant qu'ils restent encore parmi nous, sont, pour notre inconscient, des dormeurs. Ils reposent. Après les funérailles, ils sont, pour l'inconscient, des absents, c'est-à-dire des dormeurs plus cachés, plus couverts, plus endormis. Ils ne se réveillent que lorsque notre propre sommeil nous donne un rêve plus profond que le souvenir ; nous nous retrouvons, avec les disparus, dans la patrie de la Nuit. Certains s'en vont dormir très loin, sur les rives du Gange, dans « un royaume près de la mer », dans « la plus verte des vallées », près des eaux anonymes et songeuses. Mais ils dorment toujours :

> ... les morts dorment tous
> au moins aussi longtemps que pleure l'Amour.
> ....
> aussi longtemps que les larmes dans les yeux du souvenir.
>
> (*Irène*, trad. Mourey, p. 218.)

Le lac aux eaux dormantes est le symbole de ce sommeil total, de ce sommeil dont on ne veut pas se réveiller, de ce sommeil gardé par l'amour des vivants, bercé par les litanies du souvenir :

> Semblable à Léthé, voyez ! le lac
> paraît prendre un sommeil conscient,
> et ne voudrait, pour tout au monde, s'éveiller ;
> le romarin dort sur la tombe
> le lys s'étend sur l'onde
> ....
> Toute Beauté dort.
>
> (*Irène*, trad. Mourey, p. 218.)

Ces vers de jeunesse seront repris dans la *Dormeuse*, un des derniers poèmes écrits par Edgar Poe. Irène, comme il convient à l'évolution de l'Inconscient, est devenue, dans ce dernier poème, l'anonyme dormeuse, la morte intime mais sans nom qui dort « sous la lune mystique... dans l'universelle vallée ». « Le romarin salue la tombe, le lis flotte sur la vague ; enveloppant de brume son sein, la ruine se tasse dans le repos ; comparable au Léthé, voyez ! le lac semble goûter le sommeil conscient et, pour le monde, ne s'éveillerait. Toute Beauté dort » (trad. Mallarmé).

Nous sommes ici au cœur même du drame métaphysique d'Edgar Poe. Ici prend tout son sens la devise de son œuvre et de sa vie :

> Je n'ai pu aimer que là où la Mort
> Mêlait son souffle à celui de la Beauté...

> *I could not love except where Death*
> *Was mingling his with Beauty's breath...*

Étrange devise de la vingtième année, qui parle déjà au passé après un si court passé et qui donne cependant le sens profond et la fidélité de toute une vie[1].

Ainsi, pour comprendre Edgar Poe, il faut, à tous les instants décisifs des poèmes et des contes, faire la synthèse de la Beauté, de la Mort et de l'Eau. Cette synthèse de la Forme, de l'Événement et de la Substance peut sembler artificielle et impossible au philosophe. Et cependant elle se propage partout. Si l'on aime, aussitôt on *admire*, on *craint*, on *garde*. Dans la rêverie, les trois causes qui commandent à la forme, au devenir, à la matière, s'unissent si bien qu'elles sont inséparables. Un rêveur en profondeur, comme Edgar Poe, les a réunies dans une même force symbolique.

Voici donc pourquoi l'eau est la matière de la mort belle et fidèle. L'eau seule peut dormir, en gardant la beauté ; l'eau seule peut mourir, immobile, en gardant ses reflets. En réfléchissant le visage du rêveur fidèle au Grand Souvenir, à l'Ombre Unique, l'eau donne la beauté à toutes les ombres, elle remet en vie tous les souvenirs. Ainsi prend naissance une sorte de narcissisme délégué et récurrent qui donne la beauté à tous ceux que nous avons aimés. L'homme se mire dans son passé, toute image est pour lui un souvenir.

Ensuite, quand le miroir des eaux se ternit, quand le souvenir s'estompe, s'éloigne, s'étouffe :

---

1. Mme Bonaparte (p. 28) remarque que « ces lignes ont été supprimées par Poe et, par suite, n'ont pas été traduites par Mallarmé ». Cette suppression n'est-elle pas un gage de l'extraordinaire importance de la formule ? Ne montre-t-elle pas la clairvoyance de Poe qui a cru devoir cacher le secret de son génie ?

... quand une semaine ou deux sont passées,
et que le rire léger étouffe le soupir,
indigné de la tombe, il prend
son chemin vers quelque lac ressouvenu
où souvent — en vie — avec des amis — il venait
se baigner dans le pur élément,
et là, de l'herbe non foulée
tressant en guirlande pour son front transparent
ces fleurs qui disent (ah, écoute-les maintenant!)
aux vents nocturnes qui passent,
« Aï! Aï! hélas! — hélas! »
scrute pour un moment, avant de partir,
les eaux claires qui coulent là,
puis s'enfonce (surchargé de douleur)
dans le ciel incertain et ténébreux.

                                        (*Irène*, trad. Mourey.)

O toi, fantôme des eaux, seul fantôme limpide, seul fantôme « au front transparent », au cœur qui ne me cachait rien, esprit de ma rivière! puisse ton sommeil,

        tant qu'il dure, être aussi profond.

VIII

Il y a enfin un signe de mort qui donne aux eaux de la poésie d'Edgar Poe un caractère étrange, inoubliable. C'est leur silence. Comme nous croyons que l'imagination, dans sa forme créatrice, impose un devenir à tout ce qu'elle crée, nous montrerons, sur le thème du silence, que l'eau dans la poésie d'Edgar Poe *devient* silencieuse.

La gaieté des eaux chez Poe est si éphémère! Edgar Poe a-t-il jamais ri? Après quelques ruisseaux joyeux, tout près de leur source, les rivières bientôt se taisent. Leurs voix baissent bien vite, progressivement du murmure au silence. Ce murmure, lui-même, qui animait leur vie confuse est étrange; il est comme étranger à l'onde qui fuit. Si quelqu'un ou quelque chose parle à la surface, c'est un vent ou un écho, quelques arbres du bord qui se confient des plaintes, c'est un fantôme qui souffle, qui souffle tout bas. « De chaque côté de cette rivière au lit vaseux s'étend, à une distance de plusieurs milles, un pâle

désert de gigantesques nénuphars. Ils soupirent l'un vers
l'autre dans cette solitude, et tendent vers le ciel leurs
longs cous de spectres, et hochent de côté et d'autre leurs
têtes sempiternelles. Et il sort d'eux un murmure confus
qui ressemble à celui d'un torrent souterrain. Et ils soupirent l'un vers l'autre [1]. » Voilà ce qu'on entend près de la
rivière, non pas sa voix, mais un soupir, le soupir des
plantes molles, la caresse triste et froissée de la verdure.
Tout à l'heure, le végétal lui-même va se taire, et puis,
quand la tristesse frappera les pierres, tout l'univers
deviendra muet, muet d'une épouvante inexprimable.
« Alors je fus irrité, et je maudis de la malédiction du
silence la rivière et les nénuphars, et le vent, et la forêt, et le
ciel, et le tonnerre, et les soupirs des nénuphars. Et ils
furent frappés de la malédiction, et ils devinrent muets »
(p. 273). Car ce qui parle au fond des êtres, du fond des
êtres, ce qui parle dans le sein des eaux, c'est la voix d'un
remords. Il faut les faire taire, il faut répondre au mal par
la malédiction ; tout ce qui gémit en nous et hors de nous,
il faut le frapper de la malédiction du silence. Et l'Univers
comprend les reproches d'une âme blessée et l'Univers se
tait, et le ruisseau indiscipliné cesse de rire, la cascade de
fredonner, la rivière cesse de chanter.

Et toi, rêveur. que le silence rentre en toi ! Près de l'eau,
écouter les morts rêver, c'est déjà les empêcher de dormir.

D'ailleurs, le bonheur lui-même, est-ce qu'il parle ?
Est-ce que le vrai bonheur chante ? Au temps du bonheur
d'Éléonore, déjà la rivière avait conquis la gravité du
silence éternel : « Nous la nommions la rivière du silence ;
car il semblait qu'il y eût dans son cours une influence
pacifiante. Aucun murmure ne s'élevait de son lit, et elle se
promenait partout si doucement que les grains de sable,
semblables à des perles, que nous aimions à contempler
dans la profondeur de son sein, ne bougeaient absolument
pas, chacun à son antique place primitive et brillant d'un
éclat éternel [2]. »

C'est à cette eau immobile et silencieuse que les amants

1. Poe, *Silence*, dans *Nouvelles Histoires extraordinaires*, trad. Baudelaire, p. 270.
2. Poe, *Éléonora*, dans *Histoires grotesques et sérieuses*, trad. Baudelaire,
p. 171.

demandent les exemples de la passion : « Nous avions tiré le dieu Éros de cette onde, et nous sentions maintenant qu'il avait rallumé en nous les âmes ardentes de nos ancêtres... toutes ensemble les passions soufflèrent leur béatitude délirante sur la Vallée du Gazon-Diapré[1] » (p. 173). Ainsi, l'âme du poète est si attachée à l'inspiration de l'eau, que c'est de l'eau même que doivent naître les *flammes de l'amour*, que c'est l'eau qui garde « les âmes ardentes des ancêtres ». Quand un faible Éros des eaux « rallume » un instant deux âmes passagères, alors les eaux, pour un instant, ont quelque chose à dire : du sein de la rivière sortit « peu à peu un murmure qui s'enfla à la longue en une mélodie berçante, plus divine que celle de la harpe d'Éole, plus douce que tout ce qui n'était pas la voix d'Éléonora » (p. 174).

Mais Éléonora « avait vu que le doigt de la Mort était sur son sein, et que, comme l'éphémère, elle n'avait été parfaitement mûrie que pour mourir » (p. 175). Alors les teintes du vert tapis s'affaiblirent, alors aux asphodèles firent place les sombres violettes, alors « les poissons d'argent et d'or s'enfuirent en nageant à travers la gorge, vers l'extrémité inférieure de notre domaine, et n'embellirent plus jamais la délicieuse rivière. » Enfin, après les rayons et les fleurs, se perdent les harmonies. Enfin s'accomplit, dans le règne des êtres et des voix, le destin des eaux si caractéristiques de la poésie d'Edgar Poe : « La musique caressante... mourut peu à peu en murmures qui allaient s'affaiblissant graduellement, jusqu'à ce que le ruisseau fût enfin revenu tout entier à la solennité de son silence originel. »

Eau silencieuse, eau sombre, eau dormante, eau insondable, autant de leçons matérielles pour une méditation de la mort. Mais ce n'est pas la leçon d'une mort héraclitéenne, d'une mort qui nous emporte au loin avec le courant, comme un courant. C'est la leçon d'une mort

1. La prairie, la prairie œuvre de la rivière, est, à elle seule, pour certaines âmes un thème de tristesse. Dans la véritable prairie des âmes, il ne croît que des asphodèles. Les vents n'y trouvent pas les arbres chanteurs, mais seulement les vagues silencieuses de l'uniforme verdure. En étudiant le *thème de la prairie*, on pourrait se demander quel démon a conduit Edgar Poe « dans la prairie du malheur » visitée jadis par Empédocle.

immobile, d'une mort en profondeur, d'une mort qui demeure avec nous, près de nous, en nous.

Il ne faudra qu'un vent du soir pour que l'eau qui s'était tue nous parle encore... Il ne faudra qu'un rayon de lune, bien doux, bien pâle, pour que le fantôme marche à nouveau sur les flots.

CHAPITRE III

LE COMPLEXE DE CARON
LE COMPLEXE D'OPHÉLIE

Silence et lune... Cimetière et nature...

JULES LAFORGUE,
Moralités légendaires, p. 71.

I

Les mythologues amateurs sont quelquefois utiles. Ils
travaillent de bonne foi dans la zone de première rationalisation. Ils laissent donc inexpliqué ce qu'ils
« expliquent » puisque la raison n'explique pas les rêves.
Ils classent aussi et systématisent un peu vite les fables.
Mais cette rapidité a du bon. Elle simplifie la classification. Elle montre aussi que cette classification, si facilement acceptée, correspond à des tendances réelles qui sont
actives dans l'esprit du mythologue et de son lecteur. C'est
ainsi que le doux et prolixe Saintine, l'auteur de *Picciola* et
du *Chemin des Écoliers*, a écrit une *Mythologie du Rhin* qui
peut nous fournir une leçon élémentaire pour classer
rapidement nos idées. Saintine, il y a tantôt un siècle, a
compris l'importance primordiale du culte des arbres[1]. A
ce culte des arbres, il rattache le culte des morts. Et
Saintine énonce une loi que nous pourrions appeler *la loi*

1. Saintine était un philosophe de bonne compagnie. A la fin du premier
chapitre, on peut lire ces mots que nous avons nous-mêmes souvent
médités : « Au surplus, moi mythologue, suis-je tenu à prouver quoi que ce
soit ? »

des quatre patries de la Mort, loi qui est en rapport évident avec la loi de l'imagination des quatre matières élémentaires :

« Les Celtes [1] usaient de divers et étranges moyens vis-à-vis des dépouilles humaines pour les faire disparaître. Dans tel pays, on les brûlait, et l'arbre natif fournissait le bois du bûcher ; dans tel autre, le *Todtenbaum* (l'arbre de mort), creusé par la hache, servait de cercueil à son propriétaire. Ce cercueil, on l'enfouissait sous terre, à moins qu'on ne le livrât au courant du fleuve, chargé de le transporter Dieu sait où ! Enfin, dans certains cantons existait un usage, — usage horrible ! — qui consistait à exposer le corps à la voracité des oiseaux de proie ; et le lieu de cette exposition lugubre, c'était le sommet, la cime de ce même arbre planté à la naissance du défunt, et qui cette fois, par exception, ne devait pas tomber avec lui. » Et Saintine ajoute, sans donner assez de preuves et d'exemples : « Or, que voyons-nous dans ces quatre moyens si tranchés de restituer les dépouilles humaines, à l'air, à l'eau, à la terre et au feu ? quatre genres de funérailles, de tout temps, et même encore aujourd'hui, pratiqués aux Indes, parmi les sectateurs de Brahma, de Bouddha ou de Zoroastre. Les Guèbres de Bombay, comme les derviches noyeurs du Gange, en savent quelque chose. » Enfin, Saintine rapporte que « vers 1560, des ouvriers hollandais, occupés à fouiller un atterrissement du Zuiderzée, rencontrèrent, à une grande profondeur, plusieurs troncs d'arbres miraculeusement conservés par pétrification. Chacun de ces troncs avait été habité par un homme, dont il conservait quelques débris, eux-mêmes presque fossilisés. Évidemment, c'était le Rhin, ce Gange de l'Allemagne, qui les avait charriés jusque-là, l'un portant l'autre ».

Dès sa naissance, l'homme était voué au végétal, il avait son arbre personnel. Il fallait que la mort eût la même protection que la vie. Ainsi replacé au cœur du végétal, rendu au sein végétant de l'arbre, le cadavre était livré au feu ; ou bien à la terre ; ou bien il attendait dans la feuillée, à la cime des forêts, la dissolution dans l'air, dissolution

1. X.-B. Saintine, *La Mythologie du Rhin et les Contes de la mère-grand*, 1863, pp. 14-15.

aidée par les oiseaux de la Nuit, par les mille fantômes du Vent. Ou bien enfin, plus intimement, toujours allongé dans son cercueil *naturel*, dans son *double* végétal, dans son dévorant et vivant sarcophage, dans l'Arbre — entre deux nœuds — il était donné à l'eau, il était abandonné aux flots.

II

Ce départ du mort sur les flots ne donne qu'un trait de l'interminable rêverie de la mort. Il ne correspond qu'à un tableau *visible*, et il pourrait tromper sur la profondeur de l'imagination matérielle qui médite sur la mort, comme si la mort elle-même était une substance, une vie dans une substance nouvelle. L'eau, substance de vie, est aussi substance de mort pour la rêverie ambivalente. Pour bien interpréter le « Todtenbaum », l'arbre de mort, il faut se rappeler avec C. G. Jung[1] que l'arbre est avant tout un symbole maternel ; puisque l'eau est aussi un symbole maternel, on peut saisir dans le *Todtenbaum* une étrange image de l'emboîtement des germes. En plaçant le mort dans le sein de l'arbre, en confiant l'arbre au sein des eaux, on double en quelque manière les puissances maternelles, on vit doublement ce mythe de l'ensevelissement par lequel on imagine, nous dit C. G. Jung, que « le mort est remis à la mère pour être ré-enfanté ». La mort dans les eaux sera pour cette rêverie la plus maternelle des morts. Le désir de l'homme, dit ailleurs Jung, « c'est que les sombres eaux de la mort deviennent les eaux de la vie, que la mort et sa froide étreinte soient le giron maternel, tout comme la mer, bien qu'engloutissant le soleil, le ré-enfante dans ses profondeurs... Jamais la Vie n'a pu croire à la Mort ! » (p. 209).

III

Ici, une question m'oppresse : *La Mort ne fut-elle pas le premier Navigateur ?*

1. C. G. Jung, *Métamorphoses et Symboles de la Libido*, p. 225.

Bien avant que les vivants ne se confiassent eux-mêmes aux flots, n'a-t-on pas mis le cercueil à la mer, le cercueil au torrent ? Le cercueil, dans cette hypothèse mythologique, ne serait pas la *dernière barque*. Il serait la *première* barque. La mort ne serait pas le *dernier* voyage. Elle serait le *premier voyage*. Elle sera pour quelques rêveurs profonds le premier vrai voyage.

Évidemment, une telle conception du voyage marin a tout de suite contre elle les explications utilitaires. On veut toujours que l'homme primitif soit nativement ingénieux. On veut toujours que l'homme préhistorique ait résolu intelligemment le problème de sa subsistance. En particulier, on admet sans difficulté que l'utilité est une idée claire et qu'elle eut toujours une valeur d'une évidence sûre et immédiate. Or la connaissance utile est déjà une connaissance rationalisée. Inversement, concevoir une *idée primitive* comme une *idée utile*, c'est verser dans une *rationalisation* d'autant plus captieuse qu'actuellement l'utilité est comprise dans un système d'utilitarisme très complet, très homogène, très matériel, très nettement fermé. L'homme, hélas! n'est pas si raisonnable! Il découvre l'utile aussi difficilement que le vrai...

En tout cas, sur le problème qui nous occupe, en y rêvant un peu, il apparaît que l'*utilité de naviguer* n'est pas suffisamment claire pour déterminer l'homme préhistorique à creuser un canot. Aucune utilité ne peut légitimer le risque immense de partir sur les flots. Pour affronter la navigation, il faut des intérêts puissants. Or les véritables intérêts puissants sont les intérêts chimériques. Ce sont les intérêts qu'on rêve, ce ne sont pas ceux qu'on calcule. Ce sont les intérêts fabuleux. Le héros de la mer est un héros de la mort. Le premier matelot est le premier homme vivant qui fut aussi courageux qu'un mort.

Aussi quand on voudra livrer des vivants à la mort totale, à la mort sans recours, on les abandonnera aux flots. Mme Marie Delcourt a découvert, sous le camouflage rationaliste de la culture antique traditionnelle, le sens mythique des enfants maléfiques. Dans plusieurs cas, on évite soigneusement qu'ils ne touchent la terre. Ils pourraient la souiller, troubler sa fécondité et propager ainsi leur « peste ». « On [les] porte le plus vite possible à la mer ou au fleuve[1]. » « Un être débile qu'on préfère ne pas tuer et qu'on ne veut pas mettre en contact avec le sol, que pourrait-on en faire sinon le placer sur l'eau dans un esquif destiné à sombrer ? » Nous proposerions, quant à nous, d'élever d'un ton encore l'explication mythique si profonde apportée par Mme Marie Delcourt. Nous interpréterions alors la naissance d'un enfant maléfique comme la naissance d'un être qui n'appartient pas à la fécondité normale de la Terre ; on le rend tout de suite à *son élément*, à la mort toute proche, à la patrie de la mort totale qu'est la mer infinie ou le fleuve mugissant. L'eau seule peut débarrasser la terre.

On s'explique alors que lorsque de tels enfants abandonnés à la mer étaient rejetés vivants sur la côte, quand ils étaient « sauvés des eaux », ils devenaient facilement des êtres miraculeux. Ayant traversé les eaux, ils avaient traversé la mort. Ils pouvaient alors créer des villes, sauver des peuples, refaire un monde[2].

La Mort est un voyage et le voyage est une mort. « Partir, c'est mourir un peu. » Mourir, c'est vraiment partir et l'on ne part bien, courageusement, nettement, qu'en suivant le fil de l'eau, le courant du large fleuve. Tous les fleuves rejoignent le Fleuve des morts. Il n'y a que cette mort qui soit fabuleuse. Il n'y a que ce départ qui soit une aventure.

Si vraiment un mort, pour l'inconscient, c'est un absent, seul le navigateur de la mort est un mort dont on peut rêver indéfiniment. Il semble que son souvenir ait toujours un avenir... Bien différent sera le mort qui habite la nécropole. Pour celui-ci, le tombeau est encore une demeure, une demeure que les vivants viennent pieusement visiter. Un tel mort n'est pas totalement absent. Et l'âme sensible le sait bien. Nous sommes sept, dit la petite fille dans la poésie de Wordsworth, cinq sont dans la vie, les deux autres sont toujours au cimetière ; près d'eux, avec eux, on peut aller coudre ou filer.

---

1. Marie Delcourt, *Stérilités mystérieuses et naissances maléfiques dans l'antiquité classique*, 1938, p. 65.
2. A tout au-delà s'associe l'image d'une traversée. Il n'y a pas là seulement une tradition occidentale. On pourra en voir un exemple dans la tradition chinoise, rapporté en un article de von Erwin Rousselle, *Das Wasser als mythisches Ereignis chinesischen Lebens*, dans *Die Kulturelle Bedeutung der Komplexen Psychologie*, 1935.

A ceux qui sont morts en mer s'attache une autre songe-
rie, une rêverie spéciale. Ils laissent au village des veuves
qui ne sont pas comme les autres, des « veuves au front
blanc » qui rêvent Oceano Nox. Mais l'admiration du
héros des mers ne peut-elle aussi faire taire les plaintes ?
Et derrière certains effets de rhétorique n'y a-t-il pas trace
d'un rêve sincère dans les imprécations de Tristan Corbière [1] ?

Ainsi, l'adieu au bord de la mer est à la fois le plus
déchirant et le plus littéraire des adieux. Sa poésie
exploite un vieux fonds de rêve et d'héroïsme. Il réveille
sans doute en nous les échos les plus douloureux. Tout un
côté de notre âme nocturne s'explique par le mythe de la
mort conçue comme un départ sur l'eau. Les inversions
sont, pour le rêveur, continuelles entre ce départ et la
mort. Pour certains rêveurs, l'eau est le mouvement nouveau qui nous invite au voyage jamais fait. Ce départ
matérialisé nous enlève à la matière de la terre. Aussi
quelle étonnante grandeur il a, ce vers de Baudelaire, cette
image subite comme elle va au cœur de notre mystère :

> O mort, vieux capitaine, il est temps ! levons l'ancre [2] !

IV

Si l'on veut bien restituer à leur niveau primitif toutes
les valeurs inconscientes accumulées autour des funérailles par l'image du voyage sur l'eau, on comprendra
mieux la signification du fleuve des enfers et toutes les
légendes de la funèbre traversée. Des coutumes déjà ratio-
nalisées peuvent bien confier les morts à la tombe ou au
bûcher, l'inconscient marqué par l'eau rêvera, par-delà la
tombe, par-delà le bûcher, à un départ sur les flots. Après
avoir traversé la terre, après avoir traversé le feu, l'âme
arrivera au bord de l'eau. L'imagination profonde, l'imagination matérielle veut que l'*eau* ait sa part dans la mort ;
elle a besoin de l'eau pour garder à la mort son sens de

1. Voir Tristan Corbière, *Les Amours jaunes, La Fin.*
2. Baudelaire, *Les Fleurs du Mal, La Mort*, p. 351.

voyage. On comprend dès lors que, pour de telles songeries infinies, toutes les âmes, quel que soit le genre de funérailles, doivent monter dans la *barque de Caron*. Curieuse image si l'on devait toujours la contempler avec les yeux clairs de la raison. Image familière entre toutes au contraire si nous savons interroger nos rêves ! Nombreux sont les poètes qui ont vécu dans le sommeil cette navigation de la mort : « J'ai vu le sentier de ton départ ! Le sommeil et la mort ne nous sépareront plus longtemps... Écoutez ! le spectral torrent mêle son rugissement lointain à la brise murmurant dans les bois pleins de musique[1]. » En revivant le rêve de Shelley, on comprendra comment le *sentier de départ* est peu à peu devenu le *spectral torrent*.

D'ailleurs, comment attacherait-on encore une funèbre poésie à des images aussi éloignées de notre civilisation si des valeurs inconscientes ne les soutenaient pas ? La persistance d'un intérêt poétique et dramatique pour une telle image rationnellement usée et fausse peut nous servir pour montrer que dans un complexe de culture s'unissent des rêves naturels et des traditions apprises. A cet égard, on peut formuler un *complexe de Caron*. Le complexe de Caron n'est pas très vigoureux ; l'image est actuellement bien décolorée. Dans bien des esprits cultivés, il subit le sort de ces références trop nombreuses à une littérature morte. Il n'est plus alors qu'un symbole. Mais sa faiblesse et sa décoloration sont en somme assez favorables pour nous faire sentir que la culture et la nature peuvent tout de même coïncider.

Voyons d'abord, dans la nature — c'est-à-dire dans les légendes naturelles — se constituer des images de Caron qui n'ont certainement pas de contact avec l'image classique. Tel est le cas de la légende du bateau des morts, légende aux mille formes, sans cesse renouvelées dans le folklore. P. Sébillot donne cet exemple : « La légende du bateau des morts est l'une des premières qui aient été constatées sur notre littoral : elle y existait sans doute bien avant la conquête romaine, et au VIᵉ siècle Procope la rapportait en ces termes : Les pêcheurs et les autres habitants de la Gaule qui sont en face de l'île de Bretagne sont chargés d'y passer les âmes, et pour cela exempts de

1. Shelley, *Œuvres complètes*, trad. Rabbe, I, p. 92.

tribut. Au milieu de la nuit, ils entendent frapper à leur
porte ; ils se lèvent et trouvent sur le rivage des barques
étrangères où ils ne voient personne, et qui pourtant
semblent si chargées qu'elles paraissent sur le point de
sombrer et s'élèvent d'un pouce à peine au-dessus des
eaux ; une heure suffit pour ce trajet, quoique, avec leurs
propres bateaux, ils puissent difficilement le faire en
l'espace d'une nuit » (*Guerre des Goths*, I, IV, c. 20)[1].

Émile Souvestre a repris ce récit en 1836 : preuve
qu'une telle légende sollicite sans cesse l'expression littéraire. Elle nous *intéresse*. C'est un thème fondamental qui
pourra se couvrir de mille variations. Sous les images les
plus diverses, les plus inattendues, le thème est assuré de
sa consistance parce qu'il possède la plus solide des unités : *l'unité onirique*. Ainsi, dans les vieilles légendes bre-
tonnes, passent sans cesse des navires fantômes, des
navires-enfers comme le Voltigeur hollandais. Souvent
aussi les navires naufragés « reviennent », preuve que le
bateau fait en quelque manière corps avec les âmes. Voici
d'ailleurs une image annexe qui décèle suffisamment son
origine onirique profonde : « Ces bateaux ont grandi, si
bien qu'un petit caboteur est au bout de quelques années
de la taille d'une forte goélette. » Cette *croissance* étrange
est familière aux rêves. On la trouve souvent dans les rêves
de l'eau ; pour certains rêves, l'eau nourrit tout ce qu'elle
imprègne. Il faut la rapprocher des fantastiques images
prodiguées à chaque page dans le conte d'Edgar Poe :
Manuscrit trouvé dans une bouteille : « Il est positif qu'il y a
une mer où le navire lui-même grossit comme le corps
vivant d'un marin[2]. » Cette mer, c'est la mer de l'eau
onirique. Et il se trouve que, dans le conte de Poe, c'est
aussi la mer de l'eau funéraire, de « l'eau qui n'écume
plus » (p. 219). En effet, l'étrange bateau dilaté par les âges
est conduit par des vieillards qui ont vécu dans des temps
très anciens. Qu'on relise ce conte, un des plus beaux, on
vivra l'endosmose de la poésie et des légendes. Il sort d'un
rêve très profond : « Il me semble parfois que la sensation
d'objets qui ne me sont pas inconnus traverse mon esprit
comme un éclair, et toujours à ces ombres flottantes de la

1. P. Sébillot, *Le Folklore de France*, II, p. 148.
2. Edgar Poe, *Histoires extraordinaires*, trad. Baudelaire, p. 216.

mémoire est mêlé un inexplicable souvenir de vieilles légendes étrangères et de siècles très anciens » (p. 216). Dans notre sommeil, ce sont les légendes qui rêvent...

Il existe aussi des légendes où vivent des Caron temporaires, en particulier des Caron malgré eux qui cherchent un remplaçant. La sagesse populaire conseille aux navigateurs de ne pas monter sur un bateau inconnu. Il ne faut pas craindre de tonaliser cette prudence en lui donnant son sens mythique. En somme, tous les bateaux mystérieux, si abondants dans les romans de la mer, *participent* au *bateau des morts*. On peut être à peu près sûr que le romancier qui les utilise possède, plus ou moins caché, un complexe de Caron.

En particulier, la fonction d'un simple *passeur*, dès qu'elle trouve sa place dans une œuvre littéraire, est presque fatalement touchée par le symbolisme de Caron. Il a beau ne traverser qu'une simple rivière, il porte le symbole d'un au-delà. Le passeur est gardien d'un mystère :

> Ses vieux regards hallucinés
> Voyaient les loins illuminés
> D'où lui venait toujours la voix
> Lamentable, sous les cieux froids[2].

« Qu'on ajoute, dit Émile Souvestre[3], les crimes commis sur ces carrefours des eaux, les romanesques aventures d'amour, les miraculeuses rencontres de saints, de fées ou de démons, et l'on comprendra comment l'histoire des passeurs... formait un des chapitres les plus dramatiques de ce grand poème éternellement embelli par l'imagination populaire. »

L'Extrême-Orient comme la Bretagne connaît la barque de Caron. Paul Claudel traduit cette émouvante poésie de la Fête des Morts quand revient, dans la vie chinoise, le septième mois : « La flûte guide les âmes, le coup de gong les rassemble comme des abeilles... Le long de la berge, les barques toutes prêtes attendent que la nuit soit venue. »

1. Verhaeren, *Les Villages illusoires*, *Le Passeur*.
2. *Ibid*.
3. Émile Souvestre, *Sous les filets*, *Le passeur de la Vilaine*, p. 2.

« La barque part et vire, laissant dans le large mouvement de son sillage une file de feux : quelqu'un sème de petites lampes. Lueurs précaires, sur la vaste coulée des eaux opaques, cela clignote un instant et périt. Un bras saisissant le lambeau d'or, la botte de feu qui fond et flamboie dans la fumée, en touche le tombeau des eaux : l'éclat illusoire de la lumière, tels que des poissons, fascine les froids noyés. » Ainsi la fête mime à la fois la vie qui s'éteint et la vie qui s'en va. L'eau est le tombeau du feu et des hommes. Dans le lointain, quand il semble que la Nuit et la Mer ensemble aient achevé le symbolisme de la mort, le rêveur entendra « le ton du sistre sépulcral, la clameur du tambour de fer dans l'ombre compacte heurté d'un coup terrible[1] ».

Tout ce que la mort a de lourd, de lent, est aussi marqué par la figure de Caron. Les barques chargées d'âmes sont toujours sur le point de sombrer. Étonnante image où l'on sent que la Mort craint de mourir, où le noyé craint encore le naufrage ! La mort est un voyage qui ne finit jamais, elle est une perspective infinie de dangers. Si le poids qui surcharge la barque est si grand, c'est que les âmes sont fautives. La barque de Caron va toujours aux enfers. Il n'y a pas de nautonier du bonheur.

La barque de Caron sera ainsi un symbole qui restera attaché à l'indestructible malheur des hommes. Elle traversera les âges de souffrance. Comme le dit Saintine (*loc. cit.*, p. 303) : « La barque à Caron était encore de service quand lui-même, devant les premières ferveurs (du christianisme), était disparu. Patience ! il va reparaître. Où cela ? Partout... Dès les premiers temps de l'Église des Gaules, à l'abbaye de Saint-Denis, sur le tombeau de Dagobert, on avait représenté ce roi, ou plutôt son âme, traversant le *Cocyte* dans la barque traditionnelle ; à la fin du XIIIᵉ siècle, Dante, de sa pleine autorité, avait rétabli le vieux Caron comme nautonier de son Enfer. Après lui, dans cette même Italie, mieux encore, dans la ville catholique par excellence, et travaillant sous les yeux d'un pape, Michel-Ange... le représentait dans sa fresque du Jugement dernier en même temps que Dieu, le Christ, la Vierge et les saints. » Et Saintine conclut : « Sans Caron, pas d'enfer possible. »

1. Paul Claudel, *Connaissance de l'Est*, pp. 35 *sqq.*

Dans nos campagnes champenoises, si peu songeuses, on retrouverait cependant des traces du vieux nautonier. Certains villages y acquittent encore, en dehors de l'église, la contribution de l'obole. La veille des funérailles, un parent du défunt va dans toutes les familles verser le « sou des morts ».

Bref, l'homme du peuple et le poète, un peintre comme Delacroix, retrouvent tous dans leur rêve l'image d'un guide qui doit nous « conduire dans la mort ». Le mythe vivant sous la mythopée est un mythe très simple associé à une très claire image. C'est pourquoi il est si tenace. Quand un poète reprend l'image de Caron, il pense à la mort comme à un voyage. Il revit les plus primitives des funérailles.

V

L'eau dans la mort nous est apparue jusqu'ici comme un *élément accepté*. Nous allons maintenant grouper des images où l'eau dans la mort nous apparaît comme un *élément désiré*.

En effet, l'appel des éléments matériels est parfois si fort qu'il peut nous servir à déterminer des types de suicides bien distincts. Il semble alors que la matière aide à déterminer le destin humain. Mme Bonaparte a bien montré la double fatalité du tragique, ou, pour mieux dire, les liens étroits qui unissent le tragique de la vie et le tragique littéraire : « Le genre de mort choisi par les hommes, que ce soit dans la réalité pour eux-mêmes par le suicide, ou dans la fiction pour leur héros, n'est en effet jamais dicté par le hasard, mais, dans chaque cas, étroitement déterminé psychiquement » (*loc. cit.*, p. 584). A ce propos prend naissance un paradoxe sur lequel nous voudrions nous expliquer.

Par certains côtés même, on peut dire que la détermination psychologique est *plus forte* dans la fiction que dans la réalité, car dans la réalité les *moyens* du fantasme peuvent manquer. Dans la fiction, fins et moyens sont à la disposition du romancier. C'est pourquoi les crimes et les suicides sont plus nombreux dans les romans que dans la vie. Le drame et surtout l'exécution du drame, ce qu'on pourrait appeler la discursivité littéraire du drame, marque donc profondément le romancier. Le romancier, qu'il le veuille ou non, nous révèle le fond de son être, encore qu'il se couvre littéralement de personnages. En vain il se servira « d'une réalité » comme d'un écran. C'est lui qui projette cette réalité, c'est lui surtout qui l'enchaîne. Dans le réel, on ne peut tout dire, la vie saute des chaînons et cache sa continuité. Dans le roman, n'existe que ce qu'on dit, le roman montre sa continuité, il étale sa détermination. Le roman n'est vigoureux que si l'imagination de l'auteur est fortement déterminée, que si elle trouve les fortes déterminations de la nature humaine. Comme les déterminations s'accélèrent et se multiplient dans le drame, c'est par l'élément dramatique que l'auteur se révèle le plus profondément.

Le problème du *suicide* en littérature est un problème décisif pour juger les valeurs dramatiques. Malgré tous les artifices littéraires, le crime s'expose mal intimement. Il est fonction trop évidente des circonstances extérieures. Il éclate comme un événement qui ne tient pas toujours au caractère du meurtrier. Le suicide, en littérature, se prépare au contraire comme un long destin intime. C'est, littérairement, la mort la plus préparée, la plus apprêtée, la plus totale. Pour un peu, le romancier voudrait que l'Univers entier participât au suicide de son héros. Le suicide littéraire est donc fort susceptible de nous donner l'*imagination de la mort*. Il met en ordre les images de la mort.

Dans le règne de l'imagination, les quatre patries de la mort ont leurs fidèles, leurs aspirants. Ne nous occupons que du tragique appel des eaux.

L'eau qui est la patrie des nymphes vivantes est aussi la patrie des nymphes mortes. Elle est la vraie matière de la mort bien féminine. Dès la première scène entre Hamlet et Ophélie, Hamlet — suivant en cela la règle de la préparation littéraire du suicide — comme s'il était un devin qui présage le destin, sort de sa profonde rêverie en murmurant : « Voici la belle Ophélie! Nymphe, en tes oraisons, souviens-toi de tous mes péchés » (*Hamlet*, acte III, sc. I). Dès lors, Ophélie doit mourir pour les péchés d'autrui, elle doit mourir dans la rivière, doucement, sans éclat. Sa courte vie est déjà la vie d'une morte. Cette vie sans joie est-elle autre chose qu'une vaine attente, que le pauvre écho du monologue de Hamlet? Voyons donc tout de suite Ophélie dans sa rivière (acte IV, sc. VII, trad. Jules Derocquigny) :

La Reine

Un saule croît qui penche au-dessus d'un ruisseau
Et mire dans les eaux ses feuilles argentées.
C'est là qu'elle s'en vint sous de folles guirlandes,
Pâquerette, coucou, ortie et cette fleur
Qui dans le franc parler de nos bergers reçoit
Un nom grossier, mais que nos pudiques fillettes
Nomment patte-de-loup [1]. Là, elle s'agrippait
En voulant accrocher aux branches retombantes
Sa couronne de fleurs, quand un méchant rameau
Casse et la précipite avec ses gais trophées
Dans le ruisseau pleurant. Sa robe se déploie
Et la soutient sur l'eau telle qu'une sirène;
Elle chantonne alors des bribes de vieux airs,
Comme ne se rendant compte de sa détresse,
Ou comme un être qui serait trouvé là
Dans son propre élément. Mais ce ne fut pas long.
Ses vêtements enfin, lourds de ce qu'ils ont bu,
Entraînent la pauvrette et son doux chant expire
En un vaseux trépas...

Laertes

Ah! tu n'as que trop d'eau, pauvre Ophélie! Aussi
Je m'interdis les pleurs. Mais on est ainsi fait;
La pudeur a beau dire : il faut que la nature
Suive son cours. Lorsque ces pleurs auront tari,
Ce qui est femme en moi se taira...

Il nous semble inutile de faire la part de l'accident, de la folie et du suicide dans cette mort romancée. La psychanalyse nous a appris d'ailleurs à donner à l'accident son rôle psychologique. Qui joue avec le feu se brûle, veut se brûler, veut brûler les autres. Qui joue avec l'eau perfide se noie, veut se noyer. D'autre part, les fous, en littérature, gardent assez de raison — assez de détermination — pour

---

1. La patte-de-loup est le nom du lycope vulgaire. D'autres traducteurs donnent textuellement la désignation anglaise « doigts d'hommes morts » (dead men's fingers), dont le sens phallique est assez clair.

s'associer au drame, pour suivre la loi du drame. Ils respectent, en marge de l'action, l'unité d'action. Ophélie pourra donc être pour nous le symbole du suicide féminin. Elle est vraiment une créature née pour mourir dans l'eau, elle y retrouve, comme dit Shakespeare, « son propre élément ». L'eau est l'*élément* de la mort jeune et belle, de la mort fleurie, et, dans les drames de la vie et de la littérature, elle est l'*élément* de la mort sans orgueil ni vengeance, du suicide masochiste. L'eau est le symbole profond, organique de la femme qui ne sait que *pleurer* ses peines et dont les yeux sont si facilement « noyés de larmes ». L'homme, devant un suicide féminin, comprend cette peine funèbre par tout ce qui est femme en lui, comme Laertes. Il redevient homme — en redevenant « sec » — quand les larmes ont tari.

Est-il besoin de souligner que des images aussi richement circonstanciées que l'image d'Ophélie dans sa rivière n'ont cependant aucun *réalisme*? Shakespeare n'a pas nécessairement observé une noyée *réelle* qui descend au fil de l'eau. Un tel réalisme, loin d'éveiller des images, bloquerait plutôt l'essor poétique. Si le lecteur, qui peut-être n'a jamais vu un tel spectacle, le reconnaît cependant et s'en émeut, c'est parce que ce spectacle appartient à la nature imaginaire primitive. C'est l'eau rêvée dans sa vie habituelle, c'est l'eau de l'étang qui d'elle-même « s'ophélise », qui se couvre naturellement d'êtres dormants, d'êtres qui s'abandonnent et qui flottent, d'êtres qui meurent doucement. Alors, dans la mort, il semble que les noyés flottant continuent à rêver... Dans *Délire II*, Arthur Rimbaud a retrouvé cette image :

> flottaison blême
> Et ravie, un noyé pensif, parfois descend...

VI

En vain, on portera en terre les restes d'Ophélie. Elle est vraiment, comme dit Mallarmé (*Divagations*, p. 169), « une Ophélie jamais noyée... joyau intact sous le désastre ». Pendant des siècles, elle apparaîtra aux rêveurs et aux poètes, flottant sur son ruisseau, avec ses fleurs et sa chevelure étalée sur l'onde. Elle sera l'occasion d'une des synecdoques poétiques les plus claires. Elle sera une velure flottante, une chevelure dénouée par les flots. Pour bien comprendre le rôle du détail créateur dans la rêverie, ne retenons pour l'instant que cette vision d'une chevelure flottante. Nous verrons qu'elle anime à elle seule tout un symbole de la psychologie des eaux, qu'elle explique presque, à elle seule, tout le complexe d'Ophélie.

Innombrables sont les légendes où les Dames des fontaines peignent sans fin leurs longs cheveux blonds (*cf.* Sébillot, *loc. cit.*, II, p. 200). Elles oublient souvent sur la berge leur peigne d'or ou d'ivoire : « Les sirènes du Gers ont des cheveux longs et fins comme de la soie, et elles se peignent avec des peignes d'or » (p. 340). « On voit aux abords de la Grande Brière une femme échevelée, vêtue d'une longue robe blanche, qui s'y noya jadis. » Tout s'allonge au fil de l'eau, la robe et la chevelure ; il semble que le courant lisse et peigne les cheveux. Déjà, sur les pierres du gué, la rivière joue comme une chevelure vivante.

Parfois la chevelure de l'ondine est l'instrument de ses maléfices. Bérenger-Féraud rapporte un conte de la Basse-Lusace où l'ondine, sur le parapet d'un pont, est « occupée à peigner ses magnifiques cheveux. Malheur à l'imprudent qui s'approchait trop d'elle, car il était enveloppé dans ses cheveux et jeté à l'eau[1]. »

Les contes les plus factices n'ont garde d'oublier ce détail créateur d'image. Quand Tramarine, dans un conte de Mme Robert, accablée de soucis et de regrets, se précipite dans la mer, elle est prise tout de suite par les ondines qui la revêtent bien vite « d'une robe de gaze, d'un vert de mer glacé d'argent » et qui détachent la chevelure qui doit « retomber en ondes sur son sein[2] ». Tout doit flotter dans l'être humain pour qu'il flotte lui-même sur les eaux.

Comme toujours dans le règne de l'imagination, l'inversion de l'image prouve l'importance de l'image ; elle prouve son caractère complet et naturel. Or, il suffit qu'une chevelure dénouée tombe — coule — sur des épaules nues pour que se réanime tout le symbole des eaux. Dans l'admirable poème pour Annie, si lent, si simple, on lit cette strophe :

1. L.J.B. Bérenger-Féraud, *Superstitions et Survivances*, 1896, t. II, p. 29.
2. Mme Robert, *Les Ondins*, Conte moral, dans *Voyages imaginaires*, Amsterdam, 1788, t. XXXIV, p. 214.

> *And so it lies happily*
> *Bathing in many*
> *A dream of the truth*
> *And the beauty of Annie*
> *Drouned in a bath*
> *Of the tresses of Annie.*

« Il gît ainsi, heureusement baigné — par maint songe de la constance et de la beauté d'Annie — noyé dans un bain des tresses d'Annie » (Edgar Poe, *For Annie*, trad. Mallarmé).

La même inversion d'un complexe d'Ophélie est sensible dans le roman de Gabriele D'Annunzio, *Forse che si, Forse che no* (trad. Donatella Cross). La servante peigne Isabella devant son miroir. Signalons, au passage, l'infantilisme d'une scène où une amante, pourtant ardente et volontaire, est peignée par des mains étrangères. Cet infantilisme favorise d'ailleurs la rêverie complexuelle : « Ses cheveux glissaient, glissaient comme une eau lente, et avec eux mille choses de sa vie, informes, obscures, labiles, entre l'oubli et le rappel. Et tout d'un coup, au-dessus de ce flux... » Par quel mystère une chevelure peignée par une servante évoque-t-elle le ruisseau, le passé, la conscience ? « Pourquoi ai-je fait cela ? Pourquoi ai-je fait cela ? Et pendant qu'elle cherchait en elle la réponse, tout se déformait, se dissolvait, fluait encore. Le passage répété du peigne dans la masse de ses cheveux était comme une incantation qui eût duré depuis toujours, qui devait continuer sans fin. Son visage, au fond du miroir, s'éloignait, privé de contours, puis se rapprochait en revenant du fond, et n'était plus son visage. » On le voit, le ruisseau est là tout entier avec sa fuite sans fin, avec sa profondeur, avec son miroir changeant, changeur. Il est là avec sa chevelure, avec la chevelure. Quand on a médité de telles images, on se rend compte que la psychologie de l'imagination ne sera pas même ébauchée tant qu'on n'aura pas déterminé dans le détail les véritables images naturelles. C'est par leur germe naturel, par leur germe nourri par la force des éléments matériels que les images prolifèrent et s'assemblent. Les images élémentaires poussent très loin leur production ; elles deviennent méconnaissables ; elles se rendent méconnaissables en vertu de leur volonté de nouveauté. Mais un complexe est un phénomène psychologique si symptomatique qu'un seul trait suffit à le révéler tout entier. La force surgissante d'une image générale qui vit par un de ses traits particuliers est à elle seule suffisante pour faire comprendre le caractère partiel d'une psychologie de l'imagination qui s'absorbe dans l'étude des formes. Bien des psychologies de l'imagination sont, par l'attention unilatérale qu'elles apportent au problème de la forme, condamnées à n'être que des psychologies du concept ou du schéma. Elles ne sont guère que des psychologies du *concept imagé*. Finalement, l'imagination littéraire qui ne peut se développer que dans le règne *d'image d'image*, qui doit traduire déjà les formes, est plus favorable que l'imagination picturale pour étudier notre besoin d'imaginer.

Insistons un peu sur ce caractère dynamique de l'imagination, caractère dynamique auquel nous espérons consacrer une autre étude. Sur le thème que nous développons, il apparaît bien clairement que ce n'est pas la forme de la chevelure qui fait penser à l'eau courante, c'est son mouvement. La chevelure peut être celle d'un ange du ciel ; dès qu'elle *ondule*, elle amène naturellement son image aquatique. C'est ce qui se passe pour les anges de Séraphîta. « De leurs chevelures sortaient des ondes de lumière, et leurs mouvements excitaient des frémissements onduleux semblables aux flots d'une mer phosphorescente[1]. » On sent d'ailleurs combien sembleraient pauvres de telles images si les métaphores de l'eau n'étaient pas des métaphores puissamment valorisées.

Ainsi une chevelure vivante, chantée par un poète, doit suggérer un mouvement, une onde qui passe, une onde qui frémit. Les « ondulations permanentes », ce casque de boucles régulières, en immobilisant les ondulations naturelles, bloquent les rêveries qu'elles voudraient provoquer.

Au bord des eaux, tout est chevelure : « Tous les feuillages mobiles attirés par la fraîcheur des eaux laissaient pendre au-dessus leurs chevelures » (*Séraphîta*, p. 318). Et Balzac chante cette atmosphère humide où la nature « parfume pour ses hyménées sa chevelure verdâtre ».

Parfois il semble qu'une rêverie trop philosophique va

1. Balzac, *Séraphîta*, p. 350.

écarter le complexe. Ainsi le fétu emporté par le ruisseau
est l'éternel symbole de l'insignifiance de notre destin.
Mais un peu moins de sérénité dans la méditation, un peu
plus de tristesse au cœur du rêveur, et le fantôme va
réapparaître tout entier. Les herbes retenues par les
roseaux ne sont-elles pas déjà la chevelure d'une morte ?
Lélia en sa tristesse pensive les contemple et murmure :
« Nous ne surnagerons même pas comme ces herbes flé-
tries qui flottent là, tristes et pendantes, semblables à la
chevelure d'une femme noyée[1]. » On le voit, l'image
d'Ophélie se forme à la moindre occasion. Elle est une
image fondamentale de la rêverie des eaux.

En vain Jules Laforgue jouera le personnage d'un Hamlet désensibilisé : « Ophélia, ce n'est pas de la vie çà !
Encore une Ophélia dans ma potion ! »

> Ophélie, Ophélie
> Ton beau corps sur l'étang
> C'est des bâtons flottants
> A ma vieille folie.

On n'a pas sans risque, comme il dit, « mangé du fruit de
l'Inconscience ». Hamlet reste, pour Laforgue, le personnage étrange qui a fait « des ronds dans l'eau, dans l'eau,
autant dire dans le ciel ». L'image synthétique de l'eau, de
la femme et de la mort ne peut pas se disperser[2].

La nuance ironique qui est visible dans les images de
Jules Laforgue n'est pas exceptionnelle. Guy de Pourtalès,
dans La vie de Franz Liszt (p. 162), note que « l'image
d'Ophélie, décrite en cinquante-huit mesures, traverse
"ironiquement" l'esprit » (l'artiste a lui-même écrit le mot
en tête de l'allegro). On reçoit la même impression, un peu
grossièrement soulignée, dans le conte de Saint-Pol Roux,
La lavandière de mes premiers chagrins :

> Un jour mon âme se jeta dans la rivière des ophélies
> Or ceci se passait en des temps très naïfs.
> . . . .
> Les maïs de son front brièvement flottent à la manière
> d'un signet jusqu'à ce que se renferment les deux pages d'eau...

1. G. Sand, Lélia, p. 122.
2. Jules Laforgue, Moralités légendaires, 16e éd., pp. 19, 24, 29, 55.

....

Sur mon coma bizarre glissent des ventres de cygnes...

....

O les niaises qui se noient dans la rivière des ophélies[1]!

L'image d'Ophélie résiste même à sa composante macabre que les grands poètes savent effacer. Malgré cette composante, la ballade de Paul Fort reprend de la douceur : « Et le blanc noyé remontera demain, rose aux clapotis doux du matin. Il voguera des sons de cloches argentines. Quelle mer gentille[2]. »

L'eau humanise la mort et mêle quelques sons clairs aux plus sourds gémissements.

Parfois une douceur accrue, des ombres plus habiles tempèrent à l'extrême le réalisme de la mort. Mais un mot des eaux, un seul, suffit pour désigner l'image profonde d'Ophélie. Ainsi la princesse Maleine, dans la solitude de sa chambre, hantée par le pressentiment de son destin, murmure : « Oh! comme ils crient, les roseaux de ma chambre ! »

VI

Comme tous les grands complexes poétisants, le complexe d'Ophélie peut monter jusqu'au niveau cosmique. Il symbolise alors une *union de la Lune et des flots*. Il semble qu'un immense reflet flottant donne une image de tout un monde qui s'étiole et qui meurt. C'est ainsi que le *Narcisse* de Joachim Gasquet cueille, un soir de brume et de mélancolie, à travers l'ombre des eaux, les étoiles du ciel éclairci. Il va nous donner la fusion de deux principes d'image montant ensemble au niveau cosmique, le Narcisse cosmique s'unissant à l'Ophélie cosmique, preuve décisive de la poussée irrésistible de l'imagination[3]. « La Lune me parla. Je pâlis en songeant à la tendresse de ses paroles. — "Donne-moi ton bouquet (le bouquet cueilli dans le ciel pâle), me dit-elle comme une amoureuse." Et,

1. Saint-Pol Roux, *Les Féeries intérieures*, pp. 67, 73, 74, 77.
2. Paul Fort, *Ermitage*, juillet 1897.
3. Joachim Gasquet, *loc. cit.*, p. 99.

comme Ophélie, je la vis tout exsangue dans sa robe violette et ample. Ses yeux, qui avaient la couleur des fleurs fiévreuses et délicates, vacillaient. Je lui tendis ma gerbe d'étoiles. Alors un surnaturel parfum émana d'elle. Un nuage nous épiait... » Rien ne manque à cette scène d'amour du ciel et de l'eau, pas même l'espion.

La lune, la nuit, les étoiles jettent alors, comme autant de fleurs, leurs reflets sur la rivière. Il semble que, lorsque nous le contemplons dans les flots, le monde étoilé s'en aille à la dérive. Les lueurs qui passent à la surface des eaux sont comme des êtres inconsolables; la lumière elle-même est trahie, méconnue, oubliée (p. 102). Dans l'ombre, « elle avait brisé sa splendeur. La lourde robe tomba. Oh! la triste Ophélie squelettique! Elle s'enfonça dans la rivière. Comme les étoiles s'en étaient allées, elle s'en alla au fil de l'eau. Je pleurais et lui tendais les bras. Elle se souleva un peu, la tête décharnée, en arrière, car ses tristes cheveux ruisselaient, et avec une voix qui me fait encore mal, elle me souffla : "Tu sais qui je suis, moi. Je suis ta raison, ta raison, tu sais, et je m'en vais, je m'en vais..." Un moment, au-dessus de l'eau, je vis encore ses pieds aussi purs, aussi immatériels que ceux de la Primavera... Ils disparurent, un calme étrange coula dans mon sang... » Voilà le jeu intime d'une rêverie qui marie la Lune et le flot et qui suit leur histoire tout le long du courant. Une telle rêverie *réalise* dans toute la force du terme la mélancolie de la nuit et de la rivière. Elle humanise les reflets et les ombres. Elle en connaît le drame, la peine. Cette rêverie participe au combat de la lune et des nuages. Elle leur donne une volonté de lutte. Elle attribue la volonté à tous les fantasmes, à toutes les images qui bougent et varient. Et quand vient le repos, quand les êtres du ciel acceptent les mouvements très simples et très prochains de la rivière, cette rêverie énorme prend la lune qui flotte pour le corps supplicié d'une femme trahie; elle voit dans la lune offensée une Ophélie shakespearienne.

Est-il besoin de souligner une fois de plus que les traits d'une telle image ne sont nullement d'origine réaliste? Ils sont produits par une projection de l'être rêvant. Il faut une culture poétique puissante pour retrouver l'image d'Ophélie dans la Lune reflétée par les eaux.

Bien entendu, la vision de Joachim Gasquet n'est pas

exceptionnelle. On en verrait la trace chez les poètes les plus divers. Notons, par exemple, cet aspect lunaire dans l'Ophélie de Jules Laforgue : « Il s'accoude un instant à la fenêtre, à regarder la belle pleine lune d'or qui se mire dans la mer calme et y fait serpenter une colonne brisée de velours noir et de liquide d'or, magique et sans but.

« Ces reflets sur l'eau mélancolique... La sainte et damnée Ophélie a flotté ainsi toute la nuit... » (*Moralités légendaires*, p. 56).

On pourrait de même interpréter *Bruges la Morte* de Georges Rodenbach comme l'*ophélisation* d'une ville entière. Sans jamais voir une morte flottant sur les canaux, le romancier est saisi par l'image shakespearienne. « Dans cette solitude du soir et de l'automne, où le vent balayait les dernières feuilles, il éprouva plus que jamais le désir d'avoir fini sa vie et l'impatience du tombeau. Il semblait qu'une morte s'allongeât des tours sur son âme ; qu'un conseil vînt des vieux murs jusqu'à lui ; qu'une voix chuchotante montât de l'eau — l'eau s'en venant au-devant de lui, comme elle vint au-devant d'Ophélie, ainsi que le racontent les fossoyeurs de Shakespeare[1]. »

On ne peut, croyons-nous, réunir sous le même thème des images plus diverses. Puisqu'il faut bien leur reconnaître une unité, puisque toujours le nom d'Ophélie revient sur les lèvres dans les circonstances les plus différentes, c'est que cette unité, c'est que son nom est le symbole d'une grande loi de l'imagination. L'imagination du malheur et de la mort trouve dans la matière de l'eau une image matérielle particulièrement puissante et naturelle.

Ainsi, pour certaines âmes, l'eau tient vraiment la mort dans sa substance. Elle communique une rêverie où l'horreur est lente et tranquille. Dans la troisième élégie de Duino, Rilke, semble-t-il, a vécu l'horreur souriante des eaux, l'horreur qui sourit avec le sourire tendre d'une mère éplorée. La mort dans une eau calme a des traits maternels. L'horreur paisible est « dissoute dans l'eau qui

---

1. Georges Rodenbach, *Bruges-la-Morte*, éd. Flammarion, p. 16. *Cf.* aussi *Le Mirage*, acte III, le fantôme de Geneviève dit au Rêveur :
   « Au fil des vieux canaux, je fus ton Ophélie... »

rend léger le germe vivant [1] ». L'eau mêle ici ses symboles
ambivalents de naissance et de mort. Elle est une substance pleine de réminiscences et de rêveries divinatrices.

Quand une rêverie, quand un rêve vient ainsi s'absorber
dans une substance, l'être entier en reçoit une étrange
permanence. Le rêve s'endort. Le rêve se stabilise. Il tend à
participer à la vie lente et monotone d'un *élément*. Ayant
trouvé son *élément*, il y vient fondre toutes ses images. Il se
matérialise. Il se « cosmose ». Albert Béguin a rappelé
que, pour Carus, la vraie synthèse onirique est une synthèse en profondeur où l'être psychique s'incorpore à une
réalité cosmique [2]. Pour certains rêveurs, l'eau est le *cosmos* de la mort. L'*ophélisation* est alors substantielle, l'eau
est nocturne. Près d'elle tout incline à la mort. L'eau
communique avec toutes les puissances de la nuit et de la
mort. Ainsi, pour Paracelse, la lune imprègne la substance
de l'eau d'une *influence* délétère. L'eau longtemps exposée
aux rayons lunaires reste une eau empoisonnée [3]. Ces
images *matérielles*, si fortes dans la pensée paracelsienne,
sont encore vivantes dans les rêveries poétiques
d'aujourd'hui. « La Lune donne à ceux qu'elle influence le
goût de l'eau du Styx », dit Victor-Émile Michelet [4]. On ne
se guérit jamais d'avoir rêvé près d'une eau dormante...

VII

Si à l'eau sont si fortement attachées toutes les rêveries
interminables du destin funeste, de la mort, du suicide, on
ne devra pas s'étonner que l'eau soit pour tant d'âmes
l'élément mélancolique par excellence. Pour mieux dire,
en employant une expression de Huysmans, l'eau est
l'*élément mélancolisant*. L'eau mélancolisante commande
des œuvres entières comme celles de Rodenbach, de Poe.
La mélancolie d'Edgar Poe ne provient pas d'un bonheur
envolé, d'une passion ardente que la vie a brûlée. C'est,
directement, du *malheur dissous*. Sa mélancolie est vrai-

1. *Cf.* Rainer Maria Rilke, *Les Élégies de Duino*, trad. Angelloz, p. 25.
2. Albert Béguin, *L'Ame romantique et le Rêve*, éd. José Corti, p. 140.
3. *Cf.* Heinrich Bruno Schindler, *Das Magische Geistesleben*, 1857, p. 57.
4. V.-E. Michelet, *Figures d'évocateurs*, 1913, p. 41.

ment substantielle. « Mon âme, dit-il quelque part, mon âme était une onde stagnante. » Lamartine aussi a su que, dans ses tempêtes, l'eau était un *élément souffrant*. Logé tout contre le lac de Genève, tandis que les vagues jetaient leur écume sur sa fenêtre, il écrit : « Je n'ai jamais tant étudié les murmures, les plaintes, les colères, les tortures, les gémissements et les ondulations des eaux que pendant ces nuits et ces jours passés ainsi tout seul dans la société monotone d'un lac. J'aurais fait le poème des eaux sans en omettre la moindre note[1]. » Ce poème, on le sent, eût été une élégie. Ailleurs, Lamartine écrit encore : « L'eau est l'*élément triste. Super flumina Babylonis sedimus et flevimus*. Pourquoi ? C'est que l'eau pleure avec tout le monde » (p. 60). Quand le cœur est triste, toute l'eau du monde se transforme en larmes : « J'ai plongé ma coupe de vermeil dans la source qui bouillonnait; elle s'est remplie de larmes[2]. »

Sans doute l'image des larmes viendra mille fois à la pensée pour expliquer la tristesse des eaux. Mais ce rapprochement est insuffisant et nous voulons insister pour finir sur des raisons plus profondes pour marquer de son vrai mal la substance de l'eau.

La mort est en elle. Jusqu'ici nous avons surtout évoqué les images du voyage funèbre. L'eau emporte au loin, l'eau passe comme les jours. Mais une autre rêverie s'empare de nous qui nous apprend une perte de notre être dans la totale dispersion. Chacun des éléments a sa propre dissolution, la terre a sa poussière, le feu a sa fumée. L'eau dissout plus complètement. Elle nous aide à mourir totalement. Tel est, par exemple, le vœu de Faust dans la scène finale du *Faust* de Christophe Marlowe (trad. Rabbe) : « O mon âme, change-toi en petites gouttes d'eau, et tombe dans l'Océan, à jamais introuvable. »

Cette impression de *dissolution* atteint, à certaines heures, les âmes les plus solides, les plus optimistes. Ainsi Claudel[3] a vécu ces heures où « le ciel n'est plus que la brume et l'espace de l'eau... » où « tout est dissous », de sorte qu'on chercherait en vain autour de soi « trait ou

1. Lamartine, *Confidences*, p. 306.
2. Edgar Quinet, *Ahasvérus*, p. 161.
3. Paul Claudel, *Connaissance de l'Est*, pp. 257-258.

forme ». « Rien, pour horizon, que la cessation de la
couleur la plus foncée. La matière de tout est rassemblée
en une seule eau, pareille à celle de ces larmes que je sens
qui coulent sur ma joue. » Qu'on vive exactement la suite
de ces images, on aura un exemple de leur concentration et
de leur matérialisation progressives. Ce qui se dissout
d'abord, c'est un paysage dans la pluie; les traits et les
formes se fondent. Mais peu à peu le monde entier est
rassemblé dans son eau. Une seule matière a tout pris.
« Tout est dissous. »

    A quelle profondeur philosophique peut atteindre un
poète qui accepte la leçon totale de la rêverie, on en jugera
si l'on revit cette admirable image de Paul Éluard :

        J'étais comme un bateau coulant dans l'eau fermée,
        Comme un mort je n'avais qu'un unique élément.

L'eau fermée prend la mort en son sein. L'eau rend la mort
élémentaire. L'eau meurt avec le mort dans sa substance.
L'eau est alors un *néant substantiel*. On ne peut aller plus
loin dans le désespoir. Pour certaines âmes, *l'eau est la
matière du désespoir*.

CHAPITRE IV

LES EAUX COMPOSÉES

> N'applique point à la vérité l'œil
> seul, mais tout cela sans réserve
> qui est toi-même.
>
> PAUL CLAUDEL, « Le porc »,
> *Connaissance de l'Est*, p. 96.

I

L'imagination matérielle, l'imagination des quatre éléments, même si elle favorise un élément, aime à jouer avec les images de leurs combinaisons. Elle veut que son élément favori imprègne tout, elle veut qu'il soit la substance de tout un monde. Mais, malgré cette unité fondamentale, l'imagination matérielle veut garder la variété de l'univers. La notion de combinaison sert à cette fin. L'imagination formelle a besoin de l'idée de *composition*. L'imagination matérielle a besoin de l'idée de *combinaison*.

En particulier, l'eau est l'élément le plus favorable pour illustrer les thèmes de combinaison des puissances. Elle assimile tant de substances ! Elle tire à elle tant d'essences ! Elle reçoit avec égale facilité les matières contraires, le sucre et le sel. Elle s'imprègne de toutes les couleurs, de toutes les saveurs, de toutes les odeurs. On comprend donc que le phénomène de la dissolution de solides dans l'eau soit un des principaux phénomènes de cette chimie naïve qui reste la chimie du sens commun et qui, avec un peu de rêve, est la chimie des poètes.

Aussi le spectateur qui aime contempler la combinaison des diverses matières est-il toujours émerveillé quand il rencontre des liquides qui ne se mélangent pas. C'est que, pour la rêverie matérialisante, tous les liquides sont des eaux, tout ce qui coule est de l'eau, l'eau est l'unique élément liquide. La liquidité est précisément le caractère élémentaire de l'eau. Un chimiste aussi prudent que Malouin dit encore au XVIIIe siècle : « L'eau est le liquide le plus parfait, c'est d'elle que les autres liqueurs tiennent leur fluidité[1]. » Affirmation sans preuve qui montre bien que la rêverie préscientifique suit la pente de la rêverie naturelle, de la rêverie enfantine. Comment, par exemple, l'enfant n'admirerait-il pas le miracle de la veilleuse ? L'huile flotte ! L'huile qui pourtant est épaisse ! Et puis n'aide-t-elle pas l'eau à brûler ? Tous les mystères s'accumulent autour d'une chose étonnante et la rêverie s'étend dans toutes les directions dès qu'elle a trouvé un essor.

De même, « la fiole des quatre éléments » de la Physique élémentaire est maniée comme un jouet singulier. Elle renferme quatre liquides non miscibles qui s'étagent par ordre de densité, elle multiplie donc l'illustration de la veilleuse. Cette « fiole des quatre éléments » peut fournir un bon exemple pour distinguer un esprit préscientifique et un esprit moderne, elle peut nous aider à surprendre en leur principe de vaines rêveries philosophiques. Pour un esprit moderne, la rationalisation se fait immédiatement. Il sait que l'eau est un liquide entre mille autres. Il sait que chaque liquide est caractérisé par sa densité. La différence de densité des liquides non miscibles lui suffit pour expliquer le phénomène.

Au contraire, un esprit préscientifique va fuir de la science vers la philosophie. On lit, par exemple, à propos de la fiole des quatre éléments, dans la *Théologie de l'eau* de Fabricius — un auteur que nous citerons plusieurs fois parce que son œuvre est un assez bon exemple de cette *Physique rêvassée* qui mêle à l'enseignement positif d'un Pascal les plus incroyables billevesées — : « C'est ce qui nous donne le spectacle aussi agréable qu'il est commun, de quatre liqueurs de différents poids et de différentes

---

1. Malouin, *Chimie médicale*, 1755, t. I, p. 63.

couleurs, qui, quand on les a brassées ensemble, ne restent pas mêlées ; mais dès qu'on a posé le vase... on voit chacune chercher et retrouver sa place naturelle. La noire, qui représente la terre, s'en va au fond, la grise se place immédiatement dessus, pour marquer l'eau ; la troisième liqueur, qui est bleue, vient après et représente l'air. Enfin la plus légère, qui est rouge comme le feu, gagne le dessus [1]. » On le voit, une expérience un peu trop imagée qui ne devrait illustrer qu'une loi élémentaire de l'hydrostatique fournit un prétexte à l'imagination philosophique pour déborder l'expérience. Elle donne une image puérile de la doctrine des quatre éléments fondamentaux. C'est toute la philosophie antique mise en bocal.

Mais nous n'insisterons pas sur ces jouets scientifiques, sur ces expériences trop imagées par lesquelles s'invétère souvent l'infantilisme de la pseudo-culture scientifique qu'on dispense dans nos écoles. Nous avons écrit tout un livre pour essayer de séparer les conditions de la rêverie et les conditions de la pensée [2]. Notre tâche est présentement inverse, nous voulons montrer comment les rêves s'associent aux connaissances, nous voulons montrer le travail de combinaison que l'imagination matérielle réalise entre les quatre éléments fondamentaux.

II

Un trait est tout de suite frappant : ces combinaisons imaginaires ne réunissent que deux éléments, jamais trois. L'imagination matérielle unit l'eau à la terre ; elle unit l'eau à son contraire le feu ; elle unit la terre et le feu ; elle voit parfois dans la vapeur et les brumes l'union de l'air et de l'eau. Mais jamais, dans aucune image *naturelle*, on ne voit se réaliser la triple union matérielle de l'eau, de la terre et du feu. A fortiori, aucune image ne peut recevoir les quatre éléments. Une telle accumulation serait une

---

1. Fabricius, *Théologie de l'eau ou Essai de la bonté divine manifestée par la création de l'eau*, trad. Paris, 1743. C'est un livre souvent cité au XVIIIe siècle. La première traduction est anonyme. La deuxième traduction porte le nom de l'auteur.

2. *La Formation de l'Esprit scientifique* : *contribution à une psychanalyse de la connaissance objective*, Vrin, 1938.

contradiction insupportable pour une imagination des
éléments, pour cette imagination matérielle qui a toujours
besoin d'élire une matière et de lui garder dans toutes les
combinaisons un privilège. Si une union ternaire apparaît, on peut être sûr qu'il ne s'agit que d'une image
factice, que d'une image faite avec des idées. Les véritables
images, les images de la rêverie, sont unitaires ou binaires.
Elles peuvent rêver dans la monotonie d'une substance. Si
elles désirent une combinaison, c'est une combinaison de
deux éléments.

A ce caractère dualiste du mélange des éléments par
l'imagination matérielle, il y a une raison décisive : c'est
que ce mélange est toujours un mariage. En effet, dès que
deux substances élémentaires s'unissent, dès qu'elles se
fondent l'une dans l'autre, elles se sexualisent. Dans
l'ordre de l'imagination, être contraires pour deux substances, c'est être de sexes opposés. Si le mélange s'opère
entre deux matières à tendance féminine, comme l'eau et
la terre, eh bien! l'une d'elles se masculinise légèrement
pour *dominer* sa partenaire. A cette seule condition, la
combinaison est solide et durable, à cette seule condition
la combinaison imaginaire est une *image réelle*. Dans le
règne de l'imagination matérielle, toute union est mariage
et il n'y a pas de mariage à trois.

Nous allons maintenant étudier, comme exemples de
combinaisons des éléments imaginaires, quelques
mélanges d'éléments où l'eau intervient. Nous examine-
rons successivement l'union de l'eau et du feu — de l'eau et
de la nuit — et surtout de l'eau et de la terre, car c'est dans
cette dernière combinaison que la double rêverie de la
forme et de la matière suggère les thèmes les plus puissants de l'imagination créatrice. En particulier, c'est surtout avec le mélange de l'eau et de la terre que nous
pourrons comprendre les principes de la psychologie de la
cause matérielle.

III

Pour la combinaison de l'eau et du feu, nous pouvons
être très bref. Nous avons en effet rencontré ce problème

dans notre étude sur *La Psychanalyse du Feu*. Nous avons
en particulier examiné les images suggérées par l'alcool,
étrange matière qui paraît, quand elle se couvre de
flammes, accepter un phénomène contraire à sa propre
substance. Quand l'alcool flambe, en un soir de fête, il
semble que *la matière soit folle*, il semble que l'eau féminine ait perdu toute pudeur, et qu'elle se livre délirante à
son maître le feu! On ne doit pas s'étonner que certaines
âmes agglomèrent autour de cette image exceptionnelle
des impressions multiples, des sentiments contradictoires
et que sous ce symbole se forme un véritable complexe.
Nous avons nommé ce complexe le *complexe de Hoffmann*,
car le symbole du punch nous a paru singulièrement actif
dans les œuvres du conteur fantastique. Ce complexe
explique parfois des croyances insensées qui prouvent
précisément l'importance de son rôle dans l'inconscient.
Ainsi Fabricius n'hésite pas à dire qu'une *eau longtemps
conservée* devient « une liqueur spiritueuse, plus légère
que les autres eaux, et qu'on la peut presque allumer
comme l'eau-de-vie[1] ». A ceux qui plaisanteront sur cette
bonne bouteille d'eau de derrière les fagots, sur cette eau
qui, comme un bon vin, accède à la durée bergsonienne, il
faudra répondre que Fabricius est un bien sérieux philosophe qui a écrit une *Théologie de l'eau* à la gloire du
Créateur.

En fait, même chez des chimistes éprouvés, lorsque la
chimie, au XVIIIe siècle, tend à bien individualiser les substances, elle n'efface pas le privilège des matières élémentaires. Ainsi Geoffroy[2], pour expliquer que les *eaux
thermales* sentent le soufre et le bitume, ne se réfère pas
tout de suite à la substance du soufre et du bitume, il
rappelle au contraire que ce sont « la matière et le produit
du feu ». L'eau thermale est donc imaginée avant tout
comme la composition directe de l'eau et du feu.

Naturellement, chez les poètes, le caractère direct de
la combinaison sera encore plus décisif; de subites
métaphores, d'une étonnante hardiesse, d'une fulgu-
rante beauté, prouvent la force de l'image originelle.
Par exemple, dans un de ses essais « philosophiques »,

---

1. *Mémoire littéraire de Trévoux*, 1730, p. 417.
2. Geoffroy, *Traité de la matière médicale*, Paris, 1743, t. I, p. 91.

Balzac déclare, sans la moindre explication, sans aucune préparation, comme s'il s'agissait d'une vérité évidente, qu'on peut livrer sans commentaire : « L'eau est un corps brûlé. » C'est là *la dernière phrase* de *Gambara*. Elle peut être mise au rang de « ces phrases parfaites » qui sont, comme dit Léon-Paul Fargue[1], « au point culminant de la plus grande expérience vitale ». Pour une telle imagination, l'eau seule, esseulée, l'eau pure n'est qu'un punch éteint, une veuve, une substance abîmée. Il faudra une image ardente pour la ranimer, pour faire danser à nouveau une flamme sur son miroir, pour qu'on puisse dire avec Delteil : « Ton image brûle l'eau du si mince canal » (*Choléra*, p. 42). Du même ordre est aussi cette phrase énigmatique et parfaite de Novalis : « L'eau est une flamme mouillée. » Hackett, dans sa belle thèse sur Rimbaud, a noté la marque hydrique profonde du psychisme d'Arthur Rimbaud : « Dans la *Saison en Enfer*, le poète semble demander au feu de dessécher cette eau dont il avait subi une hantise continuelle... L'eau et toutes les expériences qui s'y rattachent résistent pourtant à l'action du feu, et, lorsque Rimbaud invoque le feu, il appelle en même temps l'eau. Les deux éléments se trouvent étroitement unis dans une expression frappante : "Je réclame. Je réclame! un coup de fourche, une goutte de feu[2]." »

Dans ces gouttes de feu, dans ces flammes mouillées, dans cette eau brûlée, comment ne pas voir les doubles germes d'une imagination qui a su condenser deux matières. Combien subalterne apparaît l'imagination des formes devant une telle imagination de la matière!

Naturellement, une image aussi spéciale que l'eau-de-vie qui brûle dans une veillée joyeuse ne pourrait entraîner l'imagination dans un tel essor d'images si n'intervenait pas une rêverie plus profonde, plus ancienne, une rêverie qui touche le fond même de l'imagination matérielle. Cette rêverie essentielle, c'est très précisément le mariage des contraires. L'eau éteint le feu, la femme éteint

1. Léon-Paul Fargue, *Sous la lampe*, 1929, p. 46.
2. C. A. Hackett, *Le Lyrisme de Rimbaud*, 1938, p. 112. Hackett donne, en particulier, p. III, une explication psychanalytique de l'homme « fils des déluges ».

l'ardeur. Dans le règne des matières, on ne trouvera rien de plus contraire que l'eau et le feu. L'eau et le feu donnent peut-être la seule contradiction vraiment substantielle. Si logiquement l'un appelle l'autre, sexuellement l'un désire l'autre. Comment rêver de plus grands géniteurs que l'eau et le feu !

Dans le Rig Veda, on trouvera des hymnes où Agni est le fils des eaux : « Agni est le parent des eaux, affectionné comme un frère pour ses sœurs... Il respire parmi les eaux comme un cygne ; éveillé à l'aurore, il rappelle les hommes à l'existence ; il est créateur comme le soma ; né du sein des eaux, où il était couché comme un animal qui a replié ses membres, il s'agrandit, et sa lumière se répandit au loin [1]. »

« Qui de vous discerne Agni lorsqu'il se cache au milieu des eaux ; il était nouveau-né et, par la vertu des offrandes, il engendre ses propres mères : germe d'eaux abondantes, il sort de l'Océan.

« Paraissant parmi les eaux, le brillant Agni s'accroît, s'élevant au-dessus des flammes agitées et répandant sa gloire ; le ciel et la terre sont alarmés lorsque le radieux Agni vient à naître... »

« Associé dans le firmament avec les eaux, il prend une forme excellente et brillante ; le sage, appui de toutes choses, balaie la source des pluies. »

L'image du soleil, de l'astre de feu, sortant de la Mer, est ici l'image objective dominante. Le soleil est le Cygne Rouge. Mais l'imagination va sans cesse du Cosmos au microcosme. Elle projette alternativement le petit sur le grand et le grand sur le petit. Si le Soleil est le glorieux époux de la Mer, il faudra qu'à la dimension de la libation, l'eau « se donne » au feu, il faudra que le feu « prenne » l'eau. Le feu engendre sa mère, c'est là une formule que les alchimistes, sans connaître le Rig Veda, emploieront à satiété. C'est une image primordiale de la rêverie matérielle.

Goethe parcourt bien vite, lui aussi, le trajet qui mène de la rêverie de « l'homunculus » à la rêverie cosmique. D'abord quelque chose brille dans « l'humide charmant »,

1. Cité par P. Saintyves, *Corpus du Folklore des eaux en France et dans les colonies françaises*, éd. Nourry, 1934, pp. 54-55.

dans « l'humide vital ». Puis ce feu qui sort de l'eau
« flamboie autour de la conque... de Galatée. Cela flambe
tour à tour avec force, avec grâce, avec douceur, comme
agité par les pulsations de l'amour ». Enfin, « il s'embrase,
il jette des éclairs et déjà s'écoule » et les sirènes
reprennent en chœur : « Quelle merveilleuse flamme illumine les flots qui se brisent étincelants les uns contre les
autres ? Cela rayonne et veille et resplendit ! Les corps
s'embrasent dans la nocturne carrière, et alentour tout
ruisselle de feu. Ainsi règne l'amour, principe des choses !
Gloire à la mer ! gloire à ses flots, environnés de feu sacré !
gloire à l'onde ! gloire au feu ! gloire à l'étrange aventure[1] ! » N'est-ce pas un épithalame pour le mariage des
deux éléments ?

Les philosophes les plus sérieux, devant la mystérieuse
union de l'eau et du feu, perdent la raison. Lors de la
réception, à la cour du duc de Brunswick, du chimiste
Brandt, qui avait découvert le phosphore, ce feu étrange
entre tous, puisqu'il se conserve sous l'eau, Leibniz écrivit
des vers latins. Pour célébrer un tel prodige, tous les
mythes y passent : le larcin de Prométhée, la robe de
Médée, le visage lumineux de Moïse, le feu que Jérémie
enfouit, les vestales, les lampes sépulchrales, le combat
des prêtres égyptiens et perses. « Ce feu inconnu à la
nature même, qu'un nouveau Vulcain avait allumé, que
l'Eau conservait et empêchait de se rejoindre à la sphère
du feu sa patrie, enseveli sous l'Eau, dissimulait son être,
et sortait lumineux et brillant de ce tombeau, image de
l'âme immortelle... »

Les légendes populaires confirment cet amas de mythes
savants. Il n'est pas rare que l'eau et le feu s'associent dans
ces légendes. Si même les images sont frustes, elles
laissent voir assez facilement leurs traits sexuels. Ainsi
nombreuses sont les fontaines qui, dans les légendes,
naissent sur une terre foudroyée. La source naît souvent
« d'un coup de foudre ». Parfois, inversement, la foudre
sort d'un lac violent. Decharme se demande si le trident de
Poseidon n'est pas « le foudre à trois pointes du dieu du
ciel, transporté plus tard au souverain de la mer[2] » ?

1. Goethe, *Second Faust*, trad. Porchat, pp. 374-375.
2. Decharme, *Mythologie de la Grèce antique*, p. 302.

Dans un chapitre ultérieur, nous insisterons sur les caractères féminins de l'eau imaginaire. Nous n'avons voulu montrer ici que le caractère matrimonial de la chimie commune du feu et de l'eau. En face de la virilité du feu, la féminité de l'eau est irrémédiable. Elle ne peut pas se viriliser. Unis, ces deux éléments créent tout. Bachoffen[1], en de nombreuses pages, a montré que l'imagination rêve la Création comme une union intime de la double puissance du feu et de l'eau. Bachoffen fait la preuve que cette union n'est pas éphémère. Elle est la condition d'une création continue. Quand l'imagination rêve à l'union durable de l'eau et du feu, elle forme une image matérielle mixte d'une singulière puissance. C'est l'image matérielle de l'*humidité chaude*. Pour beaucoup de rêveries cosmogoniques, c'est l'*humidité chaude* qui est le principe fondamental. C'est elle qui animera la terre inerte et en fera surgir toutes les formes vivantes. En particulier, Bachoffen montre qu'en de nombreux textes Bacchus est désigné comme le maître de toute humidité : « *als Herr aller Feuchtigkeit* ».

On pourra aisément vérifier ainsi que cette notion d'une humidité chaude garde dans bien des esprits un étrange privilège. Par elle, la création prend une sûre lenteur. Le temps s'inscrit dans la matière bien mijotée. On ne sait plus ce qui travaille : est-ce le feu, est-ce l'eau, est-ce le temps ? Cette triple incertitude permet d'avoir réponse à tout. Quand un philosophe s'attache à une notion comme l'*humidité chaude* pour fonder sa cosmogonie, il retrouve des convictions si intimes qu'aucune preuve objective ne peut l'embarrasser. En fait, nous pouvons voir ici en action un principe psychologique que nous avons déjà énoncé : une ambivalence est la base la plus sûre pour des valorisations indéfinies. La notion d'humidité chaude est l'occasion d'une ambivalence d'une incroyable puissance. Il ne s'agit plus seulement d'une ambivalence qui joue sur des qualités superficielles et changeantes. C'est vraiment de *matière* qu'il s'agit. L'humidité chaude c'est la matière devenue ambivalente, autant dire l'ambivalence matérialisée.

---

1. *Gräbersymbolik der Alien. Cf.* par ex. p. 54.

III

En apportant maintenant quelques remarques sur les combinaisons de l'Eau et de la Nuit, nous semblons déroger à nos thèses générales sur le matérialisme imaginaire. En effet, la nuit semble un phénomène universel, qu'on peut bien prendre pour un être immense qui s'impose à la nature entière, mais qui ne touche en rien aux substances matérielles. Si la Nuit est personnifiée, elle est une déesse à qui rien ne résiste, qui enveloppe tout, qui cache tout ; elle est la déesse du Voile.

Cependant, la rêverie des matières est une rêverie si naturelle et si invincible que l'imagination accepte assez communément le rêve d'une nuit active, d'une nuit pénétrante, d'une nuit insinuante, d'une nuit qui entre dans la matière des choses. Alors la Nuit n'est plus une déesse drapée, elle n'est plus un voile qui s'étend sur la Terre et les Mers ; la Nuit est *de la nuit*, la nuit est une substance, la nuit est la matière nocturne. La nuit est saisie par l'imagination *matérielle*. Et comme l'eau est la substance qui s'offre le mieux aux mélanges, la nuit va pénétrer les eaux, elle va tenir le lac dans ses profondeurs, elle va imprégner l'étang.

Parfois la pénétration est si profonde, si intime que, pour l'imagination, l'étang garde en plein jour un peu de cette matière nocturne, un peu de ces ténèbres substantielles. Il se « stymphalise ». Il devient le noir marais où vivent les oiseaux monstrueux, les stymphalides « nourrissons d'Arès, qui lancent leurs plumes comme des flèches, qui ravagent et souillent les fruits du sol, qui se repaissent de chair humaine [1] ». Cette *stymphalisation* n'est pas, croyons-nous, une vaine métaphore. Elle correspond à un trait particulier de l'imagination mélancolique. Sans doute, on expliquera en partie un paysage stymphalisé par des aspects assombris. Mais ce n'est pas simple accident si l'on accumule pour traduire ces aspects d'un étang désolé, les impressions nocturnes. On doit reconnaître que ces impressions nocturnes ont une manière propre de s'assembler, de proliférer, de s'aggraver. On doit reconnaître que l'eau leur donne un centre où elles convergent mieux, une matière où elles persistent

---

1. Decharme, *loc. cit.*, p. 487.

plus longtemps. Dans bien des récits, les lieux maudits ont en leur centre un lac de ténèbres et d'horreur.

Chez plusieurs poètes apparaît aussi une mer imaginaire qui a pris ainsi la Nuit dans son sein. C'est la *Mer des Ténèbres — Mare tenebrarum*, où les anciens navigateurs ont localisé leur effroi plutôt que leur expérience. L'imagination poétique d'Edgar Poe a exploré cette Mer des Ténèbres. Souvent, sans doute, c'est l'obscurcissement du Ciel en tempête qui donne à la mer ces teintes livides et noires. Au moment de la tempête en mer, dans la cosmologie d'Edgar Poe, apparaît toujours le même nuage singulier « couleur de cuivre ». Mais, à côté de cette rationalisation facile qui explique l'ombre par l'écran, est sensible, dans le règne de l'imagination, une explication substantielle directe. La désolation est si grande, si profonde, si intime que l'eau est elle-même « couleur d'encre ». Dans cette horrible tempête, il semble que l'excrétion d'une formidable seiche ait nourri, dans sa convulsion, toutes les profondeurs marines. Cette « mer des ténèbres » est « un panorama plus effroyablement désolé qu'il n'est donné à une imagination humaine de le concevoir [1] ». Ainsi le réel singulier se présente comme un au-delà de l'imaginable — inversion curieuse qui mériterait la méditation des philosophes : dépassez l'imaginable et vous aurez une réalité assez forte pour troubler le cœur et l'esprit. Voici les falaises « horriblement noires et surplombantes », voici la nuit horrible qui *écrase* l'Océan. La tempête entre alors au sein des flots, elle est, elle aussi, une sorte de substance agitée, un mouvement intestin qui prend la masse intime, c'est « un clapotement bref, vif et tracassé dans tous les sens ». Qu'on y réfléchisse et l'on verra qu'un tel mouvement si intime n'est pas livré par une expérience objective. On l'éprouve dans une introspection, comme disent les philosophes. L'eau mêlée de nuit est un remords ancien qui ne veut pas dormir...

La nuit, au bord de l'étang, apporte une peur spécifique, une sorte de *peur humide* qui pénètre le rêveur et le fait frissonner. La nuit seule donnerait une peur moins physique. L'eau seule donnerait des hantises plus claires.

---

1. Edgar Poe, *Histoires extraordinaires*, Maelstrom, trad. Baudelaire, p. 223.

L'eau dans la nuit donne une peur pénétrante. Un des lacs d'Edgar Poe, « aimable » à la clarté du jour, éveille une terreur progressive quand vient la nuit :

« Mais quand la nuit avait jeté sa draperie sur le lieu comme sur tous, et que le vent mystique allait murmurer sa musique — alors — oh! alors, je m'éveillais toujours à la terreur du lac isolé » (trad. Mallarmé, p. 118).

Quand vient le jour, les fantômes sans doute courent encore sur les eaux. Vaines brumes qui s'effilochent, ils s'en vont... Peu à peu, ce sont eux qui ont peur. Ils s'atténuent donc, ils s'éloignent. Au contraire, quand vient la nuit, les fantômes des eaux se condensent, donc ils s'approchent. L'effroi augmente au cœur de l'homme. Les fantômes de la rivière se nourrissent donc bien de nuit et d'eau.

Si la peur près de l'étang dans la nuit est une peur spéciale, c'est aussi parce que c'est une peur qui garde un certain horizon. Elle est très différente de la peur dans la grotte ou dans la forêt. Elle est moins prochaine, moins condensée, moins localisée, plus fluante. Les ombres sur l'eau sont en quelque manière plus mobiles que les ombres sur la terre. Insistons un peu sur leur mouvement, sur leur devenir. Les lavandières de nuit s'installent à la brume au bord de la rivière. C'est naturellement dans la première moitié de la nuit qu'elles entraînent leur victime. C'est là un cas particulier de cette loi de l'imagination que nous voulons répéter en toute occasion : l'imagination est un devenir. En dehors des réflexes de la peur qui ne s'imaginent pas et qui par conséquent se racontent mal, l'effroi ne peut être communiqué dans une œuvre littéraire que si cet effroi est un évident devenir. La nuit vient, à elle seule, apporter un devenir aux fantômes. De ces fantômes, seule la garde montante est offensive[1].

Mais on jugerait mal de tous ces fantômes si on les jugeait comme des visions. Ils nous touchent de plus près. « La nuit, dit Claudel, nous ôte notre preuve, nous ne savons plus où nous sommes... Notre vision n'a plus le visible pour limite, mais l'invisible pour cachot, homogène, immédiat, indifférent, compact. » Près de l'eau, la nuit soulève une fraîcheur. Sur la peau du voyageur

---

1. *Cf.* George Sand, *Visions dans les campagnes*, pp. 248-249.

attardé court le frisson des eaux ; une réalité visqueuse est dans l'air. La nuit omniprésente, la nuit qui ne dort jamais éveille l'eau de l'étang qui dort toujours. Soudain on sent la présence de fantômes affreux qu'on ne voit pas. Dans les Ardennes, rapporte Bérenger-Féraud (*loc. cit.*, II, p. 43), il y a un esprit des eaux « appelé l'*oyeu* de Doby, qui a la forme d'un animal affreux *que personne n'a jamais vu* ». Qu'est-ce donc qu'une forme affreuse qu'on ne voit jamais ? C'est l'être qu'on regarde les yeux fermés, c'est l'être dont on parle quand on ne peut plus s'exprimer. La gorge se serre, les traits se convulsent, se gèlent dans une horreur indicible. Quelque chose de froid comme l'eau s'applique sur le visage. Le monstre, dans la nuit, est une méduse qui rit.

Mais le cœur n'est pas toujours alarmé. Il est des heures où l'eau et la nuit unissent leur douceur. René Char n'a-t-il pas goûté la matière nocturne, lui qui écrit : « Le miel de la nuit se consume lentement. » Pour une âme en paix avec elle-même, il semble que l'eau et la nuit prennent, ensemble, un parfum commun ; il semble que l'ombre humide ait un parfum d'une double fraîcheur. On ne sent bien les parfums de l'eau que la nuit. Le soleil a trop d'odeur pour que l'eau ensoleillée nous donne la sienne.

Un poète qui sait, dans toute la force du terme, se nourrir d'images connaîtra aussi la *saveur* de la nuit près des flots. Paul Claudel écrit dans *Connaissance de l'Est* : « La nuit est si calme qu'elle me paraît salée » (p. 110). La nuit est comme une eau plus légère qui parfois nous enveloppe de tout près et vient rafraîchir nos lèvres. Nous absorbons la nuit par ce qu'il y a d'hydrique en nous.

Pour une imagination matérielle bien vivante, pour une imagination qui sait prendre l'intimité matérielle du monde, les grandes substances de la nature : l'eau, la nuit, l'air ensoleillé sont déjà des substances de « haut goût ». Elles n'ont pas besoin du pittoresque des épices.

IV

L'union de l'eau et de la terre donne la pâte. La pâte est un des schèmes fondamentaux du matérialisme. Et il nous

a toujours paru étrange que la philosophie en ait négligé
l'étude. En effet, la pâte nous semble le schème du matérialisme vraiment intime où la forme est évincée, effacée,
dissoute. La pâte pose donc les problèmes du matérialisme sous des formes élémentaires puisqu'elle débarrasse
notre intuition du souci des formes. Le problème des
formes se pose alors en deuxième instance. La pâte donne
une expérience première de la matière.

Dans la pâte, l'action de l'eau est évidente. Quand le
pétrissage continuera, l'ouvrier pourra passer à la nature
spéciale de la terre, de la farine, du plâtre, mais, au début
de son travail, sa première pensée est pour l'eau. C'est
l'eau qui est sa première auxiliaire. C'est par l'activité de
l'eau que commence la première rêverie de l'ouvrier qui
pétrit. Aussi ne faut-il pas s'étonner que l'eau soit alors
rêvée dans une ambivalence active. Pas de rêverie sans
ambivalence, pas d'ambivalence sans rêverie. Or l'eau est
rêvée tour à tour dans son rôle émollient et dans son rôle
agglomérant. Elle délie et elle lie.

La première action est évidente. L'eau, comme on disait
dans les anciens livres de chimie, « tempère les autres
éléments ». En détruisant la sécheresse — l'œuvre du feu
— elle est vainqueur du feu ; elle prend sur le feu une
patiente revanche ; elle détend le feu ; en nous, elle apaise
la fièvre. Plus que le marteau, elle anéantit les terres, elle
attendrit les substances.

Et puis, le travail de la pâte continue. Quand on a pu
faire pénétrer vraiment l'eau dans la substance même de
la terre écrasée, quand la farine a bu l'eau et quand l'eau a
mangé la farine, alors commence l'expérience de « la
liaison », le long rêve de « la liaison ».

Ce pouvoir de *lier* substantivement, par la communauté
de liens intimes, l'ouvrier, en rêvant sa tâche, l'attribue
tantôt à la terre, tantôt à l'eau. En effet, dans bien des
inconscients, l'eau est aimée pour sa viscosité. L'expérience du visqueux rejoint des images organiques nombreuses : elles occupent sans fin le travailleur dans sa
longue patience du pétrissage.

C'est ainsi que Michelet peut nous apparaître comme un
adepte de cette chimie a priori, de cette chimie fondée sur
des rêveries inconscientes[1]. Pour lui, « l'eau de mer, même

---

1. Michelet, *La Mer*, p. 111.

la plus pure, prise au large, loin de tout mélange, est légèrement visqueuse... Les analyses chimiques n'expliquent pas ce caractère. Il y a là une substance organique qu'elles n'atteignent qu'en la détruisant, lui ôtant ce qu'elle a de spécial, et la ramenant violemment aux éléments généraux ». Il trouve alors sous sa plume, tout naturellement, le mot « mucus » pour achever cette rêverie mêlée où interviennent la viscosité et la mucosité : « Qu'est-ce que le *mucus* de la mer? La viscosité que présente l'eau en général? N'est-ce pas l'élément universel de la vie? »

Parfois aussi la viscosité est la trace d'une fatigue onirique; elle empêche le rêve d'avancer. Nous vivons alors des rêves gluants dans un milieu visqueux. Le kaléidoscope du rêve est rempli d'objets ronds, d'objets lents. Ces rêves mous, si l'on pouvait les étudier systématiquement, conduiraient à la connaissance d'une imagination mésomorphe, c'est-à-dire d'une imagination intermédiaire entre l'imagination formelle et l'imagination matérielle. Les objets du rêve mésomorphe ne prennent que difficilement leur forme, et puis ils la perdent, ils s'affaissent comme une pâte. A l'objet gluant, mou, paresseux, phosphorescent parfois — et non pas lumineux — correspond, croyons-nous, la densité ontologique la plus forte de la vie onirique. Ces rêves qui sont des rêves de pâte sont tour à tour une lutte ou une défaite pour créer, pour former, pour déformer, pour pétrir. Comme dit Victor Hugo : « Tout se déforme, même l'informe » (*Les Travailleurs de la Mer*, *Homo Edax*).

L'œil lui-même, la vision pure, se fatigue des solides. Il veut rêver la déformation. Si la vue accepte vraiment la liberté du rêve, tout s'écoule dans une intuition vivante. Les « montres molles » de Salvador Dali s'étirent, s'égouttent au coin d'une table. Elles vivent dans un espace-temps gluant. Comme des clepsydres généralisées, elles font « couler » l'objet soumis directement aux tentations de la monstruosité. Qu'on médite *La conquête de l'irrationnel*, et l'on comprendra que cet héraclitéisme pictural est sous la dépendance d'une rêverie d'une étonnante sincérité. De si profondes déformations ont besoin d'inscrire la déformation dans la substance. Comme le dit Salvador Dali, la « montre molle » est chair, elle est

fromage[1] ». Ces déformations sont souvent mal comprises
parce qu'elles sont vues statiquement. Certains critiques
stabilisés les prennent aisément pour des insanies. Ils n'en
vivent pas la force onirique profonde, ils ne participent
pas à l'imagination de riche viscosité qui donne parfois à
un clin d'œil le bénéfice d'une divine lenteur.

On trouverait dans l'esprit prescientifique des traces
nombreuses des mêmes songeries. Ainsi, pour Fabricius,
l'eau pure est déjà une colle ; elle contient une substance
qui est chargée, par l'inconscient, de *réaliser* la liaison en
œuvre dans la pâte : « L'eau a une matière visqueuse et
gluante qui fait qu'elle se prend aisément au bois, au fer, et
à d'autres corps rudes » (*loc. cit.*, p. 30).

Ce n'est pas seulement un savant sans renom comme
Fabricius qui pense avec de telles intuitions matérialistes.
On retrouvera la même théorie dans la chimie de Boerhaave. Boerhaave écrit dans ses *Élémens de Chymie* : « Les
pierres même et les briques, réduites en poudre et expo-
sées ensuite à l'action du Feu... donnent toujours quelque
peu d'Eau ; et même elles doivent en partie leur origine à
l'Eau, qui, comme de la colle, lie leurs parties les unes aux
autres » (trad., t. II, p. 562). Autrement dit, l'eau est la
colle universelle.

Cette *prise* de l'eau à la matière n'est pas pleinement
comprise si l'on se contente de l'observation visuelle. Il
faut y joindre une observation du tact. C'est un mot à deux
composantes sensibles. Il est intéressant de suivre l'action,
si effacée qu'elle soit, d'une expérience tactile qui vient
s'ajouter à l'observation visuelle. On rectifiera ainsi la
théorie de l'*homo faber* qui postule trop vite un accord
entre le travailleur et le géomètre, entre l'action et la
vision.

Nous proposerons donc de réintégrer dans la psychologie de l'*homo faber* à la fois les plus lointaines rêveries et
le plus dur labeur. La main aussi a ses rêves, elle a ses
hypothèses. Elle aide à connaître la matière dans son
intimité. Elle aide donc à la rêver. Les hypothèses de
« chimie naïve » qui naissent du travail à l'*homo faber* ont
au moins autant d'importance psychologique que les idées
de « géométrie naturelle ». Et même, comme ces hypo-

---

1. *Cf.* Salvador Dali, *La Conquête de l'irrationnel*, p. 25.

thèses préjugent de la matière plus intimement, elles donnent plus de profondeur à la rêverie. Dans le pétrissage, plus de géométrie, plus d'arête, plus de coupure. C'est un rêve continu. C'est un travail où l'on peut fermer les yeux. C'est donc une rêverie intime. Et puis, il est rythmé, durement rythmé, dans un rythme qui prend le corps entier. Il est donc vital. Il a le caractère dominant de la durée : le rythme.

Cette rêverie qui naît du travail des pâtes se met aussi forcément d'accord avec une volonté de puissance spéciale, avec la joie mâle de *pénétrer* dans la substance, de *palper l'intérieur* des substances, de connaître l'intérieur des grains, de vaincre la terre intimement, comme l'eau vainc la terre, de retrouver une force élémentaire, de prendre part au combat des éléments, de participer à une force dissolvante sans recours. Puis, l'action liante commence et le pétrissage avec son lent mais régulier progrès procure une joie spéciale, moins satanique que la joie de dissoudre ; la main directement prend conscience du succès progressif de l'union de la terre et de l'eau. Une autre durée s'inscrit alors dans la matière, une durée sans à-coups, sans élan, sans fin précise. Cette durée n'est donc pas *formée*. Elle n'a pas les divers *reposoirs* des ébauches successives que la contemplation trouve dans le travail des solides. Cette durée est un devenir substantiel, un devenir par le dedans. Elle aussi, elle peut donner un exemple objectif d'une durée intime. Durée pauvre, simple, rude, qu'il faut du labeur pour suivre. Durée anagénétique, quand même, durée qui monte, qui produit. C'est vraiment la durée laborieuse. Les vrais travailleurs sont ceux qui ont mis « la main à la pâte ». Il ont la volonté opérante, la volonté manuelle. Cette volonté très spéciale est visible aux ligatures de la main. Celui qui a écrasé le cassis et le raisin comprendra seul l'hymne au Soma : « Les dix doigts étrillent le coursier dans la cuve » (*Hymnes et Prières du Veda*, trad. Louis Renou, p. 44). Si Bouddha a cent bras, c'est qu'il est pétrisseur.

La pâte produit la *main dynamique* qui donne presque l'antithèse de la *main géométrique* de l'*homo faber* bergsonien. Elle est un organe d'énergie et non plus un organe de formes. La main dynamique symbolise l'imagination de la force.

En méditant les divers métiers qui pétrissent, on comprendrait mieux la *cause matérielle*, on en verrait les variétés. L'action modelante n'est pas suffisamment analysée par l'attribution des formes. L'effet de la matière n'est pas non plus suffisamment désigné par la résistance à l'action modelante. Tout travail des pâtes conduit à la conception d'une cause matérielle vraiment positive, vraiment agissante. C'est là une *projection* naturelle. C'est là un cas particulier de la pensée *projetante* qui transporte toutes les pensées, toutes les actions, toutes les rêveries de l'homme aux choses, de l'ouvrier à l'ouvrage. La théorie de l'*homo faber* bergsonien n'envisage que la *projection* des pensées claires. Cette théorie a négligé la *projection* des rêves. Les métiers qui taillent, qui coupent, ne donnent pas sur la matière une instruction assez intime. La projection y reste externe, géométrique. La matière ne peut même pas y jouer le rôle du support des actes. Elle n'est que le résidu des actes, ce que la taille n'a pas retranché. Le sculpteur devant son bloc de marbre est un servant scrupuleux de la cause formelle. Il trouve la forme par élimination de l'informe. Le modeleur devant son bloc d'argile trouve la forme par la déformation, par une végétation rêveuse de l'amorphe. C'est le modeleur qui est le plus près du rêve intime, du rêve végétant.

Est-il besoin d'ajouter que ce diptyque très simplifié ne doit pas faire croire que nous séparions effectivement les leçons de la forme et les leçons de la matière ? Le véritable génie les réunit. Nous avons évoqué nous-même dans *La Psychanalyse du Feu* des intuitions qui prouvent bien que Rodin a su aussi mener le rêve de la matière.

Faut-il s'étonner maintenant de l'enthousiasme des enfants pour l'expérience des pâtes ? Mme Bonaparte a rappelé le sens psychanalytique d'une semblable expérience. A la suite des psychanalystes qui ont isolé les déterminations anales, elle rappelle l'intérêt du jeune enfant et de certains névrosés pour leurs excréments[1]. Comme nous n'analysons, dans cet ouvrage, que des états psychiques plus évolués, plus directement adaptés aux expériences objectives et aux œuvres poétiques, nous

---

1. *Cf.* Marie Bonaparte, *loc. cit.*, p. 457.

devons caractériser le travail de pétrissage dans ses éléments purement actifs, en les dégageant de leur tare psychanalytique. Le travail des pâtes a une enfance régulière. Au bord de la mer, il semble que l'enfant, comme un jeune castor, suive les impulsions d'un instinct très général. Stanley Hall, rapporte Koffka[1], a remarqué chez les enfants des traits qui rappellent les ancêtres de l'époque lacustre.

Le limon est la poussière de l'eau, comme la cendre est la poussière du feu. Cendre, limon, poussière, fumée donneront des images qui échangeront sans fin leur matière. Par ces formes amoindries les matières élémentaires communiquent. Ce sont en quelque sorte les quatre poussières des quatre éléments. Le *limon* est une des matières les plus fortement valorisées. L'eau, semble-t-il, a, sous cette forme, apporté à la terre le principe même de la fécondité calme, lente, assurée. Aux bains de limon, à Acqui, Michelet dit, en ces termes, toute sa ferveur, toute sa foi en la régénération : « Dans un lac resserré où l'on concentre le limon, j'admirai le puissant effort des eaux qui, l'ayant préparé, tamisé dans la montagne, puis l'ayant coagulé, luttant contre leur œuvre même, à travers son opacité, voulant percer, le soulèvent de petits tremblements de terre, le percent de petits jets, des volcans microscopiques. Tel jet n'est que bulles d'air, mais tel autre permanent indique la constante présence d'un filet qui, gêné ailleurs, après mille et mille frottements, finit par vaincre, obtenir ce qui paraît le désir, l'effort de ces petites âmes, charmées de voir le soleil[2]. » A lire de telles pages, on sent en action une imagination matérielle irrésistible, qui, en dépit de toutes les dimensions, au mépris de toutes les images formelles, *projettera* des images uniquement dynamiques du *volcan microscopique*. Une telle imagination matérielle participe à la vie de toutes les substances, elle se prend à aimer le bouillonnement de la vase travaillée par les bulles. Alors toute chaleur, tout enveloppement est maternité. Et Michelet, devant ce limon noir, « limon nullement sale », se plongeant dans

1. Koffka, *The Growth of the Mind*, p. 43.
2. Jules Michelet, *La Montagne*, p. 109.

cette pâte vivante s'écrie : « Chère mère commune ! Nous sommes un. Je viens de vous, j'y retourne. Mais dites-moi donc franchement votre secret. Que faites-vous dans vos profondes ténèbres, d'où vous m'envoyez cette âme chaude, puissante, rajeunissante, qui veut me faire vivre encore ? Qu'y faites-vous ? — Ce que tu vois, ce que je fais sous tes yeux. Elle parlait distinctement, un peu bas, mais d'une voix douce, sensiblement maternelle. » Cette voix maternelle ne sort-elle pas vraiment de la substance ? de la matière elle-même ? La matière parle à Michelet par son intimité. Michelet saisit la vie matérielle de l'eau dans son essence, dans sa contradiction. L'eau « lutte contre son œuvre même ». C'est la seule manière de tout faire, de dissoudre et de coaguler.

Cette puissance bivalente restera toujours la base des convictions de la *fécondité continue*. Pour continuer, il faut réunir des contraires. Dans son livre sur *La déesse nature et la déesse vie*, M. Ernest Seillière note justement au passage que la végétation profuse du marécage est le symbole du tellurisme (p. 66). C'est le mariage substantiel de la terre et de l'eau, réalisé dans le marais, qui détermine la puissance végétale anonyme, grasse, courte et abondante. Une âme comme celle de Michelet a compris que le limon nous aidait à participer aux forces végétantes, aux forces régénératrices de la terre. Qu'on lise ces pages extraordinaires sur *sa vie enterrée*, quand il est plongé entièrement dans le limon onctueux. Cette terre, « je la sentais très bien caressante et compatissante, réchauffant son enfant blessé. Du dehors ? Au dedans aussi. Car elle pénétrait de ses esprits vivifiants, m'entrait et se mêlait à moi, m'insinuait son âme. L'identification devenait complète entre nous. Je ne me distinguais plus d'elle. A ce point qu'au dernier quart d'heure, ce qu'elle ne couvrait pas, ce qui me restait libre, le visage, m'était importun. Le corps enseveli était heureux, et c'était moi. Non enterrée, la tête se plaignait, n'était plus moi ; du moins, je l'aurais cru. Si fort était le mariage ! et plus qu'un mariage, entre moi et la Terre ! On aurait dit plutôt *échange de nature*. J'étais Terre, et elle était homme. Elle avait pris pour elle mon infirmité, mon péché. Moi, en devenant Terre, j'en avais pris la vie, la chaleur, la jeunesse » (p. 114). *L'échange de nature* du limon à la chair est ici un exemple complet de rêverie matérielle.

On aura la même impression de l'union organique de la terre et de l'eau en méditant cette page de Paul Claudel : « En avril, précédé par la floraison prophétique de la branche de prunier, commence sur toute la terre le travail de l'Eau, âcre servante du Soleil. Elle dissout, elle échauffe, elle ramollit, elle pénètre et le sel devient salive, persuade, mâche, mélange, et dès que la base est ainsi préparée, la vie part, le monde végétal par toutes ses racines recommence à tirer sur le fonds universel. L'eau acide des premiers mois peu à peu devient un épais sirop, un coup de liqueur, un miel amer tout chargé de puissances sexuelles [1]... »

L'argile aussi sera, pour bien des âmes, un thème de rêveries sans fin. L'homme se demandera sans fin de quel limon, de quelle argile il est fait. Car pour créer il faut toujours une argile, une matière plastique, une matière ambiguë où viennent s'unir la terre et l'eau. Ce n'est pas en vain que les grammairiens discutent pour savoir si argile est masculin ou féminin. Notre douceur et notre solidité sont contraires, elle demande des participations androgynes. La juste argile devrait déjà avoir assez de terre et assez d'eau. Qu'elle est belle cette page où O.V. de L.-Milosz [2] nous dit que nous sommes faits uniquement d'argile et de larmes. Un déficit de peines et de larmes, l'homme est sec, pauvre, maudit. Un peu trop de larmes, un manque de courage et de raidissement dans l'argile, c'est une autre misère : « Homme d'argile, les larmes ont noyé ta misérable cervelle. Les paroles sans sel coulent sur ta bouche comme l'eau tiède. »

Comme nous nous sommes promis, dans cet ouvrage, de saisir toutes les occasions pour développer la psychologie de l'imagination matérielle, nous ne voulons pas quitter les rêveries du pétrissage et du malaxage sans suivre une autre ligne de rêverie matérielle le long de laquelle on peut vivre la lente et difficile conquête de la forme par la matière rebelle. L'eau est ici absente. Dès lors, le travailleur se livrera, comme par hasard, à une *parodie* des œuvres végétales. Cette parodie de la puissance hydrique

1. Paul Claudel, *L'Oiseau noir dans le Soleil levant*, p. 242.
2. O.V. de L.-Milosz, *Miguel Mañara*, p. 75.

nous aidera un peu à comprendre la puissance de l'eau imaginaire. Nous voulons parler de la rêverie de l'âme forgeronne.

La rêverie forgeronne est tardive. Comme le travail part du solide, l'ouvrier est d'abord conscience d'une volonté. C'est d'abord la volonté qui entre en scène ; ensuite la ruse qui, par le feu, va conquérir la malléabilité. Mais quand la déformation s'annonce sous le marteau, quand les barres se courbent, quelque chose du rêve des déformations s'introduit dans l'âme du travailleur. Alors s'ouvrent peu à peu les portes de la rêverie. Alors naissent les *fleurs de fer*. C'est de l'extérieur sans doute qu'elles imitent les gloires végétales, mais si l'on suit avec plus de sympathie la parodie de leurs inflexions, on sent qu'elles ont reçu de l'ouvrier une force végétante intime. Après sa victoire, le marteau du forgeron caresse, à petits coups, la volute. Un rêve de mollesse, je ne sais quel souvenir de fluidité s'emprisonne dans un fer forgé. Les rêves qui ont vécu dans une âme continuent de vivre dans ses œuvres. La grille, longtemps travaillée, reste une haie vive. Le long de ses tiges continue à monter un houx un peu plus dur, un peu plus terne que le houx naturel. Et pour qui sait rêver aux confins de l'homme et de la nature, pour qui sait jouer de toutes les inversions poétiques, le houx des champs n'est-il pas déjà un raidissement du végétal, un fer forgé ?

Cette évocation de l'âme forgeronne peut d'ailleurs nous servir à présenter la rêverie matérielle sous un aspect nouveau. Pour amollir le fer, il faut sans doute un géant ; mais le géant fera place à des nains quand il faudra distribuer dans les fleurs du fer la minutie des inflexions. Le gnome sort alors vraiment du métal. En effet, la mise en miniature de tous les êtres fantomatiques est une forme imagée de la rêverie des éléments. Les êtres qu'on découvre sous une motte de terre, dans l'angle d'un cristal, sont incrustés dans la matière ; ils sont les forces élémentaires de la matière. On les réveille si l'on rêve, non pas devant l'objet, mais devant sa substance. Le *petit* joue un rôle de substance devant le *grand* ; le *petit* est la structure intime du *grand* ; le *petit*, même s'il paraît simplement formel en s'enfermant dans le *grand*, en s'incrustant, se matérialise. En effet, la rêverie vraiment formelle se développe en organisant des objets d'assez grandes dimensions. Elle foisonne. Au contraire, la rêverie matérielle damasquine ses objets. Elle grave. Toujours c'est elle qui grave. Elle descend, en continuant les rêves du travailleur, jusqu'au fond des substances.

La rêverie matérielle conquiert donc une intimité même à l'égard des substances les plus dures, les plus hostiles au rêve de pénétration. Elle est naturellement plus à son aise dans le travail de la pâte qui livre une dynamique à la fois aisée et circonstanciée de la pénétration. Nous n'avons évoqué la rêverie forgeronne que pour mieux faire sentir la douceur de la rêverie pétrissante, les joies de la pâte amollie, la reconnaissance aussi du pétrisseur, du rêveur, pour l'eau qui donne toujours un succès sur la matière compacte.

On n'en finirait pas si l'on voulait suivre les songeries de l'*homo faber* qui s'abandonne à l'imagination des matières. Jamais une matière ne lui semblera assez travaillée parce qu'il n'a jamais fini de la rêver. Les formes s'achèvent. Les matières, jamais. La matière est le schème des rêves indéfinis.

CHAPITRE V

L'EAU MATERNELLE ET L'EAU FÉMININE

... et, comme aux temps anciens,
tu pourrais dormir dans la mer.

PAUL ÉLUARD,
Les Nécessités de la vie.

I

Comme nous l'avons indiqué dans un chapitre anté-
rieur, Mme Bonaparte a interprété, dans les sens des
souvenirs d'enfance, de la toute première enfance, l'attachement d'Edgar Poe pour certains tableaux imaginaires
très typiques. Une des parties de l'étude psychanalytique
de Mme Bonaparte est intitulée : *Le cycle de la mère-
paysage.* Quand on suit l'inspiration de l'enquête psychanalytique, on comprend bien vite que les traits objectifs du
paysage sont insuffisants pour expliquer le sentiment de la
nature, si ce sentiment est profond et vrai. Ce n'est pas la
connaissance du réel qui nous fait aimer passionnément le
réel. C'est le *sentiment* qui est la valeur fondamentale et
première. La nature, on commence par l'aimer sans la
connaître, sans la bien voir, en réalisant dans les choses un
amour qui se fonde ailleurs. Ensuite, on la cherche en
détail parce qu'on l'aime en gros, sans savoir pourquoi. La
description enthousiaste qu'on en donne est une preuve
qu'on l'a regardée avec passion, avec la constante curiosité de l'amour. Et si le sentiment pour la nature est si

durable dans certaines âmes, c'est que, dans sa forme originelle, il est à l'origine de tous les sentiments. C'est le sentiment filial. Toutes les formes d'amour reçoivent une composante de l'amour pour une mère. La nature est pour l'homme grandi, nous dit Mme Bonaparte, « une mère immensément élargie, éternelle et projetée dans l'infini » (p. 363). Sentimentalement, la nature est une *projection* de la mère. En particulier, ajoute Mme Bonaparte : « La mer est pour tous les hommes l'un des plus grands, des plus constants symboles maternels » (p. 367). Et Edgar Poe offre un exemple particulièrement net de cette projection, de cette symbolisation. A ceux qui objecteront qu'Edgar Poe enfant a bien pu trouver *directement* les joies marines, aux réalistes qui méconnaissent l'importance de la *réalité psychologique*, Mme Bonaparte répond : « La mer-réalité, à elle seule, ne suffirait pas à fasciner, comme elle le fait, les humains. La mer chante pour eux un chant à deux portées dont la plus haute, la plus superficielle, n'est pas la plus enchanteresse. C'est le chant profond... qui a, de tout temps, attiré les hommes vers la mer. » Ce chant profond est la voix maternelle, la voix de notre mère : « Ce n'est pas parce que la montagne est verte ou la mer bleue que nous l'aimons, même si nous donnons ces raisons à notre attrait, c'est parce que quelque chose de nous, de nos souvenirs inconscients, en la mer bleue ou la montagne verte, trouve à se réincarner. Et ce quelque chose de nous, de nos souvenirs inconscients, est toujours et partout issu de nos amours d'enfance, de ces amours qui n'allaient d'abord qu'à la créature, en premier lieu à la créature-abri, à la créature-nourriture que fut la mère ou la nourrice... » (p. 371).

En résumé, l'amour filial est le premier principe actif de la projection des images, c'est la force projetante de l'imagination, force inépuisable qui s'empare de toutes les images pour les mettre dans la perspective humaine la plus sûre : la perspective maternelle. D'autres amours viendront bien entendu se greffer sur les premières forces aimantes. Mais toutes ces amours ne pourront jamais détruire la priorité historique de notre premier sentiment. La chronologie du cœur est indestructible. Par la suite, plus un sentiment d'amour et de sympathie sera métaphorique, plus il aura besoin d'aller puiser des forces dans le sentiment fondamental. Dans ces conditions, *aimer* une image, c'est toujours *illustrer* un amour ; aimer une image c'est trouver sans le savoir une métaphore nouvelle pour un amour ancien. Aimer l'univers *infini*, c'est donner un sens matériel, un sens objectif à l'*infinité* de l'amour pour une mère. Aimer un paysage *solitaire*, quand nous sommes abandonné de tous, c'est compenser une absence douloureuse, c'est nous souvenir de celle qui n'abandonne pas... Dès qu'on aime de toute son âme une réalité, c'est que cette réalité est déjà une âme, c'est que cette réalité est un souvenir.

II

Nous allons essayer de rejoindre ces remarques générales en partant du point de vue de l'imagination matérielle. Nous allons voir que la créature qui nous nourrit de son lait, de sa propre substance marque de son signe ineffaçable des images très diverses, très lointaines, très extérieures et que ces images ne peuvent être correctement analysées par les thèmes habituels de l'imagination formelle. En gros, nous montrerons que ces images très valorisées ont plus de matière que de formes. Pour faire cette preuve, nous allons étudier d'un peu plus près les images littéraires qui prétendent forcer les eaux naturelles, l'eau des lacs et des rivières, l'eau des mers elles-mêmes, à recevoir les apparences laiteuses, les métaphores lactées. Nous montrerons que ces métaphores *insensées* illustrent un amour inoubliable.

Comme nous en avons déjà fait la remarque, pour l'imagination matérielle, tout liquide est une eau. C'est un principe fondamental de l'imagination matérielle qui oblige à mettre à la racine de toutes les images substantielles un des éléments primitifs. Cette remarque est déjà justifiée visuellement, dynamiquement : pour l'imagination, tout ce qui *coule* est de l'eau ; tout ce qui coule participe à la nature de l'eau, dirait un philosophe. L'épithète de l'eau *coulante* est si forte qu'elle crée toujours et partout son substantif. La couleur importe peu ; elle ne donne qu'un adjectif ; elle ne désigne qu'une variété. L'imagination matérielle va tout de suite à la qualité substantielle.

Si maintenant nous poussons plus loin notre enquête dans l'inconscient, en examinant le problème dans le sens psychanalytique, nous devrons dire que toute eau est un lait. Plus précisément, toute boisson heureuse est un lait maternel. Nous avons là l'exemple d'une explication à deux étages de l'imagination matérielle, à deux degrés successifs de profondeur inconsciente : d'abord tout liquide est une eau ; ensuite toute eau est un lait. Le rêve a une racine pivotante qui descend dans le grand inconscient simple de la vie enfantine primitive. Il a aussi tout un réseau de racines fasciculées qui vivent dans une couche plus superficielle. C'est cette région superficielle où se mêlent le conscient et l'inconscient que nous avons surtout étudiée dans nos ouvrages sur l'imagination. Mais il est temps de montrer que la zone profonde est toujours active et que l'image matérielle du lait soutient les images, plus conscientes, des eaux. Les premiers centres d'intérêt sont constitués par un intérêt organique. C'est le centre d'un intérêt organique qui centralise d'abord les images adventives. On arriverait à la même conclusion si l'on examinait comment se valorise progressivement le langage. La première syntaxe obéit à une sorte de grammaire des besoins. Le lait est alors, dans l'ordre de l'expression des réalités liquides, le premier substantif, ou, plus précisément, le premier substantif buccal.

Remarquons, en passant, qu'aucune des valeurs qui s'attachent à la bouche n'est refoulée. La bouche, les lèvres, voilà le terrain du premier bonheur positif et précis, le terrain de la sensualité permise. La psychologie des lèvres mériterait, à elle seule, une longue étude.

A l'abri de cette sensualité permise, insistons un peu sur l'examen de la région psychanalytique et donnons quelques exemples qui prouvent le caractère fondamental de la « maternité » des eaux.

De toute évidence, c'est l'image directement humaine du lait qui est le support psychologique de l'hymne védique cité par Saintyves : « Les eaux qui sont nos mères et qui désirent prendre part aux sacrifices viennent à nous en suivant leurs voies et nous distribuent leur lait[1]. » On

1. Saintyves, *Folklore des eaux*, p. 54. *Cf.* aussi Louis Renou, *Hymnes et Prières du Veda*, p. 33 : « Il inonde le sol, la terre et le ciel même, Varuna — lorsqu'il souhaite le lait. »

se tromperait, en effet, si l'on ne voyait là qu'une image
philosophique vague rendant grâce à la divinité pour les
bienfaits de la nature. L'adhésion est beaucoup plus
intime et l'on doit, croyons-nous, donner à l'image l'inté-
grité absolue de son réalisme. On pourrait dire que, pour
l'imagination matérielle, l'eau comme le lait est un aliment complet. L'hymne rapporté par Saintyves continue :
« L'ambroisie est dans les eaux, les herbes médicinales
sont dans les eaux... Eaux, amenez à la perfection tous les
remèdes qui chassent les maladies, afin que mon corps
éprouve vos heureux effets et que je puisse longtemps voir
le soleil. »

L'eau est un lait dès qu'elle est chantée avec ferveur, dès
que le sentiment d'adoration pour la maternité des eaux
est passionné et sincère. Le ton hymnique, s'il anime un
cœur sincère, ramène, avec une curieuse régularité,
l'image primitive, l'image védique. Dans un livre qui se
croit objectif, presque savant, Michelet, en livrant son
Anschauung de la Mer, retrouve tout naturellement
l'image de la mer de lait, de la mer vitale, de la mer
nourriture : « Ces eaux nourrissantes sont denses de toutes
sortes d'atomes gras, appropriés à la molle nature du
poisson, qui paresseusement ouvre la bouche et aspire,
nourri comme un embryon au sein de la mère commune.
Sait-il qu'il avale? A peine. La nourriture microscopique
est comme un lait qui vient à lui. La grande fatalité du
monde, la faim, n'est que pour la terre ; ici, elle est préve-
nue, ignorée. Aucun effort de mouvement, nulle recherche
de nourriture. La vie doit flotter comme un rêve[1]. »
N'est-ce pas de toute évidence le rêve d'un enfant rassasié,
d'un enfant qui flotte dans son bien-être? Sans doute,
Michelet a *rationalisé*, de bien des façons, l'image qui
l'enchante. Pour lui, comme nous l'avons dit plus haut,
l'eau de mer est un *mucus*. Elle a déjà été travaillée et
enrichie par l'action vitale des êtres microscopiques qui
ont apporté « des éléments doux et féconds » (p. 115). « Ce
dernier mot ouvre une vue profonde sur la vie de la mer.
Ses enfants, pour la plupart, semblent des fœtus à l'état
gélatineux qui absorbent et qui produisent la matière
muqueuse, en comblent les eaux, leur donnent la féconde

1. Michelet, *La Mer*, p. 109.

douceur d'une matrice infinie où sans cesse de nouveaux enfants viennent nager comme en un lait tiède. » Tant de douceur, tant de tiédeur sont des marques révélatrices. Rien ne les suggère *objectivement*. Tout les justifie *subjectivement*. La plus grande réalité correspond d'abord à ce que l'on mange. L'eau de mer est bientôt, pour la vision panbiologique de Michelet, « l'eau animale », le premier aliment de tous les êtres.

Enfin, la meilleure preuve que l'image « *nourricière* » commande toutes les autres images, c'est que Michelet n'hésite pas, sur le plan cosmique, à passer du lait au sein : « De ses caresses assidues, arrondissant le rivage [la mer] lui donna les contours maternels, et j'allais dire la tendresse visible du sein de la femme, ce que l'enfant trouve si doux, abri, tiédeur et repos[1]. » Au fond de quel golfe, devant quel cap arrondi, Michelet aurait-il pu *voir* l'image d'un sein de femme s'il n'avait pas d'abord été conquis, repris par une force de l'imagination matérielle, par la puissance de l'image substantielle du lait ? Devant une métaphore aussi osée, pas d'autre explication que celle qui s'appuie sur le principe de l'imagination matérielle : *c'est la matière qui commande la forme*. Le sein est arrondi parce qu'il est gonflé de lait.

La poésie de la mer chez Michelet est donc une rêverie qui vit dans une zone profonde. La mer est maternelle, l'eau est un lait prodigieux ; la terre prépare en ses matrices un aliment tiède et fécond ; sur les rivages se gonflent des seins qui donneront à toutes les créatures *des atomes gras*. L'optimisme est une abondance.

III

Il peut sembler que l'affirmation de cette adhésion immédiate à une image maternelle pose incorrectement le problème des images et des métaphores. Pour nous contredire, on insistera sur ce fait que la simple vision, que la seule contemplation des spectacles de la nature paraissent bien, elles aussi, imposer des images directes. On objectera, par exemple, que de très nombreux poètes inspirés

1. Michelet, *La Mer*, p. 124.

par une vision tranquille, nous disent la beauté lactée d'un lac paisible éclairé par la lune. Discutons donc cette image si familière à la poésie des eaux. Quoiqu'elle soit, en apparence, très défavorable à nos thèses sur l'imagination matérielle, elle va finalement nous prouver que c'est par la matière et non par les formes et les couleurs qu'on peut expliquer la séduction qu'elle exerce sur les poètes les plus différents.

Comment, en effet, conçoit-on physiquement la réalité de cette image? Autrement dit, quelles sont les conditions objectives qui déterminent la production de cette image particulière?

Pour que l'image lactée se présente à l'imagination devant un lac endormi sous la lune, il faut que la clarté lunaire soit diffuse — il faut une eau faiblement agitée, mais tout de même assez agitée pour que la surface ne reflète plus crûment le paysage éclairé par les rayons — il faut, en somme, que l'eau passe de la transparence à la translucidité, qu'elle devienne doucement opaque, qu'elle s'opalise. Mais c'est là tout ce qu'elle peut faire. Cela suffit-il vraiment pour qu'on pense à une jatte de lait, au seau écumeux de la fermière, au lait *objectif*? Il ne le semble pas. On doit donc confesser que l'image n'a ni son principe, ni sa force du côté de la donnée visuelle. Pour justifier la conviction du poète, pour justifier la fréquence et le naturel de l'image, on doit intégrer à l'image des composantes qu'on ne *voit* pas, des composantes dont la nature n'est pas *visuelle*. Ce sont précisément les composantes par lesquelles se manifestera l'imagination matérielle. Seule, une psychologie de l'imagination matérielle pourra expliquer cette image dans sa totalité et sa vie réelles. Essayons donc d'intégrer toutes les composantes qui mettent en action cette image.

Quelle est donc au fond cette image d'une eau laiteuse? C'est l'image d'une nuit tiède et heureuse, l'image d'une matière claire et enveloppante, une image qui prend à la fois l'air et l'eau, le ciel et la terre et qui les unit, une image cosmique, large, immense, douce. Si on la vit vraiment, on reconnaît que ce n'est pas le monde qui est baigné dans la clarté laiteuse de la lune, mais bien le spectateur qui baigne dans un bonheur si physique et si sûr qu'il rappelle le plus ancien bien-être, la plus douce des nourritures.

Aussi, jamais le lait de la rivière ne sera glacé. Jamais un poète ne nous dira que la lune d'hiver verse une lumière laiteuse sur les eaux. La tiédeur de l'air, la douceur de la lumière, la paix de l'âme sont nécessaires à l'image. Voilà les composantes matérielles de l'image. Voilà les composantes fortes et primitives. *La blancheur ne viendra qu'après*. Elle sera déduite. Elle se présentera comme un adjectif amené par le substantif, après le substantif. Dans le règne des rêves, l'ordre des mots qui veut qu'une couleur soit blanche comme du lait est trompeur. Le rêveur prend d'abord le lait, son œil ensommeillé en voit ensuite, quelquefois, la blancheur.

Et sur la blancheur, dans le règne de l'imagination, on ne sera pas difficile. Qu'un rayon doré de la lune s'ajoute sur la rivière, l'imagination formelle et superficielle des couleurs n'en sera pas troublée. L'imagination de la surface verra blanc ce qui est jaune parce que l'image matérielle du lait est assez intense pour continuer au fond du cœur humain son doux progrès, pour achever de *réaliser* le calme du rêveur, pour donner une matière, une substance à une impression heureuse. Le lait est le premier des calmants. Le calme de l'homme imprègne donc de lait les eaux contemplées. Dans *Éloges*, Saint-John Perse écrit :

> ... Or ces eaux calmes sont de lait
> et tout ce qui s'épanche aux solitudes molles du matin.

Un torrent écumeux, si blanc qu'il soit, n'aura jamais un tel privilège. La couleur n'est donc vraiment rien quand l'imagination matérielle rêve à ses éléments primitifs.

L'*imaginaire* ne trouve pas ses racines profondes et nourricières dans les *images*; il a d'abord besoin d'une *présence* plus prochaine, plus enveloppante, plus matérielle. La réalité imaginaire s'évoque avant de se décrire. La poésie est toujours un vocatif. Elle est, comme dirait Martin Buber, de l'ordre du *Tu* avant d'être de l'ordre du *Cela*. Ainsi la *Lune* est, dans le règne poétique, matière avant d'être forme, elle est un fluide qui pénètre le rêveur. L'homme, dans son état de poésie naturelle et première, « ne pense pas à la lune qu'il voit toutes les nuits, jusqu'à la nuit où, dans le sommeil ou dans la veille, elle vient vers lui, s'approche de lui, l'ensorcelle par ses gestes ou lui donne plaisir ou peine par ses attouchements. Ce qu'il conserve, ce n'est pas l'image d'un disque lumineux ambulant, ni celle d'un être démoniaque qui y serait attaché en quelque façon, mais d'abord l'image motrice, l'*image émotive*, du fluide lunaire qui traverse le corps[1]... ».

Comment mieux dire que la lune est « une influence » au sens astrologique du terme, une matière cosmique qui, à certaines heures, imprègne l'univers et lui donne une matérielle unité ?

Le caractère cosmique des souvenirs organiques ne doit d'ailleurs pas nous surprendre dès qu'on a compris que l'imagination matérielle est une imagination première. Elle imagine la création et la vie des choses avec les lumières vitales, avec les certitudes de la sensation immédiate, c'est-à-dire en écoutant les grandes leçons cénesthésiques de nos organes. Nous avons déjà été surpris par le caractère étonnamment direct de l'imagination d'Edgar Poe. Sa *géographie*, c'est-à-dire sa méthode de rêver la terre, est marquée au même coin. Aussi, c'est en rendant sa juste fonction à l'imagination matérielle qu'on comprendra le sens profond de l'exploration de Gordon Pym dans les mers polaires, mers qu'Edgar Poe, est-il besoin de le dire, n'a jamais visitées. Edgar Poe décrit en ces termes la mer singulière : « La chaleur de l'eau était alors vraiment remarquable, et sa couleur, subissant une altération rapide, perdit bientôt sa transparence et prit une nuance opaque et laiteuse. » Notons, au passage, que l'eau devient laiteuse, suivant la remarque faite plus haut, en perdant sa transparence. « A proximité de nous, continue Edgar Poe, la mer était habituellement unie, jamais assez rude pour mettre le canot en danger, — mais nous étions souvent étonnés d'apercevoir, à notre droite et à notre gauche, à différentes distances, de soudaines et vastes agitations... » (p. 270). Trois jours plus tard, l'explorateur du pôle Sud écrit encore : « La chaleur de l'eau était excessive (il s'agit pourtant d'une eau polaire), et sa nuance laiteuse plus évidente que jamais » (p. 271). On n'a plus affaire, on le voit, à la mer prise en son ensemble, dans un aspect général, mais à l'eau prise en sa matière, en sa substance qui est à la fois chaude et blanche. Elle est blanche parce qu'elle est tiède. On a remarqué sa chaleur avant sa blancheur.

---

1. Martin Buber, *Je et Tu*, trad. Geneviève Bianquis, p. 40.

De toute évidence, au lieu d'un spectacle, c'est un souvenir qui inspire le conteur ; un souvenir heureux, le plus tranquille et le plus apaisant des souvenirs, le souvenir du lait nourricier, le souvenir du giron maternel. Tout le prouve dans la page qui se termine en rappelant même le doux abandon de l'enfant rassasié, de l'enfant qui s'endort sur le sein de sa nourrice. « L'hiver polaire approchait évidemment, — mais il approchait sans son cortège de terreurs. Je sentais un engourdissement de corps et d'esprit, — une propension étonnante à la rêverie... » Le réalisme dur de l'hiver polaire est vaincu. Le lait imaginaire a rempli son office. Il a engourdi l'âme et le corps. L'explorateur est désormais un rêveur qui se souvient.

Des images directes, souvent très belles — belles d'une beauté interne, d'une beauté matérielle — n'ont pas d'autres origines. Par exemple, pour Paul Claudel, qu'est-ce que le fleuve ? « Il est la liquéfaction de la substance de la terre, il est l'éruption de l'eau liquide enracinée au plus secret de ses replis, du lait sous la traction de l'Océan qui tette [1]. » Ici encore, qu'est-ce qui commande ? la forme ou la matière ? le dessin géographique du fleuve avec le mamelon de son delta ou bien le liquide même, le liquide de la psychanalyse organique, le lait ? Et par quel truchement le lecteur *participera*-t-il à l'image du poète, sinon par une interprétation essentiellement substantialiste, en dynamisant humainement l'embouchure du fleuve accolée à l'Océan qui tette ?

Une fois de plus nous voyons que toutes les grandes valeurs substantielles, tous les mouvements humains valorisés montent sans difficulté au niveau cosmique. De l'imagination du lait à l'imagination de l'Océan il y a mille passages parce que le lait est une valeur d'imagination qui trouve en toute occasion un essor. C'est encore Claudel qui écrit : « Et le lait dont Isaïe nous dit qu'il est en nous *comme l'inondation de la mer* [2]. » Le lait ne nous a-t-il pas comblé, submergé d'un bonheur sans limite ? On trouverait vivante dans le spectacle d'une grande pluie d'été, chaude et fécondante, l'image d'un déluge de lait.

1. Paul Claudel, *Connaissance de l'Est*, p. 251.
2. *Ibid.*, *L'Épée et le Miroir*, p. 37.

La même image matérielle, bien ancrée au cœur des hommes, variera sans fin ses formes dérivées. Mistral chante dans *Mireille* (Chant quatrième) :

> *Vengue lou tèms que la marino*
> *Abauco sa fièro peitrino*
> *Et respiro plan plan de touti si mamère...*

« Vienne le temps où la mer — apaise sa fière poitrine — et respire lentement de toutes ses mamelles... » Tel sera le spectacle d'une mer laiteuse qui doucement s'apaise : elle sera la mère au sein innombrable, au cœur innombrable.

C'est parce que l'eau est un lait, pour l'inconscient, qu'elle est prise si souvent, au cours de l'histoire de la pensée scientifique, pour un principe éminemment *nutritif*. N'oublions pas que, pour l'esprit préscientifique, la nutrition est une fonction *explicative* loin d'être une fonction à expliquer. De l'esprit préscientifique à l'esprit scientifique s'opérera une inversion dans l'explication du biologique et du chimique. On tentera, dans l'esprit scientifique, d'expliquer le biologique par le chimique. La pensée préscientifique, plus près de la pensée inconsciente, expliquait le chimique par le biologique. Ainsi « la digestion » des substances chimiques dans un « digesteur » était, pour un alchimiste, une opération d'une clarté insigne. La chimie, doublée ainsi des intuitions biologiques simples, est en quelque manière doublement naturelle. Elle monte sans peine du microcosme au macrocosme, de l'homme à l'univers. L'eau qui désaltère l'homme abreuve la terre. L'esprit préscientifique pense concrètement des images que nous prenons pour de simples métaphores. Il pense vraiment que la terre *boit* l'eau. Pour Fabricius, en plein XVIIIe siècle, l'eau est conçue comme servant « à nourrir la terre et l'air ». Elle passe donc au rang d'élément nourricier. C'est la plus grande des valeurs matérielles élémentaires.

IV

Une psychanalyse complète de la boisson devrait présenter la dialectique de l'alcool et du lait, du feu et de l'eau : Dionysos contre Cybèle. On pourrait alors se rendre compte que certains éclectismes de la vie consciente, de la vie policée, deviennent impossibles dès qu'on revit les valorisations de l'inconscient, dès qu'on se réfère aux valeurs premières de l'imagination matérielle. Par exemple, dans *Henri d'Ofterdingen*, Novalis nous dit (trad., p. 16) que le père d'Henri va demander dans une habitation « un verre de vin ou de lait ». Comme si, dans un récit qui implique tant de mythes, un inconscient dynamisé pouvait hésiter ! Quelle mollesse hermaphrodite ! Dans la vie seule, avec la politesse qui cache les exigences premières, on peut demander « un verre de vin *ou* un verre de lait ». Mais dans le rêve, dans les véritables mythes, on demande toujours ce que l'on veut. On sait toujours ce qu'on veut boire. On boit toujours la même chose. Ce que l'on boit en rêve est une marque infaillible pour désigner le rêveur.

Une psychanalyse de l'imagination matérielle plus profonde que la présente étude devrait entreprendre une psychologie des boissons et des philtres. Il y a bientôt cinquante ans, Maurice Kufferath disait déjà : « *Le boire amoureux* (le Liebestrank) est, en réalité, l'image même du grand mystère de la vie, la représentation plastique de l'amour, de son insaisissable éclosion, de son puissant devenir, de son passage du rêve à la pleine conscience par laquelle, enfin, nous apparaît son essence tragique [1]. » Et contre les critiques littéraires qui reprochaient à Wagner l'intervention de cette « médecine », Kufferath objectait justement : « Le pouvoir magique du philtre ne joue aucun rôle *physique*, son rôle est purement *psychologique* » (p. 148). Ce mot *psychologique* est toutefois un mot trop global. Au temps où écrivait Kufferath, la psychologie ne disposait pas des multiples moyens d'étude qu'elle possède aujourd'hui. La zone de l'oubli est bien plus différenciée qu'on ne l'imaginait il y a cinquante ans. L'imagination des philtres est donc susceptible d'une grande variété. Nous ne pouvons songer à la développer incidemment. Notre tâche, dans ce livre, est d'insister sur les matières fondamentales. Insistons donc seulement sur la boisson fondamentale.

L'intuition de la boisson fondamentale, de l'eau nourri-

---

1. Maurice Kufferath, *Tristan et Iseult*, p. 149.

cière comme un lait, de l'eau conçue comme l'élément
nutritif, comme l'élément qu'on digère avec évidence, est
si puissante que c'est peut-être avec l'eau ainsi *maternisée*
qu'on comprend le mieux la notion fondamentale d'élément. L'élément liquide apparaît alors comme un ultra-
lait, le lait de la mère des mères. Paul Claudel, dans les
Cinq Grandes Odes (p. 48), brutalise en quelque sorte les
métaphores pour aller d'une manière fougueuse, immédiate, à l'essence.

« Vos sources ne sont point des sources. L'élément
même !

« La matière première ! C'est la mère, je dis, qu'il me
faut ! »

Qu'importe le jeu des eaux dans l'Univers, dit le poète
ivre d'essence première, qu'importent les transformations
et la distribution des eaux :

« Je ne veux pas de vos eaux arrangées, moissonnées par
le soleil, passées au filtre et à l'alambic, distribuées par
l'énergie des monts,

« Corruptibles, coulantes. »

Claudel va prendre l'élément liquide qui ne s'écoulera
plus, portant la dialectique de l'être dans la substance
même. Il veut saisir l'élément enfin possédé, choyé,
retenu, intégré à nous-mêmes. A l'héracliteisme des
formes visuelles succède le fort réalisme d'un fluide essentiel, d'une mollesse pleine, d'une chaleur égale à nous-
mêmes et qui pourtant nous réchauffe, d'un fluide qui
s'irradie, mais qui laisse cependant la joie d'une possession totale. Bref, l'eau réelle, le lait maternel, la mère
inamovible, la Mère.

V

Cette valorisation substantielle qui fait de l'eau un lait
inépuisable, le lait de la nature Mère, n'est pas la seule
valorisation qui marque l'eau d'un caractère profondément féminin. Dans la vie de tout homme, ou du moins
dans la vie rêvée de tout homme, apparaît la seconde
femme : l'amante, ou l'épouse. La seconde femme va aussi
être projetée sur la nature. A côté de la mère-paysage
prendra place la femme-paysage. Sans doute les deux

natures projetées pourront interférer ou se recouvrir. Mais il est des cas où l'on pourra les distinguer. Nous allons donner un cas où la projection de la femme-nature est très nette. En effet, un rêve de Novalis va nous apporter de nouvelles raisons pour affirmer le substantialisme féminin de l'eau.

Après avoir trempé ses mains et humecté ses lèvres dans un bassin rencontré en son rêve, Novalis est pris d'un « désir insurmontable de se baigner ». Aucune *vision* ne l'y invite. C'est la *substance* même qu'il a touchée de ses mains et de ses lèvres qui l'appelle. Elle l'appelle *matériellement*, en vertu, semble-t-il, d'une participation magique.

Le rêveur se déshabille et descend dans le bassin. Alors seulement les images viennent, elles sortent de la matière, elles naissent, comme d'un germe, d'une réalité sensuelle primitive, d'une ivresse qui ne sait pas encore se projeter : « De toutes parts surgissaient des images inconnues qui se fondaient, également, l'une dans l'autre, pour devenir des êtres visibles et entourer [le rêveur], de sorte que chaque onde du délicieux élément se collait à lui étroitement ainsi qu'une douce poitrine. Il semblait que dans ce flot se fût dissous un groupe de charmantes filles qui, pour un instant, redevenaient des corps au contact du jeune homme[1]. »

Page merveilleuse d'une imagination profondément matérialisée, où l'eau, — en son volume, en sa masse, — et non plus dans la simple féerie de ses reflets, apparaît comme *de la jeune fille dissoute*, comme une *essence liquide de jeune fille*, « eine Auflösung reizender Mädchen ».

Les formes féminines naîtront de la substance même de l'eau, au contact de la poitrine de l'homme, quand, semble-t-il, le désir de l'homme se précisera. Mais *la substance voluptueuse* existe avant les formes de la volupté.

Nous méconnaîtrions un des caractères singuliers de l'imagination de Novalis, si nous lui attribuions trop rapidement un *complexe du Cygne*. Il faudrait pour cela avoir la preuve que les images primitives sont les images visibles. Or, il ne semble pas que les visions soient actives.

---

1. Novalis, *Henri d'Ofterdingen*, trad. Albert, p. 9.

Les charmantes jeunes filles ne tardent pas à se redissoudre dans l'élément et le rêveur « enivré de ravissement » continue son voyage sans vivre aucune aventure avec les jeunes filles éphémères.

Les êtres du rêve, chez Novalis, n'existent donc que lorsqu'on les touche, l'eau devient femme seulement contre la poitrine, elle ne donne pas des images lointaines. Ce caractère physique très curieux de certains rêves novalisiens nous semble mériter un nom. Au lieu de dire que Novalis est un *Voyant* qui voit l'invisible, nous dirions volontiers que c'est un *Touchant* qui touche l'intouchable, l'impalpable, l'irréel. Il va plus au fond que tous les rêveurs. Son rêve est un rêve dans un rêve, non pas dans le sens éthéré, mais dans le sens de la profondeur. Il s'endort dans son sommeil même, il vit un sommeil dans le sommeil. Qui n'a pas désiré, sinon vécu, ce deuxième sommeil, dans une crypte plus cachée? Alors les êtres du rêve s'approchent davantage de nous, ils viennent nous toucher, ils viennent vivre dans notre chair, comme un feu sourd.

Comme nous l'indiquions déjà dans notre *Psychanalyse du Feu*, l'imagination de Novalis est commandée par un *calorisme*, c'est-à-dire par le désir d'une substance chaude, douce, tiède, enveloppante, protectrice, par le besoin d'une matière qui entoure l'être entier et qui le pénètre intimement. C'est une imagination qui se développe en profondeur. Les fantômes sortent de la substance comme des formes vaporeuses, mais pleines, comme des êtres éphémères, mais qu'on a pu toucher, auxquels on a communiqué un peu de la chaleur profonde de la vie intime. Tous les rêves de Novalis portent le signe de cette profondeur. Le rêve où Novalis trouve cette eau merveilleuse, cette eau qui met de la jeune fille partout, cette eau qui donne de la jeune fille au *partitif* n'est pas un rêve à grand horizon, à large vision. C'est au fond d'une grotte, dans le sein de la terre, que se trouve le lac merveilleux, le lac qui garde jalousement sa chaleur, sa douce chaleur. Les images visuelles qui naîtront d'une eau si profondément valorisée n'auront d'ailleurs aucune consistance; elles se fondront l'une dans l'autre, gardant en cela la marque hydrique et calorifique de leur origine. Seule, la matière demeurera. Pour une telle imagination, tout se perd dans le règne de l'image formelle, rien ne se perd dans le règne de l'image matérielle. Les fantômes nés vraiment de la substance n'ont pas besoin de pousser leur action bien loin. L'eau a beau être collée au rêveur « comme une douce poitrine ». Le rêveur n'en demandera pas plus... Il jouit, en effet, de la possession substantielle. Comment n'éprouverait-il pas un certain dédain des formes ? Les formes sont déjà des habits ; la nudité trop bien dessinée est glaciale, fermée, enfermée dans ses lignes. Par conséquent, pour le rêveur calorisé, l'imagination est purement une *imagination matérielle*. C'est à la matière qu'il rêve, c'est de sa chaleur qu'il a besoin. Qu'importent les visions fugitives, quand, dans le secret de la nuit, dans la solitude d'une grotte ténébreuse, on tient le réel dans son essence, avec son poids, avec sa vie substantielle !

De telles images matérielles, douces et chaudes, tièdes et humides, nous guérissent. Elles appartiennent à cette médecine imaginaire, médecine si oniriquement vraie, si fortement rêvée qu'elle garde une influence considérable sur notre vie inconsciente. Pendant des siècles on a vu dans la santé un équilibre entre « l'humide radical » et la « chaleur naturelle ». Un vieil auteur, Lessius (mort en 1623), s'exprime ainsi : « Ces deux principes de la vie se consument peu à peu. A mesure que diminue cet humide radical, la chaleur diminue aussi, et dès que l'un est consumé, l'autre s'éteint comme une lampe. » L'eau et la chaleur sont nos deux biens vitaux. Il faut savoir les économiser. Il faut comprendre que l'un tempère l'autre. Il semble que les rêves de Novalis et toutes ses songeries aient, sans fin, cherché l'union d'un humide radical et d'une chaleur diffuse. On peut expliquer ainsi le bel équilibre onirique de l'œuvre novalisienne. Novalis a connu un rêve qui se portait bien, un rêve qui dormait bien.

Les rêves de Novalis vont à une telle profondeur qu'ils peuvent sembler exceptionnels. Toutefois, en cherchant un peu, en cherchant *sous les images formelles*, on pourrait en trouver l'ébauche dans certaines métaphores. Par exemple, en une ligne d'Ernest Renan nous allons reconnaître la trace du fantasme novalisien. En effet, dans ses *Études d'histoire religieuse* (p. 32), Renan commente l'épithète donnée au fleuve χαλλιπάρθενος (aux belles vierges) en disant tranquillement que ses flots « se résolvaient en jeunes filles ». Qu'on tourne et retourne l'image de tous les côtés, on ne lui trouvera *aucun trait formel*. Nul dessin ne peut la légitimer. On peut mettre au défi un psychologue de l'imagination des formes : il ne pourra expliquer cette image. Elle ne peut être expliquée que par l'imagination matérielle. Les flots reçoivent la blancheur et la limpidité par une matière interne. Cette matière c'est *de la jeune fille dissoute.* L'eau a pris la propriété de la substance féminine dissoute. Si vous voulez une eau immaculée, faites-y fondre des vierges. Si vous voulez les mers de la Mélanésie, faites-y dissoudre des négresses.

On trouverait dans certains rites d'immersion des vierges la trace de cette composante matérielle. Saintyves rappelle (*loc. cit.*, p. 205) qu'à Magny-Lambert, en Côte-d'Or, « dans les temps de longue sécheresse, neuf jeunes filles entraient dans le bassin de la fontaine Cruanne et la vidaient complètement pour obtenir la pluie », et Saintyves ajoute : « Le rite d'immersion s'accompagne ici d'une purification du bassin de la source par des êtres purs... Ces jeunes filles qui descendent dans la fontaine sont vierges... » Elles forcent l'eau à la pureté, par une « contrainte réelle », par une participation matérielle.

Dans l'*Ahasvérus* d'Edgar Quinet (p. 228), on peut retrouver aussi une impression qui se rapproche d'une image visuelle, mais dont *la matière* s'apparente à la matière novalisienne. « Que de fois, en nageant dans un golfe écarté, j'ai pressé avec passion la vague sur ma poitrine ! A mon cou, le flot pendait échevelé, l'écume baisait mes lèvres. Autour de moi jaillissaient des étincelles embaumées. » Comme on le voit, la « forme féminine » n'est pas encore née, mais elle va naître, car la « matière féminine » est là tout entière. Une vague qu'on « serre » avec un amour si chaud contre sa poitrine n'est pas loin d'être un sein palpitant.

Si l'on n'est pas toujours sensible à la vie de telles images, si on ne les reçoit pas *directement*, dans leur aspect nettement matériel, c'est précisément que l'imagination matérielle n'a pas reçu des psychologues l'attention qu'elle mérite. Toute notre éducation littéraire se borne à cultiver l'imagination formelle, l'imagination claire.

D'autre part, comme les rêves sont les plus souvent étudiés uniquement dans le développement de leurs formes, on ne se rend pas compte qu'ils sont surtout *une vie mimée de la matière*, une vie fortement enracinée dans les éléments matériels. En particulier, avec la succession des formes, on n'a rien de ce qu'il faut pour mesurer la *dynamique* de la transformation. On peut tout au plus décrire cette transformation, de l'extérieur, comme une pure cinétique. Cette cinétique ne peut apprécier, de l'intérieur, les forces, les poussées, les aspirations. On ne peut comprendre la dynamique du rêve si on la détache de la dynamique des éléments matériels que le rêve travaille. On prend la mobilité des formes du rêve dans une mauvaise perspective quand on oublie son dynamisme interne. Au fond, les formes sont mobiles parce que l'inconscient s'en désintéresse. Ce qui *attache* l'inconscient, ce qui lui impose une loi dynamique, dans le règne des images, c'est la vie dans la profondeur d'un élément matériel. Le rêve de Novalis est un rêve formé dans la méditation d'une eau qui enveloppe et pénètre le rêveur d'une eau qui apporte un bien-être chaud et massif, un bien-être à la fois en volume et en densité. C'est un enchantement non pas par les images ; mais par les substances. C'est pourquoi on peut user du rêve novalisien comme d'un merveilleux narcotique. Il est presque une substance psychique qui donne le calme à tout psychisme agité. Si l'on veut bien méditer la page de Novalis que nous avons rappelée, on reconnaîtra qu'elle apporte une nouvelle lumière pour comprendre un point important de la psychologie du rêve.

VI

Dans le rêve de Novalis, il y a aussi un caractère qui n'est qu'à peine indiqué, mais ce caractère est quand même actif et il faut que nous lui donnions tout son sens pour avoir une psychologie complète du *rêve hydrant*. Le rêve de Novalis appartient en effet à la nombreuse catégorie des *rêves bercés*. Quand il entre dans l'eau merveilleuse, la première impression du rêveur est celle de « reposer parmi les nuages, dans la pourpre du soir ». Un peu plus tard, il croira être « étendu sur une molle pelouse ». Quelle est donc la vraie matière qui porte le rêveur ? Ce n'est ni le nuage ni la molle pelouse, c'est l'eau. Nuage et pelouse sont des expressions ; l'eau est l'impression. Dans le rêve de Novalis, elle est au centre de l'expérience ; elle continue à bercer le rêveur quand il repose sur la berge. C'est là un exemple de l'action permanente d'un élément matériel onirique.

Des quatre éléments, il n'y a que l'eau qui puisse bercer. C'est elle *l'élément berçant*. C'est un trait de plus de son caractère féminin : elle berce comme une mère. L'inconscient ne formule pas son principe d'Archimède, mais il le vit. Dans ses songes, le baigneur qui ne cherche rien, qui ne se réveille pas en criant Eurêka comme un psychanalyste étonné des moindres trouvailles, le baigneur, qui retrouve la nuit « son milieu », aime et connaît la légèreté conquise dans les eaux ; il en jouit directement comme d'une connaissance songeuse, une connaissance, nous le verrons dans un instant, qui ouvre un infini.

La barque oisive donne les mêmes délices, suscite les mêmes rêveries. Elle donne, dit Lamartine sans hésitation, « une des plus mystérieuses voluptés de la nature [1] ». D'innombrables références littéraires nous prouveraient facilement que la barque enchanteresse, que la barque romantique est, à certains égards, un berceau reconquis. Longues heures insouciantes et tranquilles, longues heures où couchés au fond de la barque solitaire nous contemplons le ciel, à quel souvenir nous rendez-vous ? Toutes les images sont absentes, le ciel est vide, mais le mouvement est là, vivant, sans heurt, rythmé — c'est le mouvement presque immobile, bien silencieux. L'eau nous porte. L'eau nous berce. L'eau nous endort. L'eau nous rend notre mère.

L'imagination matérielle, sur un thème aussi général, aussi peu formellement circonstancié que le rêve bercé, met d'ailleurs sa marque spécifique. Être bercé sur les flots est, pour un rêveur, l'occasion d'une rêverie spécifique, d'une rêverie qui s'approfondit en devenant monotone. Michelet en a fait indirectement la remarque : « Plus de lieu et plus de temps ; nul point marqué auquel l'attention puisse se prendre ; et il n'y a plus d'attention. Pro-

---

fonde est la rêverie, et de plus en plus profonde... un océan de rêves sur le mol océan des eaux [1]. » Michelet, par cette image, veut dépeindre l'entraînement d'une habitude qui détend l'attention. On peut retourner la perspective métaphorique, car vraiment la vie bercée sur l'eau détend l'attention. On comprendra alors que la rêverie dans la barque n'est pas la même que la rêverie dans un rocking-chair. Cette rêverie dans la barque détermine une habitude rêveuse spéciale, une rêverie qui est vraiment une habitude. Par exemple, on enlèverait une composante importante à la poésie de Lamartine si on en retranchait l'habitude de rêver sur les flots. Cette rêverie a parfois une intimité d'une étrange profondeur. Balzac n'hésite pas à dire : « Le voluptueux balancement d'une barque imite vaguement les pensées qui flottent dans une âme [2]. » Belle image de la pensée détendue et heureuse !

Ainsi que tous les rêves et toutes les rêveries qui s'attachent à un élément matériel, à une force naturelle, les rêveries et les rêves *bercés* prolifèrent. Après eux viendront d'autres rêves qui continueront cette impression d'une prodigieuse douceur. Ils donneront au bonheur le goût de l'infini. C'est près de l'eau, c'est sur l'eau qu'on apprend à voguer sur les nuages, à nager dans le ciel. Balzac écrit encore, à la même page : « La rivière fut comme un sentier sur lequel nous volions. » L'eau nous invite au voyage imaginaire. Lamartine exprime aussi cette continuité matérielle de l'eau et du ciel, quand, « les yeux errants sur l'immensité lumineuse des eaux qui se confondait avec la lumineuse immensité du ciel », il ne sait plus où commence le ciel et où finit le lac : « Il me semblait nager moi-même dans le pur éther et m'abîmer dans l'universel océan. Mais la joie intérieure dans laquelle je nageais était mille fois plus infinie, plus lumineuse et plus incommensurable que l'atmosphère avec laquelle je me confondais ainsi [3]. »

Il ne faut rien oublier pour donner la mesure psychologique de semblables textes. L'homme est *transporté* parce qu'il est *porté*. Il s'élance vers le ciel parce qu'il est

1. Michelet, *Le Prêtre*, p. 222.
2. Balzac, *Le Lys dans la vallée*, éd. Calmann-Lévy, p. 221.
3. Lamartine, *Raphaël*, XV.

vraiment *allégé* par sa rêverie bienheureuse. Quand on a reçu le bénéfice d'une image matérielle fortement dynamisée, quand on imagine avec la substance et la vie de l'être, toutes les images s'animent. Novalis passe ainsi du *rêve bercé* au *rêve porté*. Pour Novalis, la Nuit, elle-même est une matière qui nous porte, un océan qui berce notre vie : « La Nuit te porte maternellement [1]. »

---

1. Novalis, *Les Hymnes à la nuit*, trad. éd. Stock, p. 81.

CHAPITRE VI

PURETÉ ET PURIFICATION
LA MORALE DE L'EAU

> Tout ce que le cœur désire peut
> toujours se réduire à la figure de
> l'eau.
>
> PAUL CLAUDEL, *Positions
> et Propositions*, II, p. 235.

I

Nous n'avons naturellement pas l'intention de traiter dans toute son ampleur le problème de la pureté et de la purification. C'est là un problème qui relève actuellement de la philosophie des valeurs religieuses. La pureté est une des catégories fondamentales de la valorisation. On pourrait peut-être même symboliser toutes les valeurs par la pureté. On trouvera un résumé très condensé de ce grand problème dans le livre de Roger Caillois, *L'homme et le sacré*. Notre but est ici plus restreint. En nous dégageant de tout ce qui a égard à la pureté rituelle, sans nous étendre sur les rites formels de la pureté, nous voulons plus spécialement montrer que *l'imagination matérielle* trouve dans l'eau la matière pure par excellence, la matière naturellement pure. L'eau s'offre donc comme un symbole naturel pour la pureté ; elle donne des sens précis à une psychologie prolixe de la purification. C'est cette psychologie attachée à des modèles matériels que nous voudrions esquisser.

Sans doute les thèmes sociaux, comme l'ont montré

abondamment les sociologues, sont à l'origine des grandes catégories de la valorisation — autrement dit, la véritable valorisation est d'essence sociale ; elle est faite de valeurs qui veulent s'échanger, qui ont une marque connue et désignée à tous les membres du groupe. Mais nous croyons qu'il faut considérer aussi une valorisation des rêveries inavouées, des rêveries du rêveur qui fuit la société, qui prétend prendre le monde comme unique compagnon. Certes, cette solitude n'est pas complète. Le rêveur isolé garde en particulier des valeurs oniriques attachées au langage ; il garde la poésie propre au langage de sa race. Les mots qu'il applique aux choses poétisent les choses, les valorisent spirituellement dans un sens qui ne peut échapper complètement aux traditions. Le poète le plus nova- teur exploitant la rêverie la plus libérée des habitudes sociales transporte dans ses poèmes des germes qui viennent du fonds social de la langue. Mais les formes et les mots ne sont pas toute la poésie. Pour les enchaîner, certains thèmes matériels sont impérieux. C'est précisé- ment notre tâche dans ce livre de prouver que certaines matières transportent en nous leur puissance onirique, une sorte de solidité poétique qui donne une unité aux vrais poèmes. Si les choses mettent en ordre nos idées, les matières élémentaires mettent en ordre nos rêves. Les matières élémentaires reçoivent et conservent et exaltent nos rêves. On ne peut pas déposer l'*idéal de pureté* n'importe où, dans n'importe quelle matière. Si puissants que soient les rites de purification, il est normal qu'ils s'adressent à une matière qui puisse les symboliser. L'eau claire est une tentation constante pour le symbolisme facile de la pureté. Chaque homme trouve sans guide, sans convention sociale, cette image naturelle. Une physique de l'imagination doit donc rendre compte de cette découverte naturelle et directe. Elle doit examiner avec attention cette attribution d'une *valeur* à une expérience matérielle qui se révèle ainsi être plus importante qu'une expérience ordinaire.

Dans le problème précis et restreint que nous traitons dans cet ouvrage, il y a donc, pour nous, un devoir de méthode qui nous oblige à laisser de côté les caractères sociologiques de l'idée de pureté. Nous serons donc très prudent, ici encore, ici surtout, dans l'utilisation des données de la mythologie. Nous ne nous servirons de ces données que lorsque nous les sentirons encore fortement opérantes dans l'œuvre des poètes ou dans la rêverie solitaire. Nous ramènerons ainsi tout à la psychologie actuelle. Alors que les formes et les concepts se sclérosent si vite, l'imagination matérielle reste une force actuellement agissante. C'est elle seule qui peut ranimer sans cesse les images traditionnelles; c'est elle qui constamment remet en vie certaines vieilles formes mythologiques. Elle remet les formes en vie en les transformant. Une forme ne peut pas se transformer d'elle-même. Il est contraire à son être qu'une forme se transforme. Si on rencontre une transformation, on peut être sûr qu'une imagination matérielle est en œuvre sous le jeu des formes. La culture nous transmet des formes — trop souvent des mots. Si nous savions retrouver, malgré la culture, un peu de rêverie naturelle, un peu de la rêverie devant la nature, nous comprendrions que le symbolisme est une puissance matérielle. Notre rêverie personnelle reformerait tout naturellement les symboles ataviques parce que les symboles ataviques sont des symboles naturels. Une fois de plus, il faut comprendre que le rêve est une force de la nature. Comme nous aurons l'occasion de le redire, on ne peut connaître la pureté sans la rêver. On ne peut la rêver avec force sans en voir la marque, la preuve, la substance dans la nature.

II

Si nous sommes très ménager dans l'usage des documents mythologiques, nous devons refuser toute référence aux connaissances rationnelles. On ne peut faire la psychologie de l'imagination, en se fondant, comme sur une nécessité première, sur les principes de la raison. Cette vérité psychologique, souvent cachée, va nous apparaître en toute évidence sur le problème que nous traitons dans ce chapitre.

Pour un esprit moderne, la différence entre une eau pure et une eau impure est entièrement rationalisée. Les chimistes et les hygiénistes ont passé par là : un écriteau au-dessus d'un robinet désigne une eau potable. Et tout est

dit, tous les scrupules sont levés. Un esprit rationaliste, —
à maigres connaissances psychologiques, comme la
culture classique en fabrique tant — en méditant sur un
texte ancien, transporte alors, comme une lumière
récurrente, sa connaissance précise sur les données du
texte. Sans doute il se rend compte que les connaissances
sur la pureté des eaux étaient jadis défectueuses. Mais il
croit que ces connaissances correspondent tout de même à
des expériences bien spécifiées, bien claires. Dans ces
conditions, les lectures de textes anciens sont souvent des
leçons trop intelligentes. Le lecteur moderne, trop souvent,
fait hommage aux anciens de « connaissances naturelles ». Il oublie que les connaissances qu'on croit
« immédiates » sont impliquées dans un système qui peut
être très artificiel; il oublie aussi que les « connaissances
naturelles » sont impliquées dans des rêveries « naturelles ». Ce sont ces rêveries qu'un psychologue de l'imagination doit retrouver. Ce sont ces *rêveries* qu'on devrait
surtout reconstituer quand on interprète un texte d'une
civilisation disparue. Il faudrait non seulement peser les
faits, mais déterminer le poids des rêves. Car, dans l'ordre
littéraire, tout est rêvé avant d'être vu, fût-ce la plus
simple des descriptions.

Lisons, par exemple, cet ancien texte écrit huit cents ans
avant notre ère par Hésiode : « N'urinez jamais à l'embouchure des rivières qui s'écoulent dans la mer, ni à leur
source : gardez-vous-en bien[1]. » Hésiode ajoute même :
« N'y satisfaites pas non plus vos autres besoins : ce n'est
pas moins funeste. » Pour expliquer ces prescriptions, les
psychologues qui prétendent au caractère immédiat des
vues utilitaires trouveront tout de suite des raisons : ils
imagineront un Hésiode soucieux des enseignements de
l'hygiène élémentaire. Comme s'il y avait, pour l'homme,
une *hygiène naturelle*! Y a-t-il même une hygiène absolue?
Il y a tant de manières de bien se porter!

En fait, seules les explications psychanalytiques
peuvent voir clair dans les interdits prononcés par
Hésiode. La preuve n'en est pas loin. Le texte que nous
venons de citer se trouve dans la même page que cette
autre interdiction : « N'urinez pas debout tourné vers le

---

1. Hésiode, *Les Travaux et les Jours*, trad. Waltz, p. 127.

soleil. » Cette prescription n'a évidemment aucune signification utilitaire. La pratique qu'elle interdit ne risque pas de ternir la pureté de la lumière.

Dès lors, l'explication qui vaut pour un alinéa vaut pour l'autre. La protestation virile contre le soleil, contre le symbole du père est bien connue des psychanalystes. L'interdiction qui met le soleil à l'abri de l'outrage protège aussi la rivière. Une même règle de morale primitive défend ici la majesté paternelle du soleil et la maternité des eaux.

Cette interdiction est rendue nécessaire — elle reste actuellement nécessaire — en raison d'une poussée inconsciente permanente. L'eau pure et claire est, en effet, pour l'inconscient, un appel aux pollutions. Que de fontaines souillées dans nos campagnes! Il ne s'agit pas toujours d'une méchanceté bien définie qui jouit par avance de la déconvenue des promeneurs. Le « crime » vise plus haut que la faute contre les hommes. Il a, dans certains de ses caractères, le ton du sacrilège. C'est un outrage à la nature-mère.

Aussi, dans les légendes, nombreux sont les châtiments infligés aux passants grossiers par les puissances de la nature personnifiée. Voici, par exemple, une légende de la Basse-Normandie rapportée par Sébillot : « Les fées qui viennent de surprendre un malotru qui a pollué leur fontaine sont en conciliabule : "A celui qui a troublé notre eau, que souhaitez-vous, ma sœur? — Qu'il devienne bègue et ne puisse articuler un mot. — Et vous, ma sœur? — Qu'il marche toujours la bouche ouverte et gobe les mouches au passage. — Et vous, ma sœur? — Qu'il ne puisse faire un pas sans, respect de vous, tirer un coup de canon[1]." »

De tels récits ont perdu leur action sur l'inconscient, leur force onirique. Ils ne sont plus transmis qu'en souriant, pour leur pittoresque. Ils ne peuvent donc plus défendre nos fontaines. Remarquons d'ailleurs que les prescriptions de l'hygiène publique se développant dans une atmosphère de rationalité ne peuvent suppléer les contes. Pour lutter contre une poussée inconsciente, il faudrait un conte *actif*, une *fable* qui fabulerait sur l'axe même des poussées oniriques.

---

1. Sébillot, *Le Folklore de France*, t. II, p. 201.

Ces poussées oniriques nous travaillent, pour le bien comme pour le mal; nous sympathisons obscurément avec le drame de la pureté et de l'impureté de l'eau. Qui n'éprouve, par exemple, une répugnance spéciale, irraisonnée, inconsciente, directe pour la rivière sale? pour la rivière souillée par les égouts et les usines? Cette grande beauté naturelle ternie par les hommes soulève une rancœur. Huysmans a joué avec cette répugnance, avec cette rancœur, pour hausser le ton de certaines périodes imprécatoires, pour rendre démoniaques certains de ses tableaux. Par exemple, il a étalé l'attitude désespérée de la Bièvre moderne, de la Bièvre salie par la Ville : « Cette rivière en guenilles », « cette étrange rivière, cet exutoire de toutes les crasses, cette sentine couleur d'ardoise et de plomb fondu, bouillonnée çà et là de remous verdâtres, étoilée de crachats troubles, qui gargouille sur la vanne et se perd, sanglotante, dans les trous d'un mur. Par endroits, l'eau semble percluse et rongée de lèpre; elle stagne, puis elle remue sa suie coulante et reprend sa marche ralentie par les bourbes [1] ». « La Bièvre n'est qu'un fumier qui bouge. » Remarquons au passage l'aptitude qu'a l'eau pour prendre les métaphores organiques.

Bien d'autres pages pourraient donner ainsi la preuve, par l'absurde, de *la valeur inconsciente* attachée à une eau pure. Aux dangers que court une eau pure, une eau cristalline, on peut mesurer la ferveur avec laquelle nous accueillons, dans leur fraîcheur et leur jeunesse, le ruisseau, la source, la rivière, toute cette réserve de la limpidité naturelle. Nous sentons que les métaphores de la limpidité et de la fraîcheur gardent une vie assurée dès qu'elles s'attachent à des réalités si directement valorisées.

III

Bien entendu, l'expérience naturelle et concrète de la pureté retient encore des facteurs plus sensuels, plus près du rêve matériel que les données de la vue, que les données de simple contemplation sur lesquelles vient de travailler

---

1. J. K. Huysmans, *Croquis parisiens. A Vau l'Eau. Un Dilemme*, Paris, 1905, p. 85.

la rhétorique de Huysmans. Pour bien comprendre le prix d'une eau pure, il faut s'être révolté de toute sa soif trompée, après une marche d'été, contre le vigneron qui a fait rouir son osière dans la source familière, contre tous les profanateurs — ces Attila des sources — qui trouvent une joie sadique à remuer la vase du ruisseau après y avoir bu. Mieux que tout autre, l'homme des champs connaît le prix d'une eau pure parce qu'il sait que c'est une pureté en danger, parce qu'il sait aussi boire l'eau claire et fraîche au bon moment, dans les rares instants où l'insipide a une saveur, où l'être entier désire l'eau pure.

Par opposition à ce plaisir simple, mais total, on pourra faire la psychologie des métaphores étonnamment diverses et multiples de l'eau amère et salée, de l'eau mauvaise. Ces métaphores s'unifient dans une répugnance qui voile mille nuances. Une simple référence à la pensée préscientifique va nous faire comprendre la *complexité essentielle* d'une impureté mal rationalisée. Notons auparavant qu'il n'en va pas de même sur le plan scientifique actuel : une analyse chimique actuelle désigne une eau mauvaise, une eau non potable par un qualificatif précis. Si l'analyse révèle un défaut, on saura dire qu'une eau est séléniteuse, ou calcaire, ou bacillaire. Si les défauts s'accumulent, les épithètes se présentent encore comme simplement *juxtaposées* ; elles restent isolées ; on les a trouvées dans des expériences séparées. Au contraire, l'esprit préscientifique — comme l'inconscient — *agglomère* les adjectifs. Ainsi l'auteur d'un livre du XVIIIe siècle, après l'examen d'une eau mauvaise, *projette* son jugement — son dégoût — sur six épithètes : l'eau est dite, à la fois, « amère, nitreuse, salée, sulfureuse, bitumineuse, nauséabonde ». Que sont ces adjectifs sinon des injures ? Ils correspondent plutôt à une analyse psychologique de la répugnance qu'à l'analyse objective d'une matière. Ils représentent la somme des grimaces d'un buveur. Ils ne représentent pas — comme les historiens de sciences le croient trop facilement — une somme de connaissances empiriques. On ne comprendra bien le sens de la recherche préscientifiques que lorsqu'on aura fait la psychologie du chercheur.

On le voit, l'impureté, au regard de l'inconscient, est toujours multiple, toujours foisonnante ; elle a une nocivité polyvalente. Dès lors, on comprendra que l'eau impure puisse être accusée de tous les méfaits. Si, pour l'esprit conscient, elle est acceptée comme un simple symbole du mal, comme un symbole externe; pour l'inconscient, elle est l'objet d'une symbolisation active, tout interne, toute substantielle. L'eau impure, pour l'inconscient, est un réceptacle du mal, un réceptacle ouvert à tous les maux; c'est une substance du mal.

Aussi, on pourra charger l'eau mauvaise d'une somme indéfinie de maléfices. On pourra la *maléficier*; c'est-à-dire, par elle, on pourra mettre le mal sous une forme active. On obéit en cela aux nécessités de l'imagination matérielle qui a besoin d'une substance pour comprendre une action. Dans l'eau ainsi maléficiée, un signe suffit : ce qui est mauvais sous un aspect, dans un de ses caractères, devient mauvais dans son ensemble. Le mal passe de la qualité à la substance.

On s'explique donc que la moindre impureté dévalorise totalement une eau pure. Elle est l'occasion d'un maléfice ; elle reçoit naturellement une pensée malfaisante. On le voit, l'axiome moral de la pureté absolue, détruite à jamais par une pensée malsaine, est parfaitement symbolisé par une eau qui a perdu un peu de sa limpidité et de sa fraîcheur.

En examinant d'un œil attentif, d'un œil hypnotisé, les impuretés de l'eau, en interrogeant l'eau comme on interroge une conscience, on pourra espérer lire le destin d'un homme. Certains procédés de l'hydromancie se réfèrent à ces nuages qui flottent dans une eau où l'on verse un blanc d'œuf[1] ou des substances liquides qui donnent des traînées arborescentes, d'ailleurs très curieuses.

Il y a des rêveurs en eau trouble. Ils s'émerveillent de l'eau noire du fossé, de l'eau travaillée par les bulles, de l'eau qui montre des veines dans sa substance, qui soulève comme d'elle-même un remous de vase. Alors il semble que ce soit l'eau qui rêve et qui se couvre d'une végétation de cauchemar. Cette végétation onirique est déjà induite par la rêverie dans la contemplation des plantes de l'eau. La flore aquatique est, pour certaines âmes, un véritable exotisme, une tentation de rêver un ailleurs, loin des fleurs

---

1. C. Collin de Plancy, *Dictionnaire Infernal*, art. *Oomancie*.

du soleil, loin de la vie limpide. Nombreux sont les rêves impurs qui fleurissent dans l'eau, qui s'étalent lourdement sur l'eau comme la grosse main palmée du nénuphar. Nombreux sont les rêves impurs où l'homme endormi sent circuler en lui-même, autour de lui-même des courants noirs et bourbeux, des Styx aux ondes lourdes, chargées de mal. Et notre cœur est remué par cette dynamique du noir. Et notre œil endormi suit sans fin, noir sur noir, ce devenir de la noirceur.

Il s'en faut, d'ailleurs, que le manichéisme de l'eau pure et de l'eau impure soit un manichéisme équilibré. La balance morale penche sans conteste du côté de la pureté, du côté du bien. L'eau est portée au bien. Sébillot, qui a dépouillé un énorme folklore des eaux, est frappé du petit nombre des fontaines maudites. « Le diable est rarement en relation avec les fontaines et bien peu portent son nom, alors qu'un si grand nombre sont désignées sous celui d'un saint, et que beaucoup ont celui d'une fée[1]. »

IV

Il ne faut pas non plus donner trop vite aux nombreux thèmes de la purification par l'eau une base rationnelle. Se purifier n'est pas purement et simplement se nettoyer. Et rien n'autorise à parler d'un besoin de propreté comme d'un besoin primitif, que l'homme reconnaîtrait dans sa sagesse native. Des sociologues très avertis s'y laissent prendre. Ainsi Edward Tylor, après avoir rappelé que les Zoulous font de nombreuses ablutions pour se purifier après avoir assisté à des funérailles, ajoute : « Il faut remarquer que ces pratiques ont fini par prendre une signification un peu distincte de celle que comporte la simple propreté[2] ». Mais, pour affirmer que des pratiques « ont fini par prendre une signification » différente du sens originel, il faudrait pouvoir apporter des documents sur ce sens originel. Or, bien souvent, rien ne permet de saisir dans l'archéologie des coutumes ce sens originel

---

1. Sébillot, *loc. cit.*, t. II, p. 186.
2. Edward B. Tylor, *La Civilisation primitive*, trad., II, pp. 556-557.

mettant en jeu une pratique utile, raisonnable, saine. Précisément, Tylor nous donne lui-même une preuve d'une purification par l'eau qui n'a nul rapport avec un souci de propreté : « Les Cafres, qui se lavent pour se purifier d'une souillure de convention, ne se lavent jamais dans la vie ordinaire. » On pourrait donc énoncer ce paradoxe : *Le Cafre ne se lave le corps que lorsqu'il a l'âme sale*. On croit trop facilement que les peuples méticuleux dans la purification par l'eau soient soucieux d'une propreté hygiénique. Tylor fait encore cette remarque : « Le fidèle persan pousse si loin le principe (de la purification) que, pour enlever par des ablutions toute sorte de souillures, il va jusqu'à se laver les yeux quand ils ont été souillés par la vue d'un infidèle ; il porte toujours avec lui un pot plein d'eau, muni d'un long goulot, pour pouvoir faire ses ablutions ; cependant, le pays se dépeuple faute d'observer les lois les plus simples de l'hygiène, et on peut voir souvent le fidèle au bord d'un petit bassin, où un grand nombre de gens se sont plongés avant lui, obligé d'enlever avec la main l'écume qui recouvre l'eau, avant de s'y plonger, pour s'assurer la pureté recommandée par la loi » (*loc. cit.*, p. 562). Cette fois l'eau pure est si valorisée que rien, semble-t-il, ne puisse la pervertir. Elle est une substance du bien.

Rohde, lui aussi, se défend mal contre certaines rationalisations. En rappelant le principe qui recommande de prendre pour les purifications l'eau des sources jaillissantes ou des fleuves, il ajoute : « La force d'entraîner et d'emporter le mal paraissait persister dans l'eau puisée à ce courant. En cas de souillure particulièrement grave, il était nécessaire de se purifier dans plusieurs sources vives[1]. » « Il faut même quatorze sources pour se purifier du meurtre » (Suidas). Rohde ne souligne pas assez nettement que l'eau courante, que l'eau jaillissante est primitivement une *eau vivante*. C'est cette vie, qui demeure attachée à sa substance, qui détermine la purification. La valeur rationnelle — le fait que le courant emporte les immondices — serait trop facilement vaincue pour qu'on lui accorde la moindre estime. Elle résulte d'une rationalisation. En fait, toute pureté est substantielle. Toute purifi-

---

1. Rohde, *Psyché*, trad., Appendice 4, p. 605.

cation doit être pensée comme l'action d'une substance. La psychologie de la purification relève de l'imagination matérielle et non pas d'une expérience externe.

A l'eau pure on demande donc primitivement une pureté à la fois active et substantielle. Par la purification, on participe à une force féconde, rénovatrice, polyvalente. La meilleure preuve de cette puissance intime, c'est qu'elle appartient à chaque goutte du liquide. Innombrables sont les textes où la purification apparaît comme une simple aspersion. Fossey, dans son livre sur la *Magie Assyrienne* (pp. 70-73), insiste sur ce fait que, dans la purification par l'eau, « il n'est jamais question d'immersion ; mais ordinairement d'aspersions, soit simples, soit répétées sept fois ou deux fois sept fois [1] ». Dans l'*Énéide*, « Corynée porte trois fois autour de ses compagnons un rameau d'olivier imprégné d'une onde pure, répand sur eux une légère rosée, les purifie » (*Énéide*, VI, pp. 228-231).

Par bien des côtés, il semble que le *lavage* soit la métaphore, la traduction en clair, et que l'aspersion soit l'opération réelle, c'est-à-dire l'opération qui apporte la réalité de l'opération. L'aspersion est donc rêvée comme l'opération première. C'est elle qui porte le maximum de réalité psychologique. Dans le psaume L, l'idée d'aspersion paraît bien précéder comme une réalité la métaphore du lavage : « Vous m'arroserez avec l'hysope, et je serai purifié. » L'hysope des Hébreux était la plus petite des fleurs qu'ils connussent ; c'était probablement, nous dit Bescherelle, une mousse qui servait d'aspersoir. Quelques gouttes d'eau donneront donc la pureté. Le prophète chante ensuite : « Vous me laverez, et je deviendrai plus blanc que neige. » C'est parce que l'eau a une puissance intime qu'elle peut purifier l'être intime, qu'elle peut redonner à l'âme pécheresse la blancheur de la neige. Est lavé moralement celui qui est aspergé physiquement.

Il n'y a d'ailleurs pas là un fait exceptionnel, mais bien un exemple d'une loi fondamentale de l'*imagination matérielle* : pour l'imagination matérielle, la substance valorisée peut agir, même en quantité infime, sur une très grande masse d'autres substances. C'est la loi même de la rêverie de puissance : tenir sous un petit volume, dans le

---

1. Cité par Saintyves, *loc. cit.*, p. 53.

creux de la main, le moyen d'une domination universelle. C'est, sous la forme concrète, le même idéal que la connaissance du mot clef, du petit mot, qui permet de découvrir le plus caché des secrets.

Sur le thème dialectique de la pureté et de l'impureté de l'eau, on peut voir cette loi fondamentale de l'imagination matérielle agir dans les deux sens, ce qui est une garantie du caractère éminemment *actif* de la substance : une goutte d'eau pure suffit à purifier un océan; une goutte d'eau impure suffit à souiller un univers. Tout dépend du sens moral de l'action choisie par l'imagination matérielle : si elle rêve le mal, elle saura propager l'impureté, elle saura faire éclore le germe diabolique; si elle rêve le bien, elle aura confiance en une goutte de la substance pure, elle saura en faire rayonner la pureté bienfaisante. L'action de la substance est rêvée comme un devenir substantiel voulu dans l'intimité de la substance. C'est, au fond, le devenir d'une personne. Cette action peut alors tourner toutes circonstances, surmonter tous les obstacles, rompre toutes les barrières. L'eau méchante est insinuante, l'eau pure est subtile. Dans les deux sens, l'eau est devenue une volonté. Toutes les qualités usuelles, toutes les valeurs superficielles passent au rang de propriétés subalternes. C'est l'intérieur qui commande. C'est d'un point central, d'une volonté condensée, que rayonne l'action substantielle.

En méditant cette action du pur et de l'impur, on saisira une transformation de l'imagination matérielle en l'imagination dynamique. L'eau pure et l'eau impure ne sont plus seulement pensées comme des substances, elles sont pensées comme des forces. Par exemple, la matière pure « rayonne » au sens physique du terme, elle rayonne de la pureté; inversement, elle est susceptible d'en *absorber*. Elle peut alors servir à *conglomérer la pureté*.

Empruntons un exemple aux *Entretiens du Comte de Gabalis* par l'abbé de Villars. Sans doute ces entretiens ont le ton du badinage; mais il y a des pages qui prennent un ton sérieux; ce sont précisément celles où l'imagination matérielle devient une imagination dynamique. Parmi de bien pauvres fantaisies, sans valeur onirique, on voit alors intervenir un raisonnement qui valorise la pureté d'une manière curieuse.

Comment le comte de Gabalis évoque-t-il les esprits qui vagabondent dans l'univers ? Non pas au moyen de formules cabalistiques, mais au moyen d'opérations chimiques bien définies. Il suffit, pense-t-il, d'*épurer* l'élément qui correspond aux esprits. A l'aide de miroirs concaves, on concentrera le feu des rayons du soleil dans un globe de verre. Il se formera « une poudre solaire, laquelle s'étant purifiée d'elle-même du mélange des autres éléments... devient souverainement propre à exalter le feu qui est en nous et à nous faire devenir, par manière de dire, de nature ignée. Dès lors les habitants de la sphère du feu deviennent nos inférieurs ; et ravis de voir rétablir notre mutuelle harmonie, et que nous nous soyons rapprochés d'eux, ils ont pour nous toute l'amitié qu'ils ont pour leurs semblables [1]... » Tant que le feu du soleil était dispersé, il ne pouvait pas avoir d'action sur notre feu vital. Sa condensation a produit d'abord sa matérialisation, elle a donné ensuite à la substance pure sa valeur dynamique. Les esprits élémentaires sont *attirés* par les éléments. Une petite métaphore de plus, on comprend que cette *attraction* est une *amitié*. On accède, après toute cette chimie, à la psychologie.

De même, pour le comte de Gabalis (p. 30), l'eau devient un « merveilleux aimant » pour attirer les nymphes. L'eau purifiée est nymphéisée. Elle sera donc, en sa substance, le rendez-vous matériel des nymphes. Ainsi, « sans cérémonies, sans mots barbares », « sans démons et sans art illicite », dit l'abbé de Villars, par la seule *physique de la pureté*, le sage devient le maître absolu des esprits élémentaires. Pour commander aux esprits, il suffit de devenir un habile distillateur. La parenté est rétablie entre les esprits spirituels et les esprits matériels, dès qu'on a su « séparer les éléments par les éléments ». L'emploi du mot *gaz*, dérivé flamand du mot *Geist*, détermine une pensée matérialiste qui achève ainsi son processus métaphorique : un doublet se fonde alors sur un pléonasme. Au lieu de dire qu'un esprit spirituel est un esprit matériel, ou plus simplement qu'*un esprit* est *de l'esprit*, on devra dire, pour analyser l'intuition du comte de Gabalis, qu'un esprit

---

1. Le Comte de Gabalis, 34e vol. des *Voyages imaginaires*, Amsterdam, 1788, p. 29.

élémentaire est devenu un *élément*. On passe de l'adjectif au substantif, des qualités à la substance. Inversement, quand on s'est ainsi soumis entièrement à l'imagination matérielle, la matière rêvée dans sa puissance élémentaire s'exaltera jusqu'à devenir un esprit, une volonté.

V

Un des caractères qu'il nous faut rapprocher du rêve de purification que suggère l'eau limpide, c'est le rêve de rénovation que suggère une eau fraîche. On plonge dans l'eau pour renaître rénové. Dans *Les jardins suspendus*, Stefan George entend une onde qui murmure : « Plonge en moi, pour pouvoir surgir de moi. » Entendez : pour avoir la conscience de surgir. La *fontaine de Jouvence* est une métaphore très complexe qui mériterait à elle seule une longue étude. En laissant de côté tout ce qui relève de la psychanalyse dans cette métaphore, nous nous bornerons à quelques remarques très particulières qui montreront comment la *fraîcheur*, sensation corporelle très nette, devient une métaphore si éloignée de sa base physique qu'on en arrive à parler d'un frais paysage, d'un frais tableau, d'une page littéraire pleine de fraîcheur.

La psychologie de cette métaphore n'est pas faite — elle est escamotée — quand on dit qu'entre le sens propre et le sens figuré, il y a *correspondance*. Une telle correspondance ne serait alors qu'une association d'idées. En fait, elle est une vivante union d'impressions sensibles. Pour qui vit vraiment les évolutions de l'imagination matérielle, il n'y a pas de sens figuré, tous les sens figurés gardent un certain poids de sensibilité, une certaine matière sensible ; le tout est de déterminer cette matière sensible persistante.

Chacun possède à la maison une fontaine de Jouvence en sa cuvette d'eau froide, dans un énergique matin. Et sans cette expérience triviale, le complexe de la poétique Fontaine de Jouvence ne pourrait peut-être pas se nouer. L'eau fraîche réveille et rajeunit le visage, le visage où l'homme se voit vieillir, où il voudrait tant qu'on ne le voie pas vieillir ! Mais l'eau fraîche ne rajeunit pas tant le visage pour les autres que pour nous-mêmes. Sous le front réveillé s'anime un œil nouveau. L'eau fraîche redonne des flammes au regard. Voilà le principe de l'inversion qui va expliquer la véritable fraîcheur des contemplations de l'eau. C'est ce regard qui est rafraîchi. Si l'on participe vraiment, par l'imagination matérielle, à la substance de l'eau, on *projette* un regard frais. L'impression de fraîcheur que donne le monde visible est une expression de fraîcheur que l'homme réveillé projette sur les choses. Il est impossible d'en rendre compte sans utiliser la psychologie de la *projection sensible*. Dans le premier matin, l'eau sur le visage réveille l'énergie de voir. Elle met la vue à l'actif; elle fait du regard une action, une action claire, nette, facile. On est bien tenté alors d'attribuer une jeune fraîcheur à ce que l'on voit. L'oracle de Kolophon, nous dit Jamblique[1], prophétisait par l'eau. « Cependant, l'eau ne communique point l'intégrale inspiration divine; mais elle nous fournit l'aptitude voulue et purifie en nous le souffle lumineux... »

La lumière pure par l'eau pure, tel nous paraît être le principe psychologique de la lustration. Près de l'eau, la lumière prend une tonalité nouvelle, il semble que la lumière ait plus de clarté quand elle rencontre une eau claire. « Metzu, nous dit Théophile Gautier[2], peignait dans un pavillon situé au milieu d'une pièce d'eau pour conserver l'intégralité de ses teintes. » Fidèle à notre psychologie projetante, nous dirions plutôt l'*intégralité de son regard*. On est porté à voir avec des yeux limpides un paysage quand on a des réserves de limpidité. La fraîcheur d'un paysage est une manière de le regarder. Il faut sans doute que le paysage y mette du sien, il faut qu'il tienne un peu de verdure et un peu d'eau, mais c'est à l'imagination matérielle que revient la plus longue tâche. Cette action directe de l'imagination est évidente quand on en vient à l'imagination littéraire : la fraîcheur d'un style est la plus difficile des qualités; elle dépend de l'écrivain et non du sujet traité.

Au complexe de la Fontaine de Jouvence est naturellement liée l'espérance de la guérison. La guérison par l'eau, dans son principe imaginaire, peut être considérée au

1. Cité par Saintyves, *loc. cit.*, p. 131.
2. Théophile Gautier, *Nouvelles. La Toison d'Or*, p. 183.

double point de vue de l'imagination matérielle et de l'imagination dynamique. Pour le premier point de vue, le thème est si clair qu'il nous suffit de l'énoncer : on attribue à l'eau des vertus qui sont antithétiques des maux du malade. L'homme projette son désir de guérir et rêve de la substance compatissante. On ne saurait trop s'étonner de la grande quantité des travaux médicaux que le XVIIIᵉ siècle a consacrés aux eaux minérales et aux eaux thermiques. Notre siècle est moins prolixe. On verrait facilement que ces travaux préscientifiques relèvent plus de la psychologie que de la chimie. Ils inscrivent une psychologie du malade et du médecin dans la substance des eaux.

Le point de vue de l'imagination dynamique est plus général et plus simple. La première leçon dynamique de l'eau est, en effet, élémentaire : l'être va demander à la fontaine une première preuve de guérison par un réveil de l'énergie. La raison la plus terre à terre de ce réveil, c'est encore l'impression de fraîcheur qui la fournit. L'eau nous aide, par sa substance fraîche et jeune, à nous sentir énergiques. Dans le chapitre consacré à l'eau violente, nous verrons que l'eau peut multiplier ses leçons d'énergie. Mais, dès maintenant, on doit se rendre compte que l'hydrothérapie n'est pas uniquement périphérique. Elle a une composante centrale. Elle éveille les centres nerveux. Elle a une composante morale. Elle éveille l'homme à la vie énergique. L'hygiène alors est un poème.

La pureté et la fraîcheur s'allient ainsi pour donner une allégresse spéciale que tous les amants de l'eau connaissent. L'union du sensible et du sensuel vient soutenir une valeur morale. Par bien des voies, la contemplation et l'expérience de l'eau nous conduisent à un idéal. Nous ne devons pas sous-estimer les leçons des matières originelles. Elles ont marqué la jeunesse de notre esprit. Elles sont nécessairement une réserve de jeunesse. Nous les retrouvons associées à nos souvenirs intimes. Et quand nous rêvons, quand nous nous perdons vraiment dans nos songes, nous nous soumettons à la vie végétative et rénovatrice d'un élément.

C'est alors seulement que nous réalisons les caractères *substantiels* de l'eau de Jouvence, que nous retrouvons, en nos propres rêves, les mythes de la naissance, l'eau dans sa puissance maternelle, l'eau qui fait vivre dans la mort, par-delà la mort, comme l'a montré Jung (*loc. cit.*, p. 283). Cette rêverie de l'eau de Jouvence est alors une rêverie si *naturelle* qu'on ne comprend guère les écrivains qui cherchent à la *rationaliser*. Qu'on se souvienne, par exemple, du pauvre drame d'Ernest Renan : *L'eau de Jouvence*. On y verra l'inaptitude du lucide écrivain à vivre les intuitions alchimiques. Il se borne à couvrir de fables l'idée moderne de distillation. Arnauld de Villeneuve, sous le personnage de Prospéro, croit nécessaire de relever son *eau de vie* de l'accusation d'alcoolisme : « Nos fins et dangereux produits doivent être pris du bout des lèvres. Est-ce notre faute si, en se les ingurgitant avec le goulot, certaines gens crèvent tandis que nous vivons ? » (Acte IV.) Renan n'a pas vu que l'alchimie relève d'abord de la psychologie magique. Elle touche au poème, elle touche au rêve plus qu'aux expériences objectives. L'eau de Jouvence est une puissance onirique. Elle ne peut servir de prétexte à un historien qui joue un instant — avec quelle lourdeur ! — de l'anachronisme.

VI

Comme nous le disions au début de ce chapitre, toutes ces remarques n'engagent pas à fond le problème des rapports de la purification et de la pureté naturelle. Le seul problème de la pureté naturelle réclamerait de longs développements. Qu'il nous suffise d'évoquer une intuition qui met en doute cette pureté naturelle. Ainsi, en étudiant l'*Esprit de liturgie* de Guardini, M. Ernest Seillière écrit : « Voyez l'eau, par exemple, si perfide, si dangereuse aussi, dans ses remous et ses girations qui semblent des incantations ou des enchantements, dans son inquiétude éternelle. Eh bien, les rites liturgiques de la bénédiction exorcisent et neutralisent ce qui se cache de malveillant dans ses profondeurs, enchaînent ses puissances démoniaques, et, réveillant en elle des pouvoirs plus conformes à sa nature (bonne), disciplinent ses insaisissables et mystérieuses puissances qu'ils mettent au service de l'âme, tout en paralysant ce qui était en elle de magique, d'attirant, de mauvais. Celui qui n'a point éprouvé cela, insiste notre poète des cérémonies chrétiennes, ignore la Nature : mais la liturgie pénètre ses secrets et nous manifeste qu'en elle dorment *les mêmes puissances latentes que dans l'âme des hommes*[1]. » Et M. Ernest Seillière montre que cette conception de la démonisation substantielle de l'eau dépasse en profondeur les intuitions de Klages qui ne portent pas aussi loin l'influence démoniaque. Dans la vue de Guardini, c'est vraiment l'*élément matériel* qui symbolise en sa substance avec notre propre substance. Guardini rejoint une intuition de Frédéric Schlegel, pour lequel le malin esprit agit directement « sur les éléments physiques ». Dans cette vue, l'âme pécheresse est déjà une eau mauvaise. L'acte liturgique qui purifie l'eau incline la substance humaine correspondante vers la purification. On voit donc apparaître le thème de la *purification consubstantielle*, le besoin d'extirper le mal de la nature entière, aussi bien le mal dans le cœur de l'homme que le mal dans le cœur des choses. La vie morale est donc, elle aussi, comme la vie de l'imagination, une vie cosmique. Le monde entier veut la rénovation. L'imagination matérielle dramatise le monde en profondeur. Elle trouve dans la profondeur des substances tous les symboles de la vie humaine intime.

On comprend donc que l'eau pure, que l'eau-substance, que l'eau en soi puisse prendre, aux yeux de certaines imaginations, la place d'une matière primordiale. Elle apparaît alors comme une sorte de substance des substances pour laquelle toutes les autres substances sont des attributs. Ainsi, Paul Claudel, dans son projet d'une *Église souterraine à Chicago*[2], est sûr de trouver au sein de la Terre une véritable eau essentielle, une eau substantiellement religieuse. « Si on creuse la terre, on trouve l'eau. Le fond de la vasque sacrée autour de laquelle rang sur rang se presseraient les âmes altérées serait donc occupé par un lac... Ce n'est pas ici le lieu d'insister sur l'immense symbolisme de l'Eau, qui signifie principalement le Ciel... » Ce lac souterrain rêvé par le poète visionnaire donnera ainsi un *ciel souterrain*... L'eau, dans son symbolisme, sait tout réunir. Claudel dit encore : « Tout ce que le

1. Ernest Seillière, *De la déesse nature à la déesse vie*, p. 367.
2. Paul Claudel, *Positions et Propositions*, t. I, p. 235.

cœur désire peut toujours se réduire à la figure de l'eau. »
L'eau, le plus grand des désirs, est le don divin vraiment
inépuisable.

Cette eau intérieure, ce lac souterrain d'où surgit un
autel, sera un « bassin de décantation d'eaux polluées ».
Par sa simple présence, elle purifiera l'énorme ville. Elle
sera une sorte de *monastère matériel* qui priera sans cesse
dans l'intimité et dans la permanence de sa seule substance. On pourrait trouver dans la Théologie bien d'autres
preuves de la pureté métaphysique d'une substance. Nous
n'avons retenu que ce qui a égard à la métaphysique de
l'imagination. Nativement, un grand poète imagine des
valeurs qui ont leur place naturelle dans la vie profonde.

CHAPITRE VII

LA SUPRÉMATIE DE L'EAU DOUCE

> Toute eau était douce pour l'Égyp-
> tien, mais surtout celle qui avait été
> puisée au fleuve, émanation d'Osiris.
>
> GÉRARD DE NERVAL,
> *Les Filles du feu*, p. 220.

I

Puisque nous voulions, dans cette étude, nous borner
à des remarques essentiellement psychologiques sur
l'*imagination matérielle*, nous ne devions prendre, dans les
récits mythologiques, que des exemples susceptibles
d'être présentement réanimés dans des rêveries naturelles
et vivantes. Seuls des exemples d'une imagination sans
cesse inventive, aussi éloignée que possible des routines de
la mémoire, peuvent expliquer cette aptitude à donner des
images matérielles, des images qui dépassent les formes et
atteignent la matière elle-même. Nous n'avions donc pas à
intervenir dans le débat qui divise les mythologues depuis
un siècle. Comme on le sait, cette division des théories
mythologiques consiste, sous sa forme schématique, à se
demander si c'est à la mesure des hommes ou à la mesure
des choses qu'il faut étudier les mythes. Autrement dit, le
mythe est-il le souvenir de l'action d'éclat d'un héros, ou
bien est-il le souvenir du cataclysme d'un monde?

Or, si l'on considère; non plus des mythes, mais des
morceaux de mythe, c'est-à-dire des images matérielles

plus ou moins humanisées, le débat est tout de suite plus nuancé et l'on sent bien qu'il est nécessaire de concilier les doctrines mythologiques extrêmes. Si la rêverie s'attache à la réalité, elle l'humanise, elle l'agrandit, elle la magnifie. Toutes les propriétés du réel, dès qu'elles sont rêvées, deviennent des qualités héroïques. Ainsi, pour la rêverie de l'eau, l'eau devient l'héroïne de la douceur et de la pureté. La matière rêvée ne reste donc pas objective, on peut dire vraiment qu'elle s'évhémérise.

Réciproquement, l'évhémérisme, en dépit de son insuffisance générale, apporte à des impressions matérielles communes la continuité et la liaison d'une vie humaine insigne. Le fleuve, malgré ses mille visages, reçoit une unique destinée ; sa source a la responsabilité et le mérite du cours entier. La force vient de la source. L'imagination ne tient guère compte des affluents. Elle veut qu'une géographie soit l'histoire d'un roi. Le rêveur qui voit passer l'eau évoque l'origine légendaire du fleuve, la source lointaine. Il y a un évhémérisme en puissance dans toutes les grandes forces de la nature. Mais cet évhémérisme secondaire ne doit pas nous faire oublier le sensualisme profond et complexe de l'imagination matérielle. Dans ce chapitre, nous allons essayer de montrer l'importance du sensualisme dans la psychologie de l'eau.

Ce sensualisme primitif, qui apporte des arguments à une doctrine naturaliste des images en action dans les mythes, donne une raison de la suprématie imaginaire de l'eau des sources sur les eaux de l'Océan. Pour un tel sensualisme, le besoin de sentir directement, le besoin de toucher, de goûter supplantent le plaisir de voir. Par exemple, le matérialisme de la boisson peut oblitérer l'idéalisme de la vision. Une composante matérialiste en apparence infime peut déformer une cosmologie. Les cosmologies savantes nous font oublier que les cosmologies naïves ont des traits directement sensuels. Dès qu'on donnera sa juste place à l'imagination matérielle dans les cosmogonies imaginaires, on se rendra compte que *l'eau douce est la véritable eau mythique.*

II

Que l'eau de mer soit une eau inhumaine, qu'elle manque au premier *devoir* de tout élément révéré qui est de servir *directement* les hommes, c'est là un fait que les mythologues ont trop oublié. Sans doute les dieux de la mer animent les mythologies les plus diverses; mais il reste à se demander si la mythologie de la mer peut être, dans tous les cas et sous tous ses aspects, une mythologie primitive.

D'abord, de toute évidence, la mythologie de la mer est une mythologie locale. Elle n'intéresse que les habitants d'un littoral. Au surplus, les historiens, séduits bien vite par la logique, décident trop facilement que les habitants de la côte sont fatalement des matelots. Bien gratuitement, on donne à tous ces êtres, aux hommes, aux femmes, aux enfants, une expérience réelle et complète de la mer. On ne se rend pas compte que le voyage lointain, que l'aventure marine sont, de prime abord, des aventures et des voyages *racontés*. Pour l'enfant qui écoute le voyageur, la première expérience de la mer est de l'ordre du *récit*. La mer donne des contes avant de donner des rêves. La division — psychologiquement si importante — du conte et du mythe se fait donc mal à l'égard de la mythologie de la mer. Sans doute les contes finissent par rejoindre les rêves; les rêves finissent par se nourrir — très maigrement — des contes. Mais les contes ne participent pas vraiment à la puissance fabulante des rêves naturels; les contes de la mer moins que tout autre, car les récits du voyageur ne sont pas psychologiquement vérifiés par celui qui écoute. A beau mentir qui revient de loin. Le héros des mers revient toujours de loin; il revient d'un au-delà; il ne parle jamais du rivage. La mer est fabuleuse parce qu'elle s'exprime d'abord par les lèvres du voyageur du plus lointain voyage. Elle fabule le lointain. Or, le rêve naturel fabule ce qu'on voit, ce qu'on touche, ce qu'on mange. On efface à tort, dans les études psychologiques, cet *expressionnisme* premier qui nuit à l'*impressionnisme* essentiel du rêve et de l'imagination matérielle. L'orateur en dit trop pour que l'auditeur en sente beaucoup. L'inconscient maritime est dès lors un inconscient *parlé*, un inconscient qui se disperse dans des récits d'aventures, un inconscient qui ne dort pas. Il perd donc tout de suite ses forces oniriques. Il est moins profond que cet inconscient qui songe autour d'expériences communes et qui continue dans les rêves de la nuit les interminables rêveries du jour.

La mythologie de la mer touche donc rarement aux origines de la fabulation.

Bien entendu, nous n'avons pas à insister sur l'influence de la mythologie *enseignée*, qui forme un obstacle à l'étude psychologique exacte des mythes. Dans la mythologie enseignée, on commence par le général au lieu de commencer par le particulier. On croit faire comprendre sans se donner la peine de faire sentir. Chaque canton de l'univers reçoit un dieu nommément désigné. Neptune prend la mer ; Apollon le ciel et la lumière. Il ne s'agit plus que d'un vocabulaire. Un psychologue du mythe devra donc faire effort pour retrouver des choses derrière des noms, pour vivre, avant les récits et les contes, la rêverie primitive, la rêverie naturelle, la rêverie solitaire, celle qui accueille l'expérience de tous les sens et qui projette tous nos fantasmes sur tous les objets. Cette rêverie, encore une fois, doit placer l'eau commune, l'eau quotidienne, avant l'infini des mers.

III

La suprématie de l'eau terrestre sur l'eau marine n'a naturellement pas échappé aux mythologues modernes. Nous ne rappellerons, à cet égard, que les travaux de Charles Ploix. Ils nous intéressent d'autant plus que le *naturalisme* de la mythologie de Ploix est primitivement un naturalisme à grande échelle, mis à la mesure des phénomènes cosmiques les plus généraux. L'exemple sera bon pour éprouver notre théorie de l'imagination matérielle qui suit une marche inverse et qui veut faire une place, à côté du visible et du lointain, au tangible et au sensuel.

Pour Charles Ploix, le drame mythologique fondamental — thème monotone de toutes les variations — est, comme on le sait, le drame du jour et de la nuit. Tous les héros sont *solaires* ; tous les dieux sont des dieux de la lumière. Tous les mythes racontent la même histoire : le triomphe du jour sur la nuit. Et l'émotion qui anime les mythes est l'émotion primitive entre toutes : la peur des ténèbres, l'anxiété que vient enfin guérir l'aurore. Les mythes plaisent aux hommes parce qu'ils finissent bien ; les mythes finissent bien parce qu'ils finissent comme finit la nuit : par le succès du jour, par le succès du bon héros, du courageux héros qui déchire et taille en pièces les voiles, qui délie l'angoisse, qui rend la vie aux hommes perdus dans les ténèbres comme dans un enfer. Dans la théorie mythique de Ploix, tous les dieux, même ceux qui vivent sous terre, parce qu'ils sont dieux, recevront une auréole ; ils viendront, ne fût-ce qu'un jour, ne fût-ce qu'une heure, participer à la joie divine, à l'action diurne qui est toujours une action d'éclat.

En conformité avec cette thèse générale, le dieu de l'eau devra avoir sa part de ciel. Puisque Zeus a pris le ciel bleu, clair, serein, Poseidon prendra le ciel gris, couvert, nuageux[1]. Ainsi, Poseidon aura, lui aussi, un rôle dans le drame céleste permanent. La nuée, les nuages, les brouillards seront donc des *concepts primitifs* de la psychologie neptunienne. Or, ce sont précisément des objets sans cesse contemplés par la rêverie hydrique qui pressent l'eau *cachée* dans le ciel. Les signes précurseurs de la pluie éveillent une rêverie spéciale, une rêverie très végétale, qui vit vraiment le désir de la prairie vers la pluie bienfaisante. A certaines heures, l'être humain est une plante qui désire l'eau du ciel.

Charles Ploix apporte de nombreux arguments pour soutenir sa thèse du caractère primitivement céleste de Poseidon. Il résulte de ce caractère primitif que l'attribution des forces océaniques à Poseidon est tardive ; il faut qu'un autre personnage vienne en quelque sorte doubler le dieu des nuées pour que Poseidon travaille comme un dieu des mers. « Il est absolument invraisemblable, dit Ploix, que le dieu de l'eau douce et le dieu de l'eau salée soient un seul et même personnage. » Et même, avant d'aller du ciel à la mer, Poseidon ira du ciel à la terre. Il sera donc bientôt le dieu de l'*eau douce*, le dieu de l'eau terrestre. A Trézène, « on lui offre les prémices des fruits de la terre ». On l'honore sous le nom de Poseidon Phytalmios. Il est donc « le dieu de la végétation ». Toute divinité végétale est une divinité de l'eau douce, une divinité parente avec les dieux de la pluie et des nuées.

Dans les mythologies primitives, c'est aussi Poseidon

1. Charles Ploix, *La Nature et les dieux*, p. 444.

qui fait surgir les sources. Et Charles Ploix assimile le trident « à la baguette magique qui fait aussi découvrir les sources ». Souvent cette « baguette » opère avec une mâle violence. Pour défendre la fille de Danaos contre l'attaque d'un satyre, Poseidon lance son trident qui s'enfonce dans la roche : « En le retirant, il en fait jaillir trois filets qui deviennent la fontaine de Lerne. » On le voit, la baguette du sourcier a une bien vieille histoire ! Elle participe aussi à une bien vieille et bien simple psychologie ! Au XVIIIe siècle, on l'appelle souvent *la verge de Jacob* ; son magnétisme est masculin. Même de nos jours, où les talents se mêlent, on ne parle guère de « sourcières ». Réciproquement, comme les sources sont provoquées par le héros dans une action si masculine, on ne doit pas s'étonner que l'eau des sources soit, entre toutes, une eau féminine.

Charles Ploix conclut : « Poseidon est donc de l'eau douce. » C'est l'eau douce en général, parce que les eaux dispersées dans les milles sources de la campagne ont toutes « leurs fétiches » (p. 450). Dans sa première généralisation, Poseidon est, par conséquent, un dieu qui généralise les dieux des sources et des fleuves. Quand on l'a associé à la mer, on n'a fait que continuer cette généralisation. Rohde a d'ailleurs montré que lorsque Poseidon prend possession de la vaste mer, quand il n'est plus attaché à un fleuve particulier, il est déjà une sorte de concept divinisé[1]. D'ailleurs, à l'océan lui-même reste attaché un souvenir de cette mythologie primitive. Par Okeanos, dit Ploix, « il faut entendre, non pas la mer, mais le grand réservoir d'eau douce (potamos) situé aux extrémités du monde » (p. 447).

Comment mieux dire que l'intuition rêveuse de l'eau douce persiste en dépit des circonstances adverses ? L'eau du ciel, la fine pluie, la source amie et salutaire donnent des leçons plus directes que toutes les eaux des mers. C'est une perversion qui a salé les mers. Le sel entrave une rêverie, la rêverie de la douceur, une des rêveries les plus matérielles et les plus naturelles qui soient. La rêverie naturelle gardera toujours un privilège à l'eau douce, à l'eau qui rafraîchit, à l'eau qui désaltère.

---

1. *Cf*. Rohde, *Psyché*, trad., p. 104.

IV

Sur la douceur, comme sur la fraîcheur, on peut suivre quasi matériellement la constitution de la métaphore qui fait attribuer à l'eau toutes les qualités adoucissantes. L'eau, qui est douce au palais, va devenir, dans certaines intuitions, matériellement douce. Un exemple pris dans la chimie de Boerhaave nous montrera le sens de cette substantialisation de la douceur.

Pour Boerhaave [1], l'eau est *très* douce. En effet, « elle est si douce, que réduite au degré de chaleur qui a lieu dans un homme sain, et appliquée ensuite sur les parties de notre corps, où le sentiment est le plus délicat (comme la cornée de l'œil, la membrane du nez), non seulement elle n'y excite aucune douleur, mais elle n'y produit pas même une sensation différente de celle qui y est excitée par nos humeurs... dans leur état naturel ». « Bien plus, appliquée légèrement sur des nerfs, tendus par quelque inflammation, et si sensible à la moindre chose, elle ne les affecte point. Versée sur des parties ulcérées, ou sur la chair vive... elle ne produit aucune irritation. » « Des fomentations d'eau chaude, appliquées sur les nerfs découverts et à moitié consumés par un cancer ulcéré, apaisent la vivacité de la douleur, loin de l'augmenter. » On voit à l'œuvre la métaphore : l'eau adoucit une douleur, donc elle est douce. Boerhaave conclut : « Comparée avec les autres humeurs de notre corps, elle est plus douce qu'aucune d'elles, sans en excepter même notre Huile, qui, quoique très douce, ne laisse pas d'agir sur nos nerfs d'une façon extraordinaire et incommode par sa seule viscosité... Enfin, on a une preuve de sa grande douceur, en ce que toutes sortes de corps âcres perdent leur âcreté naturelle, qui les rend si nuisibles au corps humain. »

Douceur et âcreté n'ont plus ici aucune référence aux impressions de la saveur, ce sont des qualités substantielles qui peuvent entrer en lutte. Dans cette lutte, la douceur de l'eau triomphe. C'est une marque de son caractère substantiel [2].

---

1. Boerhaave, *Élemens de chymie*, trad. 1752, t. II, p. 586.
2. La douceur de l'eau imprègne l'âme même. On lit dans l'*Hermès Trismégiste* (trad. Louis Ménard, p. 202) : « Un excès d'eau rend l'âme douce, affable, facile, sociable et disposée à plier. »

On peut voir maintenant le chemin parcouru depuis la sensation première jusqu'à la métaphore. L'impression de douceur que peuvent recevoir un gosier altéré, une langue sèche est sans doute très nette; mais cette impression n'a rien de commun avec les impressions visuelles de l'amollissement et de la dissolution des substances par l'eau. Toutefois, l'imagination matérielle est en travail; elle doit porter aux substances des impressions primitives. Elle doit donc attribuer à l'eau les qualités de la boisson et d'abord les qualités de la première boisson. Il faut donc qu'à un nouveau point de vue l'eau soit un lait, il faut donc que l'eau soit douce comme le lait. L'eau douce sera toujours dans l'imagination des hommes une eau privilégiée.

CHAPITRE VIII

L'EAU VIOLENTE

> C'est une très funeste tendance de
> notre âge de se figurer que nature
> c'est rêverie, c'est paresse, c'est lan-
> gueur.
>
> MICHELET, *La Montagne*, p. 362.
>
> L'Océan bout de peur.
>
> DU BARTAS.

I

Dès qu'on rend à la psychologie dynamique son juste rôle, dès qu'on commence à distinguer — comme nous avons essayé de le faire dans nos considérations sur la composition de l'eau et de la terre — toutes les matières suivant le travail humain, qu'elles provoquent ou qu'elles exigent, on ne tarde pas à comprendre que la *réalité* ne peut être vraiment constituée aux yeux de l'homme que lorsque l'activité humaine est suffisamment offensive, est intelligemment offensive. Alors tous les objets du monde reçoivent leur juste *coefficient d'adversité*. Ces nuances activistes ne nous paraissent pas avoir été suffisamment exprimées par « l'intentionalité phénoménologique ». Les exemples des phénoménologistes ne mettent pas assez en évidence les degrés de tension de l'intentionalité; ils restent trop « formels », trop intellectuels. Des principes d'évaluation intensive et matérielle manquent alors à une doctrine de l'objectivation qui objective des formes, mais non pas des forces. Il faut à la fois une intention formelle, une intention dynamique et une intension matérielle pour comprendre l'objet dans sa force, dans sa résistance, dans sa matière, c'est-à-dire totalement. Le monde est aussi bien le miroir de notre ère que la réaction de nos forces. Si le monde est ma volonté, il est aussi mon adversaire. Plus grande est la volonté, plus grand est l'adversaire. Pour bien comprendre la philosophie de Schopenhauer, il faut garder à la volonté humaine son caractère initial. Dans la bataille de l'homme et du monde, ce n'est pas le monde qui commence. Nous achèverons dans la leçon de Schopenhauer, nous additionnerons vraiment la représentation intelligente à la volonté claire du *Monde comme volonté et représentation*, en énonçant la formule : *Le monde est ma provocation*. Je *comprends* le monde parce que je le *surprends* avec mes forces incisives, avec mes forces dirigées, dans la juste hiérarchie de mes offenses, comme des réalisations de ma joyeuse colère, de ma colère toujours victorieuse, toujours conquérante. En tant que source d'énergie, l'être est une colère *a priori*.

De ce point de vue activiste, les quatre éléments matériels sont quatre types différents de provocation, quatre types de colères. Vice versa, la psychologie, si elle devenait justement soucieuse des caractères offensifs de nos actions, trouverait, dans des études de l'imagination matérielle, une quadruple racine de la colère. Elle y verrait des comportements objectifs pour des explosions en apparence subjectives. Elle y gagnerait des éléments pour symboliser des colères sournoises ou violentes, obstinées et vengeresses. Comment espérer atteindre l'esprit de finesse dans l'enquête psychologique sans une richesse suffisante du symbole, sans une forêt de symboles ? Comment faire comprendre tous ces retours, toutes ces reprises d'une rêverie de puissance jamais satisfaite, jamais lasse, si nous n'avons aucune attention pour les occasions objectives si diverses de son triomphe ?

Si la *provocation* est une notion indispensable pour comprendre le rôle actif de notre connaissance du monde, c'est qu'on ne fait pas de la psychologie avec de la défaite. On ne connaît pas tout de suite le monde dans une connaissance placide, passive, quiète. Toutes les rêveries

constructives — et il n'est rien de plus essentiellement
constructeur que la rêverie de puissance — s'animent dans
l'espérance d'une adversité surmontée, dans la vision d'un
adversaire vaincu. On ne trouvera le sens vital, nerveux,
réel des notions objectives qu'en faisant l'histoire psychologique d'une victoire orgueilleuse remportée sur un élément adverse. C'est l'orgueil qui donne l'unité dynamique
à l'être, c'est lui qui crée et allonge la fibre nerveuse. C'est
l'orgueil qui donne à l'élan vital ses trajets rectilignes,
c'est-à-dire son succès absolu. C'est le sentiment de la
victoire certaine qui donne au réflexe sa flèche, la joie
souveraine, la joie mâle de perforer la réalité. Le réflexe
victorieux et vivant dépasse systématiquement sa portée
antécédente. Il va plus loin. S'il n'allait qu'aussi loin
qu'une action antécédente, il serait déjà machinal, il serait
déjà animalisé. Les réflexes de défense qui portent vraiment le signe humain, les réflexes que l'homme prépare,
fourbit, tient en alerte sont des actes qui défendent en
attaquant. Ils sont constamment dynamisés par un vou-
loir-attaquer. Ils sont une réponse à une insulte et non pas
une réponse à une sensation. Et qu'on ne s'y trompe pas :
l'adversaire qui insulte n'est pas nécessairement un
homme, déjà les choses nous questionnent. En revanche,
dans son expérience audacieuse, l'homme brutalise le réel.

Si l'on veut bien adopter cette définition anagénétique
du réflexe humain dûment dynamisé par la provocation,
par le besoin d'attaquer les choses, par le travail offensif,
on comprendra que les victoires sur les quatre éléments
matériels sont toutes particulièrement salubres, toni-
fiantes, rénovatrices. Ces victoires déterminent quatre
types de santé, quatre types de vigueur et de courage
susceptibles de fournir, à une classification des allures,
des traits peut-être plus importants que la théorie des
quatre tempéraments. Une hygiène active, caractérisée
par les matières sur lesquelles s'exerce l'action — et comment ne pas donner le premier sang à la matière où
s'exerce l'action, à la matière travaillée? — aura donc
naturellement une quadruple racine dans la vie naturelle.
Les quatre éléments spécifient dynamiquement, plus
encore que matériellement, quatre types thérapeutiques.

II

Pour bien faire sentir cette différence dans la conquête des allures et des santés dues aux éléments matériels combattus, nous allons étudier des impressions d'adversité surmontée aussi proches que possible, tout en leur laissant leur marque matérielle profonde. Ce sera le cas pour la dynamogénie du marcheur contre le vent, d'une part, et pour la dynamogénie du nageur contre le courant, d'autre part.

Puisque notre but, dans cet ouvrage, est d'apporter une contribution à la psychologie de la création littéraire, choisissons tout de suite deux héros littéraires pour illustrer nos remarques : Nietzsche le marcheur, Swinburne le nageur.

Nietzsche a instruit patiemment sa volonté de puissance par ses longues marches dans la montagne, par sa vie en plein vent sur les sommets. Sur les sommets, il a aimé :

L'âpre divinité de la roche sauvage[1].

La pensée dans le vent ; il a fait de la marche un combat. Mieux, *la marche est son combat*. C'est elle qui donne le rythme énergique de Zarathoustra. Zarathoustra ne parle pas assis, il ne parle pas en se promenant, comme un péripatéticien. Il donne sa doctrine en marchant énergiquement. Il la jette aux quatre vents du ciel.

Aussi quelle facile vigueur ! Contre le vent, le combat est presque toujours sans défaite. Un *héros du vent* qui serait renversé par une rafale serait le plus ridicule des généraux vaincus. Le héros qui *provoque* le vent n'accepte pas la devise du roseau : « Je plie et ne romps pas », car c'est là une devise *passive*, une devise qui conseille d'attendre, de se courber devant la puissance. Ce n'est pas la devise active du marcheur, car le marcheur *intrépide* se courbe *en avant*, en face du vent, contre le vent. Sa canne perce l'ouragan, troue la terre, sabre la rafale. Dynamiquement, le marcheur dans le vent est l'*inverse* du roseau.

Plus de tristesse : les pleurs arrachés par la bise sont les pleurs les plus artificiels, les plus extérieurs, les moins

1. *Poésie in Ecce Homo*, trad. Henri Albert, p. 183.

chagrins. Ce ne sont pas des larmes féminines. Les larmes du *marcheur combattant* ne sont pas de l'ordre des peines, elles sont de l'ordre de la rage. Elles répondent par la colère à la colère de la tempête. Le vent *vaincu* les essuiera. En attendant, comme D'Annunzio, le marcheur, dans l'excitation de son combat, respire « l'odeur soufrée de l'ouragan[1] ».

Et le marcheur drapé dans la tempête, comme il symbolise facilement une victoire de Samothrace ! Il est immédiatement un fanion, un drapeau, un étendard. Il est le signe d'un courage, la preuve d'une force, la prise d'une étendue. Le manteau battu par l'ouragan est ainsi une sorte de drapeau inhérent, le drapeau imprenable du héros du vent.

La marche contre le vent, la marche dans la montagne est sans doute l'exercice qui aide le mieux à vaincre le *complexe d'infériorité*. Réciproquement, cette marche qui ne désire pas de but, cette *marche pure* comme une *poésie pure*, donne de constantes et d'immédiates impressions de volonté de puissance. Elle est la volonté de puissance à l'état discursif. Les grands timides sont de grands marcheurs ; ils remportent des victoires symboliques à chaque pas ; ils *compensent* leur timidité à chaque coup de canne. Loin des villes, loin des femmes, ils recherchent la solitude des sommets : « Fuis, mon ami, fuis dans ta solitude » (*Fliehe, mein Freund, in deine Einsamkeit*[2]). Fuis la lutte contre les hommes pour retrouver la *lutte pure*, la lutte contre les éléments. Va apprendre la lutte en luttant contre le vent. Et Zarathoustra achève la strophe en ces termes : « Fuis là-haut où souffle un vent rude et fort. »

III

Voyons maintenant le deuxième tableau du diptyque.

Dans l'eau, la victoire est plus rare, plus dangereuse, plus méritoire que dans le vent. Le nageur conquiert un élément plus étranger à sa nature. Le jeune nageur est un héros précoce. Et quel vrai nageur n'a pas d'abord été un

1. D'Annunzio, *Forse che si, forse che no*, p. 37.
2. Nietzsche, *Ainsi parlait Zarathoustra*, trad. Albert, p. 72.

jeune nageur? Les premiers exercices de la nage sont l'occasion d'une peur surmontée. La marche n'a pas ce seuil d'héroïsme. A cette peur de l'élément nouveau s'associe d'ailleurs une certaine crainte à l'égard du maître nageur qui, souvent, précipite son élève dans une eau profonde. On ne s'étonnera donc pas qu'un léger complexe œdipien se manifeste où le maître nageur joue le rôle du père. Les biographes nous disent qu'à six ans, Edgar Poe, qui devait devenir plus tard un nageur intrépide, craignait l'eau. A une crainte surmontée correspond toujours un orgueil. Mme Bonaparte cite une lettre d'Edgar Poe où le poète étale son orgueil de nageur : « Je ne penserais pas faire chose extraordinaire en essayant de traverser le Pas-de-Calais entre Douvres et Calais. » Elle relate aussi des scènes où Edgar Poe, revivant sans doute de vieux souvenirs, joue le rôle du maître nageur énergique, du Père nageur, en précipitant le fils d'Hélène, le fils de la bien-aimée, dans les flots. Un autre jeune garçon fut initié de la même manière ; le jeu faillit être dangereux et Edgar Poe dut se précipiter à l'eau et sauver son élève. Et Mme Bonaparte conclut : « A ces souvenirs, agissant à leur façon, venait alors s'adjoindre, surgi du fond de l'inconscient, le désir profond œdipien de se substituer au père [1]. » Sans doute, chez Poe, le complexe œdipien a d'autres sources plus importantes, mais il est, croyons-nous, intéressant de constater que l'inconscient multiplie les images du père et que toutes les formes d'initiation posent des problèmes œdipiens.

Toutefois, le psychisme hydrant d'Edgar Poe reste très spécial. La composante active que nous venons de saisir chez Poe, maître nageur, n'arrive pas à dominer la composante mélancolique qui reste le caractère dominant des intuitions de l'eau dans la poétique de Poe. Nous nous adresserons donc à un autre poète pour illustrer l'expérience virile de la nage. C'est Swinburne qui nous permettra de désigner le héros des eaux violentes.

On pourrait écrire de nombreuses pages sur les pensées et les images de Swinburne relatives à la poésie générale des eaux. Swinburne a vécu les heures de son enfance près

---

1. Mme Bonaparte, *loc. cit.*, t. I, p. 341.

des flots, dans l'île de Wight. Une autre propriété de ses grands-parents, à vingt-cinq kilomètres de Newcastle, étendait ses grands parcs dans un pays de lacs et de rivières. La propriété était limitée par les eaux de la rivière Blyth[1] : comme on est bien propriétaire quand le domaine a ainsi ses « frontières naturelles » ! Swinburne enfant a donc connu la plus délicieuse des possessions : avoir une rivière à soi. Alors vraiment les images de l'eau nous appartiennent ; elles sont nôtres ; nous sommes elles. Swinburne a compris qu'il appartenait à l'eau, à la mer. Dans sa reconnaissance à la mer, il écrit :

Me the sea my nursing-mother, me the Channel green and hoar,
Holds at heart more fast than all things, bares for me the goodlier
[breast,
Lifts for me the lordlier love-song, bids for me more sunlight shine,
Sounds for me the stormier trumpet of the sweeter stran to me...
(A Ballad at Parting.)

« A la mer qui m'a nourri, à la Manche verte et écumeuse, mon cœur est attaché plus solidement qu'à rien au monde ; elle dévoile pour moi une poitrine généreuse, elle entonne pour moi le plus solennel des chants d'amour, elle ordonne pour moi que le soleil répande plus généreusement l'éclat de sa lumière et fait sonner pour moi l'impétueuse trompette dont les accents me sont si doux. »
Paul de Reul a reconnu l'importance vitale de semblables poèmes. Il écrit : « Ce n'est pas seulement par métaphore que le poète se dit fils de la mer et de l'air et bénit ces impressions de nature qui font l'unité d'une existence, relient l'enfant à l'adolescent, l'adolescent à l'homme[2]. » Et Paul de Reul cite en note ces vers du Garden of Cymodoce :

Sea and bright wind, and heaven and ardent air
More dear than all things earth-born; O to me
Mother more dear than love's own longing. Sea...

« Rien de ce qui est né sur la terre ne m'est plus cher que

1. Lafourcade, La Jeunesse de Swinburne, t. I, p. 43.
2. Paul de Reul, L'Œuvre de Swinburne, p. 93.

la mer, le vent joyeux, le ciel et l'air vivant. O mer, tu m'es plus chère que les convoitises mêmes de l'amour, tu es une mère pour moi. »

Comment mieux dire que les choses, les objets, les formes, tout le pittoresque bariolé de la nature se dispersent et s'effacent quand retentit l'*appel de l'élément*? L'appel de l'eau réclame en quelque sorte un don total, un don intime. L'eau veut un habitant. Elle appelle comme une patrie. Dans une lettre à W. M. Rossetti, que cite Lafourcade (*loc. cit.*, t. I, p. 49), Swinburne écrit : « Je n'ai jamais pu être sur l'eau sans souhaiter être dans l'eau. » Voir l'eau, c'est vouloir être « en elle ». A cinquante-deux ans, Swinburne nous dit encore sa fougue : « Je courus comme un enfant, arrachai mes vêtements, et je me jetai dans l'eau. Et cela ne dura que quelques minutes, mais j'étais dans le ciel! »

Allons donc sans tarder davantage à cette esthétique dynamique de la nage; écoutons, avec Swinburne, l'invitation active du flot.

Voici le saut, le jet, le premier saut, le premier jet dans l'Océan : « Quant à la mer, son sel *doit* avoir été dans mon sang dès avant ma naissance. Je ne puis me rappeler de jouissance antérieure à celle d'être tenu au bout des bras de mon père et brandi entre ses mains, puis jeté comme la pierre d'une fronde à travers les airs, criant et riant de bonheur, tête la première dans les vagues avançantes — plaisir qui ne peut avoir été ressenti que par un bien petit personnage[1]. » C'est là une scène d'initiation dont on n'a pas fait une analyse absolument exacte; sur la foi de Swinburne, on en a retranché toutes les raisons de souffrance et d'hostilité, on lui a conféré la qualité d'une jouissance première. On a cru sur parole Swinburne écrivant à un ami, à l'âge de trente-huit ans : « Je me rappelle avoir eu peur d'autres choses, mais jamais de la mer. » Une telle affirmation revient à oublier le *premier drame*, le drame qui est toujours lié à *un premier acte*. C'est accepter comme de la joie substantielle le festival d'initiation qui *couvre*, dans le souvenir même, la terreur intime de l'initié.

En fait, le *saut dans la mer* ravive, plus que tout autre

---

1. Cité par Lafourcade, *loc. cit.*, t. I, p. 49.

événement physique, les échos d'une initiation dangereuse, d'une initiation hostile. Il est la seule image exacte,
raisonnable, la seule image qu'on peut vivre, du *saut dans
l'inconnu*. Il n'y a pas d'autres sauts *réels* qui soient des
sauts « dans l'inconnu ». Le saut dans l'inconnu est un
saut dans l'eau. C'est le *premier* saut du nageur novice.
Quand une expression aussi abstraite que « le saut dans
l'inconnu » trouve son unique raison dans une expérience
réelle, c'est la preuve évidente de l'importance psychologique de cette image. La critique littéraire ne donne pas
assez d'attention, croyons-nous, aux éléments réels des
images. Sur cet exemple, il nous semble faire saisir quel
poids psychologique peut recevoir une locution aussi
concrètement usée que celle « d'un saut dans l'inconnu »
quand l'imagination matérielle la rend à son élément. Une
humanité parachutée aura bientôt, à cet égard, une expérience nouvelle. Si l'imagination matérielle travaille cette
expérience, elle ouvrira un nouveau domaine de métaphores.

Restituons donc à l'initiation ses caractères vraiment
premiers, vraiment dramatiques. Lorsqu'on quitte les
bras paternels pour être lancé « comme la pierre d'une
fronde » dans l'élément inconnu, on ne peut avoir d'abord
qu'une impression amère d'hostilité. On se sent « un bien
petit personnage ». Celui qui rit, d'un rire moqueur, d'un
rire blessant, d'un rire d'initiateur, c'est le père. Si l'enfant
rit, c'est d'un rire forcé, c'est d'un rire contraint, c'est d'un
rire nerveux étonnamment complexe. Après l'épreuve, qui
peut être très brève, le rire enfantin reprendra sa fran-
chise, un courage récurrent viendra masquer la révolte
première ; la facile victoire, la joie d'être initié, l'orgueil
d'être devenu, comme le père, un être de l'eau, laisseront
« la pierre de fronde » sans rancune. Les bonheurs de la
nage effaceront la trace de l'humiliation première. Eugenio d'Ors a bien vu les caractères polyvalents des « rires de
l'eau ». Tandis que le guide qui montre la Résidence de
Hellbrun, près de Salzburg, fait admirer le Bain de Persée
et d'Andromède, un mécanisme dissimulé fait jouer « cent
jets d'eau » qui aspergent le visiteur de la tête au pied.
Eugenio d'Ors sent bien que « les rires de l'auteur de la
plaisanterie et les rires de la victime elle-même » n'ont pas

la même tonalité. « Le bain par surprise, dit Eugenio d'Ors, est une variété du sport de l'auto-humiliation[1]. »

Swinburne a aussi été trompé par des impressions accumulées au cours de la vie sur l'impression primitive quand il a écrit, dans *Lesbia Brandon* : « C'était plutôt désir que courage qui l'attirait et l'attachait à la dure expérience de l'eau. » Il ne voit pas l'exacte composition du désir et du courage. Il ne voit pas que le nageur obéit au *désir du courage*, en se souvenant de ses premiers courages alors que le désir était absent. Dans une expérience d'énergie comme celle de la nage, du désir au courage il n'y a pas alternative, il y a l'action vigoureuse d'un génitif. Comme tant d'autres psychologues de l'ère antépsychanalytique, Swinburne glisse à une analyse simpliste qui joue avec le plaisir et la douleur comme avec des entités isolées, séparables, contraires. La nage est ambivalente. La première nage est une tragi-comédie.

Georges Lafourcade a d'ailleurs bien apprécié la joie cénesthésique de la violence. Dans l'ensemble de sa belle étude, il fait justement place à de nombreux thèmes psychanalytiques. En suivant la thèse de Lafourcade, nous allons essayer de classer les caractères dynamiques de l'expérience marine. Nous allons voir comment les éléments de la vie objective symbolisent avec les éléments de la vie intime. Dans l'action musculaire de la nage intervient une ambivalence spécifique qui va nous permettre de reconnaître un complexe particulier. Ce complexe, qui résume tant de caractères de la poétique de Swinburne, nous proposons de le nommer *le complexe de Swinburne*.

Un complexe est toujours la charnière d'une ambivalence. Autour d'un complexe, la joie et la douleur sont toujours prêtes à échanger leur ardeur. Dans l'expérience de la nage, on peut donc voir s'accumuler les dualités ambivalentes. Par exemple, l'eau froide, quand on en triomphe courageusement, donne une sensation de chaude circulation. Il en résulte une impression de fraîcheur spéciale, de fraîcheur tonique : « Le goût de la mer, dit Swinburne, le baiser des flots (est) amer et frais. » Mais ce sont les ambivalences travaillant la volonté de puissance qui commandent tout. Comme le dit Georges

1. Eugenio d'Ors, *La Vie de Goya*, trad., p. 153.

Lafourcade : « La mer est une ennemie qui cherche à vaincre et qu'il faut vaincre ; ces vagues sont autant de coups qu'il faut affronter ; le nageur a l'impression de heurter de tout son corps les membres de l'adversaire[1]. » Qu'on réfléchisse au caractère très particulier de cette personnification pourtant si exacte ! *On voit la lutte avant les lutteurs.* Plus exactement, la mer n'est pas un corps qu'on voit, pas même un corps qu'on étreint. C'est un milieu dynamique qui répond à la dynamique de nos offenses. Quand même des images visuelles surgiraient de l'imagination et donneraient une forme « aux membres de l'adversaire », il faudrait bien reconnaître que ces images visuelles viennent en deuxième lieu, en sous-ordre, par la nécessité d'exprimer au lecteur une image essentiellement dynamique qui, elle, est première et directe, qui relève donc de l'imagination dynamique, de l'imagination d'un mouvement courageux. Cette image dynamique fonda-mentale est donc une sorte de *lutte en soi*. Plus que qui-conque, le nageur peut dire : le monde est ma volonté, le monde est ma provocation. C'est moi qui agite la mer.

Pour éprouver le goût, l'ardeur, les viriles délices de cette « lutte en soi », n'allons pas trop vite à sa conclusion ; n'allons pas trop vite à la fin de l'exercice, quand le nageur jouit de son succès, quand il trouve la paix dans la saine fatigue. Pour caractériser l'*imagination dynamique*, pre-nons au contraire, ici comme partout, l'action dans ses prémisses ; et même, si nous voulons construire l'image de la « nage pure » comme type particulier de la « poésie dynamique pure », psychanalysons l'orgueil du nageur qui rêve à sa prochaine prouesse. Nous nous rendrons compte que sa pensée est une *provocation imagée*. Déjà, dans sa rêverie, il dit à la mer : « Une fois de plus, je vais nager *contre* toi, je vais lutter, fier de mes forces neuves, en pleine conscience de mes forces surabondantes contre tes flots innombrables. » Cet exploit rêvé par la volonté, voilà l'expérience chantée par les poètes de l'eau violente. Elle est moins faite de souvenirs que d'anticipations. L'eau violente est un schème de courage.

Lafourcade va pourtant un peu trop rapidement aux complexes de la psychanalyse classique. Ces complexes

1. Lafourcade, *loc. cit.*, t. I, p. 50.

généraux, il faut sans doute que l'analyse psychologique les retrouve : tous les complexes particularisés sont, en effet, des productions des complexes primitifs, mais les complexes primitifs ne deviennent esthétisants que s'ils se particularisent dans une expérience cosmique, en se couvrant de traits pittoresques, en s'exprimant dans une beauté objective. Si le complexe de Swinburne développe un complexe œdipien, il faut que le décor soit à la mesure du personnage. C'est pourquoi la nage dans les eaux naturelles, en plein lac, en plein fleuve, peut seule s'animer des forces complexuelles. La piscine, avec son nom si ridiculement choisi, ne donnera pas à l'exercice du complexe son véritable cadre. Elle manquera aussi à l'idéal de solitude si nécessaire à la psychologie du défi cosmique. Pour bien *projeter* la volonté, il faut être seul. Les poèmes de la nage volontaire sont des poèmes de la solitude. La piscine manquera toujours de l'élément psychologique fondamental qui rend la nage moralement salutaire.

Si la volonté fournit le thème dominant de la poésie de la nage, la sensibilité garde naturellement un rôle. C'est grâce à la sensibilité que l'ambivalence spéciale de la lutte contre l'eau avec ses victoires et ses défaites s'insère dans l'ambivalence classique de la peine et de la joie. Nous allons d'ailleurs voir que cette ambivalence n'est pas équilibrée. La fatigue est le destin du nageur : le sadisme doit faire place tôt ou tard au masochisme.

Chez Swinburne, dans l'exaltation des eaux violentes, sadisme et masochisme sont d'abord, comme il convient à une nature complexuelle, bien mêlés. Swinburne dit à la vague : « Mes lèvres fêteront l'écume de tes lèvres... tes doux et âpres baisers sont forts comme le vin, tes larges embrassements, aigus comme la douleur. » Mais il arrive un moment où l'adversaire est le plus fort, où, par conséquent, le masochisme s'installe. Alors « chaque vague fait souffrir, chaque flot cingle comme une lanière ». « La flagellation de la houle le marqua des épaules aux genoux et l'envoya sur le rivage, avec la peau entière rougie par le fouet de la mer » (*Lesbia Brandon*). Et devant de telles métaphores souvent répétées, Lafourcade évoque justement la souffrance ambivalente de la flagellation si caractéristique du masochisme.

Si nous rappelons maintenant que cette flagellation apparaît dans une *nage racontée*, c'est-à-dire comme une métaphore de métaphore, nous comprendrons ce qu'est un masochisme littéraire, un masochisme virtuel. Dans la réalité psychologique du masochisme, la flagellation est une condition préalable de la jouissance ; dans la « réalité » littéraire, la flagellation n'apparaît plus que comme une conséquence, comme la suite d'un bonheur excessif. La mer flagelle l'homme qu'elle a vaincu, qu'elle rejette au rivage. Cependant, cette inversion ne doit pas nous tromper. L'ambivalence du plaisir et de la peine marque les poèmes comme elle marque la vie. Quand un poème trouve un accent dramatique ambivalent, on sent qu'il est l'écho multiplié d'un instant valorisé où se sont noués, au cœur du poète, le bien et le mal de tout un univers. Encore une fois, l'imagination fait monter, jusqu'au niveau cosmique, de pauvres incidents de la vie individuelle. L'imagination s'anime par ces images dominantes. Une grande partie de la poétique de Swinburne s'explique avec cette image dominante de la flagellation par les flots. Nous sommes donc fondé, croyons-nous, à retenir le nom de Swinburne pour désigner un complexe spécial. *Le complexe de Swinburne*, nous en sommes sûr, sera reconnu par tous les nageurs. Il sera surtout reconnu par tous les nageurs qui racontent leur nage, qui font de leur nage un poème, car c'est un des complexes poétisants de la nage. Il sera donc un thème d'explication utile pour caractériser certains états psychologiques et certains poèmes.

Byron pourrait être l'objet d'une étude similaire. Son œuvre abonde en formules qui relèvent d'une poétique de la nage. Elles fourniraient bien des variantes du thème fondamental. Ainsi, dans *Les Deux Foscari*, on lit : « Que de fois, d'un bras robuste, j'ai fendu ces flots, en opposant à leur résistance un sein audacieux. D'un geste rapide, je rejetais en arrière ma chevelure humide... J'écartais l'écume avec dédain[1]. » Le geste de la chevelure rejetée en arrière est à lui seul significatif. Il est l'instant d'une résolution, le signe de l'acceptation du combat. Ce mouvement de la tête marque une volonté d'être la tête d'un

---

1. Cité par Paul de Reul, *De Wordsworth à Keats*, p. 188.

mouvement. Le nageur fait vraiment face aux flots, alors
« les vagues, dit Byron dans *Childe Harold*, reconnaissent
leur maître ».

Bien entendu, il y a bien d'autres types de la nage que la
nage violente et active que nous venons d'étudier dans ce
paragraphe. Une psychologie complète de l'eau pourrait
trouver dans la littérature des pages où se montrerait une
communion dynamique du nageur et des ondes. Par
exemple, John Charpentier dit très bien de Coleridge : « Il
se livre à sa séduction rêveuse ; il s'y épanouit comme la
méduse dans la mer où elle nage avec légèreté et dont elle
semble épouser le rythme de son gonflement de parachute,
caresser les courants de ses molles ombelles flottantes [1]... »
Par cette image si bien vécue dynamiquement, si fidèle
aux forces de l'imagination matérielle, John Charpentier
nous fait comprendre la *nage molle et volumétrique*, à
l'exacte limite du passif et de l'actif, du flottement et de
l'impulsion qui rejoint la rêverie bercée, car tout s'apparente dans l'inconscient. Et cette image est une grande
vérité coleridgienne. Coleridge n'écrivait-il pas en 1803 à
Wedgwood : « Mon être est rempli de vagues qui roulent et
s'écroulent, ici et là, comme les choses qui n'ont pas de
maître commun... » ? Tel sera le songe d'un homme qui ne
sait pas *provoquer* le monde ; elle sera la nage d'un homme
qui ne sait pas *provoquer* la mer.

Une étude plus poussée dans cette voie nous permettrait
de suivre le passage des types de nages aux métamorphoses pisciformes. Il faudrait alors établir l'histoire naturelle des poissons imaginaires. Ces poissons imaginaires
sont assez peu nombreux en littérature, car notre imagination dynamique de l'eau est assez pauvre. Tieck, dans son
conte le *Wassermensch*, a essayé de suivre sincèrement une
métamorphose d'un homme voué à l'eau élémentaire. Au
contraire, *L'Ondine* de Giraudoux déroge à la sincérité
mythique, elle ne bénéficie pas d'une expérience onirique
profonde. Aussi on s'explique que Giraudoux s'échappe
comme d'un jeu qui le fatigue vite de ses « métaphores de
poissons ». Il n'a pas pu passer de la métaphore à la
métamorphose. Demander à une sirène de faire le grand

---

1. John Charpentier, *Coleridge*, p. 135.

écart n'est que plaisanterie statique, formelle qui ne sympathise pas avec l'imagination dynamique des eaux.

Comme la psychologie complexuelle est souvent préci-
sée par l'étude de complexes affaiblis ou dérivés, nous
allons étudier maintenant des complexes de Swinburne
affaiblis. En effet, le défi à la mer a aussi ses matamores.
Du rivage, par exemple, la *provocation* est plus facile, elle
est donc plus éloquente. Elle désigne alors des *complexes
de Swinburne larvés* qui se parent de composantes esthétiques très diverses. Nous allons donc examiner quelques-
uns de ces nouveaux aspects de la rêverie et de la littérature de l'eau.

IV

Est-il un thème plus banal que celui de la *colère* de
l'Océan ? Une mer calme est prise d'un soudain courroux.
Elle gronde et rugit. Elle reçoit toutes les métaphores de la
furie, tous les symboles animaux de la fureur et de la rage.
Elle agite sa crinière de lion. Son écume ressemble « à la
salive d'un léviathan », « l'eau est pleine de griffes ».
Victor Hugo a écrit ainsi, dans *Les Travailleurs de la Mer*,
une admirable psychologie de la tempête[1]. Dans ces
pages, qui ont tant parlé à l'âme populaire, Victor Hugo a
accumulé les métaphores les plus diverses, sûr d'être
compris. C'est que la psychologie de la colère est, au fond,
une des plus riches et des plus nuancées. Elle va de
l'hypocrisie et de la lâcheté jusqu'au cynisme et au crime.
La quantité d'états psychologiques à projeter est bien plus
grande dans la colère que dans l'amour. Les métaphores
de la mer heureuse et bonne seront donc bien moins
nombreuses que celles de la mer mauvaise.

Comme nous voulons surtout, dans ces pages, dégager le
principe de la projection dynamique, nous allons essayer
de n'étudier qu'un cas bien défini de projection de la
violence, en écartant, dans la limite du possible,
l'influence des images visuelles et en suivant certaines
attitudes qui participent à une intimité dynamique de
l'univers.

1. Victor Hugo, *Les Travailleurs de la Mer*, liv. III, *La lutte*.

Par exemple, en plusieurs occasions, Balzac nous montre dans *L'Enfant maudit* une âme en totale correspondance avec la vie dynamique de la mer.

Étienne, l'enfant maudit, est pour ainsi dire voué au courroux de l'Océan. Au moment de sa naissance, « une horrible tempête grondait par cette cheminée qui en redisait les moindres rafales en leur prêtant un sens lugubre, et la largeur de son tuyau la mettait si bien en communication avec le ciel, que les nombreux tisons du foyer avaient une sorte de respiration, ils brillaient et s'éteignaient tour à tour, au gré du vent [1] ». Étrange image où un tuyau de cheminée, comme une gorge grossière et inachevée, rationalise maladroitement — avec une maladresse sans doute voulue — la respiration courroucée de l'ouragan. Par ce moyen grossier, l'océan a porté sa voix prophétique dans la chambre la plus close : cette naissance dans la nuit d'une horrible tempête marque à jamais d'un signe fatal la vie de l'enfant maudit.

Balzac, au centre de son récit, va d'ailleurs nous livrer sa pensée intime : il y a correspondance, au sens swedenborgien, entre la vie d'un élément en furie et la vie d'une conscience malheureuse. « Déjà plusieurs fois il avait trouvé de mystérieuses correspondances entre ses émotions et les mouvements de l'Océan. La divination des pensées de la matière dont l'avait doué sa science occulte rendait ce phénomène plus éloquent pour lui que pour tout autre » (p. 60). Comment reconnaître plus clairement que la matière possède une pensée, une rêverie, et qu'elle ne se borne pas à venir penser en nous, rêver en nous, souffrir en nous ? N'oublions pas non plus que « la science occulte » de l'enfant maudit n'est pas une habile thaumaturgie ; elle n'a rien de commun avec la science « savante » d'un Faust. C'est à la fois une préscience obscure et une connaissance directe de la vie intime des éléments. Elle n'a pas été acquise au laboratoire, en travaillant les substances, mais en face de la Nature, en face de l'Océan, dans une méditation solitaire. Balzac continue : « Pendant la fatale soirée où il allait voir sa mère pour la dernière fois, l'Océan fut agité par des mouvements qui lui parurent extraordinaires. » Faut-il souligner qu'une tempête

---

1. Balzac, *L'Enfant maudit*, éd. Librairie Nouvelle, Paris, 1858, p. 3.

extraordinaire est une tempête vue par un spectateur dans un état psychologique *extraordinaire* ? Alors vraiment il y a de l'univers à l'homme correspondance *extraordinaire*, communication interne, intime, substantielle. Les correspondances se nouent en des instants rares et solennels. Une méditation intime donne une contemplation où l'on décèle l'intimité du monde. La méditation aux yeux fermés et la contemplation aux yeux grands ouverts ont soudain la même vie. L'âme souffre dans les choses ; à la détresse d'une âme correspond la misère d'un océan : « C'était un remuement d'eaux qui montrait la mer travaillée intestinement ; elle s'enflait par de grosses vagues qui venaient expirer avec ses bruits lugubres et semblables aux hurlements des chiens en détresse. Étienne se surprit à se dire à lui-même : « Que me veut-elle ? elle travaille et se plaint comme une créature vivante ! Ma mère m'a souvent raconté que l'Océan était en proie à d'horribles conclusions pendant la nuit où je suis né. Que va-t-il m'arriver ? » Les convulsions d'une naissance dramatique s'élèvent ainsi en puissance jusqu'à être les convulsions d'un océan.

La *correspondance* s'accentue alors de page en page. « A force de chercher un autre lui-même auquel il pût confier ses pensées et dont la vie pût devenir la sienne, il finit par sympathiser avec l'Océan. La mer devint pour lui un être animé, pensant... » (p. 65). On comprendrait mal la portée de ces pages si l'on n'y voyait qu'un banal animisme ou même qu'un artifice littéraire pour animer le décor avec le personnage. En effet, Balzac va trouver des nuances psychologiques si rarement notées que leur nouveauté est la garantie d'une observation psychologique réelle. Nous devrons les retenir comme des observations très instructives pour une psychologie de l'imagination dynamique.

Voyons, en effet, entrer en scène la volonté de puissance. Entre Étienne et l'Océan, il n'y a pas seulement une sympathie vague, une sympathie molle. Il y a surtout une *sympathie coléreuse*, une communication directe et réversible des violences. Il semble alors que les *signes objectifs* de la tempête ne soient plus nécessaires pour que l'Enfant maudit prédise la tempête. Cette prédiction n'est pas d'ordre séméiologique ; elle est d'ordre psychologique. Elle relève de la psychologie de la colère.

Entre deux êtres qui se courroucent, les premiers signes sont des *riens* — des riens qui ne trompent pas. Est-il un dialogue plus intime que le dialogue de deux colères ? Le *je* et le *tu* coléreux naissent au même moment, dans la même atmosphère de calme plat. En leurs premiers indices, ils sont à la fois immédiats et voilés. Le *je* et le *tu* coléreux continuent ensemble leur vie sourde, ils sont cachés et manifestes, leur hypocrisie est un système commun, presque un système de politesse convenue. Enfin, le *je* et le *tu* coléreux éclatent ensemble, comme une fanfare guerrière. Les voilà au même diapason. Entre l'Enfant maudit et l'Océan s'établit le même diagramme de la colère, la même échelle des violences, le même accord des volontés de puissance. Étienne « éprouvait en son âme une véritable tempête quand (la mer) se courrouçait ; il respirait avec colère dans ses sifflements aigus, il courait avec les lames énormes qui se brisaient en mille franges liquides sur les rochers, il se sentait intrépide et terrible comme elle, et comme elle, bondissait par les retours prodigieux ; il gardait ses silences mornes, il imitait ses clémences soudaines » (p. 66).

Balzac vient de trouver là un trait psychologique réel qui prouve *la généralité d'une action singulière*. En effet, qui n'a vu, au bord de la mer, un enfant lymphatique commander aux flots ? L'enfant calcule son commandement pour le proférer au moment où le flot va obéir. Il accorde sa volonté de puissance avec la période de l'onde qui amène et retire ses vagues sur le sable. Il construit en lui-même une sorte de colère adroitement rythmée où se succèdent une défensive facile et une attaque *toujours victorieuse*. *Intrépide*, l'enfant poursuit le flot qui recule ; il défie la mer hostile qui s'en va, il nargue en s'enfuyant la mer qui revient. Toutes les luttes humaines symbolisent avec ce jeu d'enfant. Des heures durant, l'enfant commandant aux flots nourrit ainsi un complexe de Swinburne larvé, le complexe de Swinburne d'un terrien.

Il nous semble qu'une fois toutes les formes du complexe de Swinburne bien isolées, la critique littéraire devrait attacher plus d'importance qu'elle ne le fait à des pages si caractéristiques. Avec sa profondeur psychologique habituelle, Michelet a noté la même scène : « Toute jeune

imagination (voit dans la violence des vagues) une image
de guerre, un combat, et d'abord s'effraye. Puis, observant
que cette fureur a des bornes où elle s'arrête, l'enfant
rassuré hait plutôt qu'il ne craint la chose sauvage qui
semble lui en vouloir. Il lance à son tour des cailloux à la
grande ennemie rugissante. J'observais ce duel au Havre,
en juillet 1831. Une enfant que j'amenais là en présence de
la mer sentit son jeune courage et s'indigna de ces défis.
Elle rendait guerre pour guerre. Lutte inégale, à faire
sourire, entre la main délicate de la fragile créature et
l'épouvantable force qui en tenait si peu compte[1]. »

Il est d'ailleurs bien évident que pour comprendre aussi
bien un complexe, il faut soi-même y participer. Et Michelet est, pour cela, un bon exemple. Ne semble-t-il pas
souffrir philosophiquement du fait que l'Océan « tienne si
peu compte » du courage des hommes ?

Dans de tels défis réciproques, plus pauvre est l'écrivain, plus verbeux est l'océan. Mais l'orgueil s'excite toujours de même devant la vague fuyante. Tout ce qui fuit
devant nous, fût-ce une eau inerte et sans vie, nous rend
vaillants. Dans un roman de Jules Sandeau, on retrouve,
avec force détails, le même complexe de Swinburne larvé :
« Quand l'Océan quittait ses bords, Marianna aimait à
poursuivre le flot qui s'enfuyait, et à le voir revenir sur
elle. Alors elle fuyait à son tour... Elle fuyait, mais pas à
pas, d'un pied qui ne cède qu'à regret et voudrait se laisser
atteindre[2]. » Parfois, ce sont les cris du garde-côte qui
l'arrachent « aux étreintes de la vague près de la dévorer ». Plus loin, en forçant le danger, on nous dit que la
vague saute « comme une hyène » sur Marianna, les lames
« piétinent sur son corps ». On le voit, la mer a une rage
animale, une rage humaine.

Voilà donc un romancier qui doit dépeindre la révolte
d'une âme blessée, d'une grande amante trahie par la vie,
ulcérée par la plus injuste des trahisons et l'écrivain ne
trouve rien de mieux pour représenter une révolte si
intime que le jeu d'un enfant qui défie l'Océan ! C'est que
les images de l'imagination première commandent toute

1. Michelet, *La Mer*, p. 12.
2. Jules Sandeau, *Marianna*, 11ᵉ éd., Paris, 1876, p. 202.

notre vie. C'est qu'elles se placent comme d'elles-mêmes dans l'axe du drame humain. La tempête nous donne les images naturelles de la passion. Comme le dit Novalis avec son génie de l'expression directe : « La tempête favorise la passion. »

Aussi quand on va à l'origine des images, quand on revit les images dans leur matière et dans leur force premières, on sait trouver une émotion dans des pages injustement accusées de déclamation. Comme si la déclamation n'était pas déjà, en ses beaux traits, une tempête du verbe, une passion d'exprimer! Ainsi quand on a compris le sens réaliste d'un complexe de Swinburne, on retrouve un accent sincère dans une page comme celle-ci : « O vanité de la douleur! En présence de la mer, Marianna ne s'humilia pas devant cette grande désolée, qui remplit ses rivages de lamentations éternelles. Elle crut entendre une âme répondre aux sanglots de la sienne. Il s'établit entre elles je ne sais quelles communications mystérieuses. Quand les vagues soulevées bondissaient en fureur, — cavales à la blanche crinière, — pâle, échevelée, elle allait sur la grève ; et là, pareille à l'Esprit de la Tempête, elle mêlait ses cris aux clameurs de l'ouragan. — Bien! disait-elle en marchant contre la lame ; bien! tourmentée comme moi, c'est ainsi que je t'aime! — Et s'offrant avec une sombre joie à l'écume glacée que le vent lui jetait au visage, elle croyait recevoir le baiser de la sœur de son désespoir[1]. »

Faut-il souligner la nuance de cette mélancolie atroce, de cette mélancolie active, de cette mélancolie qui veut l'offense répétée des choses après avoir subi l'offense des hommes? C'est la mélancolie des eaux violentes bien différente de la mélancolie poesque des eaux mortes.

Les âmes les plus douces peuvent être surprises en train de « composer » héroïquement. La tendre Marceline Desbordes-Valmore — sa fille aînée s'appelait Ondine — raconte que revenant seule d'Amérique, à quinze ans, elle se fit attacher solidement dans les haubans par les matelots pour assister sans plaintes, sans cris, sans un murmure « au spectacle émouvant de la tempête et à la lutte des hommes contre les éléments déchaînés[2] ». Sans nous

---

1. Jules Sandeau, *loc. cit.*, p. 197.
2. Arthur Pougin, *La Jeunesse de Mme Desbordes-Valmore*, p. 56.

faire juge de la réalité de ce lointain souvenir, sans nous demander s'il n'y a pas là un de ces héroïsmes récurrents si fréquents dans « les souvenirs d'enfance » des écrivains, remarquons en passant le grand privilège d'une psychologie de l'imagination : l'exagération d'un fait positif ne prouve rien — au contraire — contre le *fait de l'imagination*. Le *fait imaginé* est plus important que le *fait réel*. Dans le souvenir de Marceline Desbordes-Valmore, la mémoire *dramatise*; on est donc sûr que l'écrivain imagine. Le drame de la jeune orpheline a été inscrit dans une grande image. Son courage devant la vie a trouvé son symbole dans son courage devant la mer en furie.

On peut d'ailleurs trouver des cas où l'on voit en action une sorte de complexe de Swinburne surveillé, maîtrisé. Ils sont susceptibles d'apporter, croyons-nous, une précieuse confirmation à nos thèses sur l'imagination dynamique. Quel est le véritable calme humain ? C'est le calme conquis sur soi-même, ce n'est pas le calme naturel. C'est le calme conquis contre une violence, contre la colère. Il désarme l'adversaire; il impose son calme à l'adversaire; il déclare la paix au monde. On rêve à une correspondance magique bien réciproque entre le monde et l'homme. Edgar Quinet exprime cette magie de l'imagination avec une force singulière dans son grand poème sur Merlin l'Enchanteur :

> Que fais-tu pour apaiser une mer en fureur ?
> Je contiens ma colère[1].

Comment mieux dire que la colère est une connaissance première de l'imagination dynamique ? On la donne et on la reçoit; on la transmet à l'univers et on l'arrête dans le cœur comme dans l'univers. La colère est la plus directe des transactions de l'homme aux choses. Elle ne suscite pas de vaines images, car c'est elle qui donne les images dynamiques premières.

L'eau violente est un des premiers schèmes de la colère universelle. Aussi pas d'épopée sans une scène de tempête. M. J. Rouch en fait la remarque et il étudie — en météoro-

---

1. Edgar Quinet, *Merlin l'Enchanteur*, t. I, p. 12.

logiste — la tempête décrite par Ronsard dans la *Franciade*[1]. La grandeur humaine a besoin de se mesurer à la grandeur d'un monde : « Les nobles pensées naissent des nobles spectacles », dit Chateaubriand après la peinture de la tempête dans *Les Martyrs*.

On pourra, en effet, trouver des pages où le complexe de Swinburne anime une philosophie grandiose, où l'homme conscient de sa force surhumaine se hausse jusqu'au rôle d'un Neptune dominateur. Est-ce une rencontre du hasard qui fait de Goethe, partisan, comme on le sait, du neptunisme en géologie, un des plus manifestes *Neptune psychologique* ? Dans le *Second Faust*, on lit cette page : « Mon œil était dirigé vers la haute mer. Elle s'enflait, pour s'amonceler sur elle-même, puis elle cédait et secouait ses vagues, pour assaillir l'étendue de la plage, et je m'indignais de voir comme, par le mouvement d'un sang passionné, l'orgueil provoque le mécontentement du libre esprit qui respecte tous les droits. Je pris la chose pour un accident, j'aiguisai mon regard : le flux s'arrêta et roula en arrière, s'éloigna du but qu'il avait touché fièrement... Il approche en rampant, stérile lui-même, pour répandre sur mille et mille bords la stérilité ; puis s'enfle et grandit, et roule, et couvre l'affreuse étendue de la plage déserte. Là règnent flots sur flots impétueux ; ils se retirent... et n'ont rien fait. Elle pourrait me tourmenter jusqu'au désespoir, cette force aveugle des éléments déchaînés. Alors mon esprit ose s'élever au-dessus de lui-même. Voilà où je voudrais lutter ! C'est là que je voudrais vaincre ! Et c'est possible !... Si violent qu'il soit, le flot se courbe devant toute colline ; il a beau s'avancer avec orgueil, la moindre éminence l'affronte fièrement, la moindre profondeur l'entraîne victorieusement. Aussi ai-je formé d'abord dans mon esprit projet sur projet. Assure-toi cette rare jouissance ! Repousser du rivage la mer impérieuse, resserrer les limites de l'humide étendue et la refouler bien loin sur elle-même... Voilà mon désir[2]. »

Arrêter du regard la mer tumultueuse, comme le veut la volonté de Faust, jeter une pierre au flot hostile comme le

1. J. Rouch, *Orages et Tempêtes dans la littérature*, 1929, p. 22.
2. Goethe, *loc. cit.*, Porchat, p. 421.

fait l'enfant de Michelet, c'est la même image de l'imagination dynamique. C'est le même rêve de volonté de puissance. Ce rapprochement inattendu entre Faust et un enfant peut nous faire comprendre qu'il y a toujours un peu de naïveté dans la volonté de puissance. Le destin de la volonté de puissance est, en effet, de rêver la puissance au-delà du pouvoir effectif. Sans cette frange de rêve, la volonté de puissance serait impuissante. C'est par ses rêves que la volonté de puissance est la plus offensive. Dès lors, celui qui veut être un surhomme retrouve tout naturellement les mêmes rêves que l'enfant qui voudrait être un homme. Commander à la mer est un rêve surhumain. C'est à la fois une volonté de génie et une volonté d'enfant.

V

Dans le *complexe de Swinburne*, les éléments masochistes sont nombreux. On peut associer à ce complexe de la psychologie des eaux violentes un complexe plus nettement sadique sous le nom de *complexe de Xerxès*.

Remettons sous les yeux du lecteur l'anecdote racontée par Hérodote[1] : « Xerxès ayant donné l'ordre de faire construire des ponts entre les villes de Sestos et d'Abydos, ces ponts achevés, il s'éleva une affreuse tempête qui rompit les cordages et brisa les vaisseaux. A cette nouvelle, Xerxès, indigné, fit donner, dans sa colère, trois cents coups de fouet à l'Hellespont, et y fit jeter une paire de ceps. J'ai ouï dire qu'il avait aussi envoyé avec les exécuteurs de cet ordre des gens pour en marquer les eaux d'un fer ardent. Mais il est certain qu'il commanda qu'en les frappant à coups de fouet, on leur tînt ce discours barbare et insensé : "Onde amère, ton maître te punit ainsi parce que tu l'as offensé sans qu'il t'en ait donné sujet. Le roi Xerxès te passera de force ou de gré. C'est avec raison que personne ne t'offre des sacrifices, puisque tu es un fleuve trompeur et salé." Il fit ainsi châtier la mer, et l'on coupa la tête à ceux qui avaient présidé à la construction des ponts[2]. »

---

1. Hérodote, *Histoire*, VII, 34, 35.
2. Déjà Cyrus s'était vengé du Gynde qui avait emporté un de ses chevaux sacrés. « Indigné de l'insulte du fleuve, Cyrus le menaça de le rendre si faible que, dans la suite, les femmes mêmes pourraient le traverser sans se mouiller les genoux et il fit creuser par son armée trois cents canaux pour détourner le fleuve. »

Si c'était là une anecdote isolée, une vésanie exceptionnelle, cette page aurait bien peu d'importance pour
une étude de l'imagination. Mais il en va tout autrement,
et les vésanies les plus extraordinaires ne sont jamais des
exceptions. Les légendes ne manquent pas qui renou-
vellent la pratique du roi des Mèdes. Après l'échec de leurs
incantations, que de sorcières ont objectivé leur rancune
en frappant les eaux marécageuses[1]! Saintyves rapporte
aussi, au dire de Pouqueville, la pratique des Turcs qui
habitent les bords de l'Inachus. Cette pratique était encore
en usage vers 1826 : « Par une requête, dressée et signée en
forme, les Turcs représentent au cadi que l'Inachus, sortant de ses bornes, désole leurs champs, et ils le supplient
d'ordonner qu'il ait à rentrer dans son lit. Le juge rend une
sentence dans le sens des conclusions, et on s'en tient à ce
prononcé. Mais si les eaux augmentent, alors le cadi,
accompagné des habitants, fait une descente sur les lieux
pour sommer le fleuve de se retirer. On lui jette copie de la
sommation du juge; le peuple le traite d'usurpateur, de
dévastateur, lui lance des pierres... » La même pratique
est évoquée dans les *Chants populaires de la Grèce et de
la Serbie* d'Achille Millien (1891, p. 68). Les femmes
des matelots disparus s'assemblent au bord de la mer.
Chacune :

> Flagelle tour à tour la surface des flots.
> O mer, méchante mer à la vague écumante,
> Où sont-ils nos maris? Où sont-ils nos bien-aimés?

Toutes ces violences obéissent à la psychologie du res-
sentiment, de la vengeance symbolique et indirecte. On
peut trouver, dans la psychologie de l'eau, des violences
similaires qui vont utiliser une autre forme de l'excitation
coléreuse. Nous verrons en les examinant attentivement
que tous les détails de la psychologie de la colère se
retrouvent sur le plan cosmique. On peut voir, en effet,
dans les pratiques des *Tempestiaires*, une psychologie évidente du *taquin*.

Pour obtenir l'orage désiré, le tempestiaire, l'*homo faber*
de la tempête, excite les eaux comme un enfant taquine un

---

1. *Cf.* Sébillot, *loc. cit.*, t. II, p. 465.

chien. Une fontaine lui suffit. Il vient au bord de l'eau, avec son bâton de coudrier, avec sa verge de Jacob. De la pointe, il érafle le miroir transparent de la fontaine; il le retire vivement; d'un geste brusque, il l'enfonce à nouveau; il pique l'eau.

L'eau tranquille et placide, qui dans son repos est vraiment :

> L'eau, telle une peau
> Que nul ne peut blesser[1],

finit par s'irriter. Les nerfs de l'eau sont maintenant à vif. Alors le tempestiaire enfonce le bâton jusqu'à la vase; il fouaille la source jusqu'aux entrailles. Cette fois l'élément se fâche, sa colère devient universelle; l'orage gronde, la foudre éclate, la grêle crépite, l'eau inonde la terre. Le tempestiaire a rempli sa tâche cosmologique. Pour cela, il a *projeté* la psychologie de la taquinerie, sûr de trouver dans l'eau tous les caractères d'une psychologie universelle.

On trouvera, dans le *Folklore des eaux* de Saintyves, de nombreux exemples de la pratique des tempestiaires[2]. Résumons-en quelques-uns. On lit dans la *Démonolâtrie* de Nicolas Remi (1595) : « Il a été déclaré par l'assertion libre et spontanée de plus de deux cents personnes, que deux hommes, condamnés au feu comme sorciers, se réunissaient à certains jours sur les bords d'un étang ou d'une rivière et que là, armés d'une baguette noire, qu'ils avaient reçue du démon, ils frappaient fortement l'eau jusqu'à ce qu'il s'en soulevât des vapeurs abondantes, qui les enlevaient dans les airs; puis, après avoir accompli leurs artifices, ils retombaient sur terre au milieu des torrents de grêle... »

Certains lacs sont particulièrement excitables; ils réagissent tout de suite à la moindre *taquinerie*. Un vieil historien des comtés de Foix, de Béarn et de Navarre rapporte qu'il y a dans les Pyrénées « deux lacs nourriciers de flammes, feu et tonnerre... Si l'on y jette quelque chose,

---

1. Paul Éluard, *Les Animaux et leurs Hommes. Les Hommes et leurs Animaux*. Mouillé.
2. Saintyves, *loc. cit.*, pp. 205 à 211.

aussitôt on voit un tel tintamarre en l'air que la plupart de ceux qui sont spectateurs d'une telle furie sont touchés par le feu et brisés par les foudres ordinaires et originaires de l'étang ». Un autre chroniqueur « signale à quatre lieues de Bade un petit lac où l'on ne pouvait jeter de la terre, une pierre, un objet quelconque sans que le ciel fût aussitôt troublé par la pluie ou par une tempête ». Pomponius Mela signale aussi une fontaine particulièrement « susceptible ». « Lorsque la main de l'homme vient à toucher [un rocher de son bord], aussitôt la fontaine s'enfle immodérément et fait voler des tourbillons de sable, semblables aux flots d'une mer agitée par la tempête[1]. »

Il est, comme on le voit, des eaux qui ont l'épiderme sensible. Nous pourrions multiplier les nuances, nous pourrions montrer que l'offense faite aux eaux peut décroître physiquement, tout en gardant indemne la réaction des eaux violentes, nous pourrions montrer que l'offense peut passer de la flagellation à la simple menace. Un seul coup d'ongle, la plus légère souillure peut réveiller la colère de l'eau.

Notre tâche de psychologue littéraire ne serait pas remplie si nous nous bornions à citer des légendes et d'antiques histoires. En fait, on peut montrer que des complexes de Xerxès sont actifs dans la rêverie de certains écrivains. Nous allons en rapporter quelques cas.

Et d'abord un cas très effacé où l'offense faite aux eaux ne dépasse guère le simple mépris. Nous le trouverons dans l'*Ahasvérus* d'Edgar Quinet (p. 76). Le roi, plein de superbe, sûr de sa volonté de puissance, provoque en ces termes l'Océan qui s'enfle pour le déluge : « Océan, mer lointaine, as-tu bien compté d'avance les marches de ma tour... Prends garde, pauvre enfant en colère, que ton pied ne glisse sur mes dalles et que ta salive ne mouille ma rampe. Avant d'avoir monté la moitié de mes degrés, honteuse, haletante, et voilant de ton écume, tu rentreras chez toi en pensant : je suis lasse. » Dans Ossian, c'est souvent avec l'épée qu'on combat la tempête. Dans le troisième chant, Calmár s'avance contre le flot, le glaive nu : « Lorsque le nuage abaissé passe auprès de lui, il saisit ses noirs flocons, et plonge son fer dans sa brume

1. Cité par Saintyves, *loc. cit.*, p. 109.

ténébreuse. L'esprit de la tempête abandonne les airs... »
On lutte contre les choses comme on lutte contre les
hommes. L'esprit de bataille est homogène.

Parfois le sens métaphorique s'inverse : c'est la résistance à la mer qui donnera ses images à la résistance
contre les hommes. Victor Hugo peint ainsi Mess
Lethierry : « Jamais un gros temps ne l'avait fait reculer ;
cela tenait à ce qu'il était peu accessible à la contradiction.
Il ne la tolérait pas plus de l'océan que d'un autre. Il
entendait être obéi ; tant pis pour la mer si elle résistait ; il
fallait qu'elle en prît son parti. Mess Lethierry ne cédait
point. Une vague qui se cabre, pas plus qu'un voisin qui
dispute, ne réussissait à l'arrêter [1]. » L'homme est tout
d'une pièce. Il a la même volonté contre tout adversaire.
Toute résistance réveille le même vouloir. Dans le règne de
la volonté, il n'y a pas de distinction à faire entre les choses
et les hommes. L'image de la mer qui se retire *vexée* de la
résistance d'un seul homme ne soulève aucune critique du
lecteur. A bien y réfléchir, cette image est pourtant une
simple métaphore de l'acte insensé de Xerxès.

Un grand poète retrouve les pensées primitives, et sous
sa plume la naïveté de la légende s'efface devant on ne sait
quelle beauté légendaire. Xerxès fit marquer au fer rouge
l'Hellespont révolté. Paul Claudel retrouve l'image, sans
penser, semble-t-il, au texte d'Hérodote. Au début du
premier acte de *Partage du Midi* se trouve cette splendide
image que nous citons de mémoire : « La mer, l'échine
resplendissante, est comme une vache terrassée que l'on
marque au fer rouge. » Cette image n'a-t-elle pas l'émouvante beauté d'un ciel du soir qui blesse jusqu'au sang la
mer étonnée ? Elle a été faite devant la nature, par une
nature de poète — loin des livres et des conseils scolaires.
De telles pages sont précieuses pour notre thèse. Elles
montrent que la poésie est une synthèse naturelle et
durable d'images en apparence factices. Le conquérant et
le poète veulent l'un et l'autre mettre la marque de leur
puissance sur l'univers : l'un et l'autre prennent la marque
à la main, ils mettent leur fer rouge sur l'univers dominé.
Ce qui nous semble insensé dans l'histoire, dans le passé,
est maintenant, en un éternel présent, une vérité profonde

---

1. Victor Hugo, *Les Travailleurs de la Mer*, 1ʳᵉ partie, livre IV.

de la libre imagination. La métaphore, physiquement inadmissible, psychologiquement insensée, est cependant une vérité poétique. C'est que la métaphore est le phénomène de l'âme poétique. C'est encore un phénomène de la nature, une projection de la nature humaine sur la nature universelle.

VI

On n'a donc pas tout dit quand on a englobé toutes ces légendes, toutes ces vésanies, toutes ces formes poétiques sous le nom d'animisme. On doit, en effet, se rendre compte qu'il s'agit d'un animisme qui vraiment anime, d'un animisme tout en détail, tout en finesse qui retrouve avec sûreté dans le monde inanimé toutes les nuances d'une vie sensible et volontaire, qui lit la nature comme une mobile physionomie humaine.

Si l'on veut comprendre la psychologie de l'imagination conçue comme une faculté naturelle, et non plus comme une faculté éduquée, il faut rendre un rôle à cet animisme prolixe, à cet animisme qui anime tout, qui projette tout, qui mêle, à propos de tout, le désir et la vision, les impulsions intimes et les forces naturelles. Alors on replacera, comme il convient, les images avant les idées. On mettra au premier rang, comme il convient, les images *naturelles*, celles que donne directement la nature, celle qui suivent à la fois les forces de la nature et les forces de notre nature, celles qui prennent la matière et le mouvement des éléments naturels, les images que nous sentons actives en nous-mêmes, en nos organes.

On peut considérer n'importe quelle action humaine : on s'apercevra qu'elle n'a pas le même goût au milieu des hommes et au milieu des champs. Par exemple, quand l'enfant, au gymnase, dans la sciure, s'efforce au saut en longueur, il n'éprouve qu'une émulation humaine. S'il est le premier dans cet exercice, il est le premier entre des hommes. Quel autre orgueil, quel orgueil surhumain de sauter l'obstacle *naturel*, de franchir d'un bond le ruisseau ! On a beau être seul, on est le *premier*. On est le premier dans l'ordre de la nature. Et l'enfant, en un jeu sans fin, sous la saulée, va d'une prairie à l'autre, maître de deux mondes, bravant l'eau tumultueuse. Que d'images

viennent prendre là leur origine naturelle! Que de rêveries
viennent prendre là le goût de la puissance, le goût du
triomphe, le goût du mépris pour ce que l'on surmonte.
L'enfant qui saute par-dessus le ruisseau du grand pré sait
rêver les aventures, il sait rêver la force, l'élan, il sait rêver
l'audace. Il a vraiment chaussé les bottes de sept lieues!

Le saut au-dessus d'un ruisseau comme obstacle *naturel*
est d'ailleurs celui qui est le plus semblable au saut que
nous aimons faire en nos rêves. Si l'on s'efforçait, comme
nous le proposons, de retrouver avant le seuil de nos
expériences effectives, les expériences imaginaires que
nous faisons dans le grand pays de notre sommeil, on se
rendait compte que, dans le règne de l'imaginaire et de la
rêverie, le jour nous a été donné pour vérifier les expériences de nos nuits. Charles Nodier écrit dans ses *Rêveries* : « Un des philosophes les plus ingénieux et les plus
profonds de notre époque me racontait... qu'ayant rêvé
plusieurs nuits de suite, dans sa jeunesse, qu'il avait
acquis la merveilleuse propriété de se soutenir et de se
mouvoir dans l'air, il ne put jamais se désabuser de cette
impression sans en faire l'essai au passage d'un ruisseau
ou d'un fossé » (p. 165). La vue du ruisseau réanime des
rêves lointains; elle vitalise notre rêverie.

Inversement, les images littéraires correctement dyna-
misées dynamisent le lecteur; elles déterminent dans les
âmes consonantes une sorte d'hygiène physique de la
lecture, une gymnastique imaginaire, une gymnastique
des centres nerveux. Le système nerveux a besoin de tels
poèmes. Malheureusement, dans notre poétique brouillée,
nous ne trouvons pas facilement notre régime personnel.
La rhétorique, avec sa fade encyclopédie du beau, avec ses
puériles rationalisations du clair, ne nous permet pas
d'être vraiment fidèles à notre élément. Elle nous empêche
de suivre, dans son plein essor, le *fantôme réel de notre
nature imaginaire*, qui, s'il dominait notre vie, nous ren-
drait la vérité de notre être, l'énergie de notre dynamisme
propre.

Conclusion

LA PAROLE DE L'EAU

> Je tiens le flot de la rivière comme
> un violon.
>
> Paul Éluard, *Le Livre ouvert*.

> Miroir moins que frisson... à la fois
> pause et caresse, passage d'un archet
> liquide sur un concert de mousse.
>
> Paul Claudel, *L'Oiseau noir
> dans le Soleil levant*, p. 230.

I

Nous voudrions réunir, dans notre conclusion, toutes les leçons de lyrisme que nous donne la rivière. Ces leçons ont au fond une très grande unité. Elles sont vraiment les leçons d'un élément fondamental.

Pour bien montrer l'unité vocale de la poésie de l'eau, nous allons développer tout de suite un paradoxe extrême : L'eau est la maîtresse du langage fluide, du langage sans heurt, du langage continu, continué, du langage qui assouplit le rythme, qui donne une matière uniforme à des rythmes différents. Nous n'hésiterons donc pas à donner son plein sens à l'expression qui dit la qualité d'une poésie fluide et animée, d'une poésie qui coule de source.

Sans forcer la note, comme nous le faisons présentement, Paul de Reul observe précisément l'attachement de

Swinburne pour les consonnes liquides : « La tendance à employer les liquides pour empêcher l'accumulation et le heurt des autres consonnes l'amène à multiplier d'autres sons de transition. L'emploi de l'article, d'un mot dérivé au lieu d'un mot simple n'a souvent pas d'autre motif : *in the june days — Life within life in laid*[1]. » Où Paul de Reul voit des moyens, nous voyons une fin : la *liquidité* est, d'après nous, le désir même du langage. Le langage veut couler. Il coule naturellement. Ses soubresauts, ses rocailles, ses duretés sont des essais plus factices, plus difficiles à *naturaliser*.

Notre thèse ne s'arrête pas aux leçons de la poésie imitative. La poésie imitative nous semble, en effet, être condamnée à rester superficielle. D'un son vivant, elle ne retient que ses brutalités, ses maladresses. Elle donne la mécanique sonore, elle ne donne pas la sonorité humainement vivante. Par exemple, Spearman dit qu'on entend presque le galop dans les vers :

> *I sprang to the stirrup, and Joris, and he,*
> *I galloped, Dirck galloped, we galloped, all three*[2].

Pour bien reproduire un bruit, il faut le produire plus profondément encore, il faut vivre la volonté de le produire ; il faudrait ici que le poète nous induisît à mouvoir les jambes, à courir en tournant pour bien vivre le mouvement asymétrique du galop ; cette préparation dynamique manque. C'est cette préparation dynamique qui produit l'audition *active*, l'audition qui fait parler, qui fait mouvoir, qui fait voir. En fait, la théorie de Spearman, dans son ensemble, est trop conceptuelle. Ses arguments sont appuyés sur des dessins, en donnant à la vue un privilège insigne. On ne peut aboutir ainsi qu'à une formule de l'imagination reproductrice. Or, l'imagination reproductrice masque et entrave l'imagination créatrice. Finalement, le véritable domaine pour étudier l'imagination, ce n'est pas la peinture, c'est l'œuvre littéraire, c'est le mot, c'est la phrase. Alors combien la forme est peu de choses !

---

1. Paul de Reul, *L'Œuvre de Swinburne*, p. 32 en note.
2. Spearman, *Creative mind*, p. 88.

Comme la matière commande! Quel grand maître que le ruisseau!

Il y a, dit Balzac, « des mystères enfouis dans toute parole humaine [1] ». Mais le vrai mystère n'est pas nécessairement aux origines, dans les racines, dans les formes anciennes... Il y a des mots qui sont en pleine fleur, en pleine vie, des mots que le passé n'avait pas achevés, que les anciens n'ont pas connus aussi beaux, des mots qui sont les bijoux mystérieux d'une langue. Tel est le mot *rivière*. C'est un phénomène incommunicable aux autres langues. Qu'on songe phonétiquement à la brutalité sonore du mot *river* en anglais. On comprendra que le mot *rivière* est le plus français de tous les mots. C'est un mot qui est fait avec l'image visuelle de la *rive* immobile et qui cependant n'en finit pas de couler...

Dès qu'une expression poétique se révèle à la fois pure et dominante, on peut être sûr qu'elle a un rapport direct avec les sources matérielles élémentaires de la langue. J'avais toujours été frappé que les poètes associent l'harmonica à la poésie des eaux. La douce aveugle du *Titan* de Jean-Paul joue de l'harmonica. Dans le *Pokal*, le héros de Tieck travaille le bord de la coupe comme un harmonica. Et je me demandais par quel prestige le verre d'eau sonore avait reçu son nom d'harmonica ? J'ai lu bien plus tard, dans Bachoffen, que la voyelle *a* est la voyelle de l'eau. Elle commande aqua, apa, wasser. C'est le phonème de la création par l'eau. L'*a* marque une matière première. C'est la lettre initiale du poème universel. C'est la lettre du repos d'âme dans la mystique thibétaine.

On va nous accuser ici d'accepter comme des raisons solides de simples rapprochements verbaux; on va nous dire que les *consonnes liquides* ne rappellent qu'une curieuse métaphore des phonéticiens. Mais une telle objection nous semble un refus de sentir, dans sa vie profonde, la *correspondance* du verbe et du réel. Une telle objection est une volonté d'écarter tout un domaine de l'imagination créatrice : l'imagination par la parole, l'imagination par le *parler*, l'imagination qui jouit musculairement de parler, qui parle avec volubilité et qui

---

1. Balzac, *Louis Lambert*, éd. Leroy, p. 5.

augmente le volume psychique de l'être. Cette imagination sait bien que la rivière est une parole sans ponctuation, une phrase éluardienne qui n'accepte pas, pour son récit, « des ponctuateurs ». O chant de la rivière, merveilleuse logorrhée de la nature-enfant !

Et comment ne pas vivre aussi le parler liquide, le parler gouailleur, l'argot du ruisseau !

Si l'on ne saisit pas facilement cet aspect de l'*imagination parlante*, c'est qu'on veut donner un sens trop restreint à la fonction de l'onomatopée. On veut toujours que l'onomatopée soit un écho, on veut qu'elle se guide entièrement sur l'audition. En fait, l'oreille est beaucoup plus libérale qu'on ne le suppose, elle veut bien accepter une certaine transposition dans l'imitation, et bientôt elle imite l'imitation première. A sa joie d'entendre, l'homme associe la joie du parler actif, la joie de toute la physionomie qui exprime son talent d'imitateur. *Le son n'est qu'une partie du mimologisme.*

Charles Nodier, avec sa science bon enfant, a bien compris le caractère de *projection* des onomatopées. Il abonde dans le sens du président de Brosses : « Beaucoup d'onomatopées ont été formées, sinon d'après le bruit que produisait le mouvement qu'elles représentent, au moins d'après un bruit déterminé sur celui que ce mouvement paraît devoir produire, à le considérer dans son analogie avec tel autre mouvement du même genre, et ses effets ordinaires ; par exemple, l'action de *clignoter*, sur laquelle il forme ces conjectures, ne produit aucun bruit réel, mais les actions de la même espèce rappellent très bien, par le bruit dont elles sont accompagnées, le son qui a servi de racine à ce mot [1]. » Il y a donc là une sorte d'onomatopée déléguée qu'il faut *produire*, qu'il faut *projeter* pour entendre ; une sorte d'onomatopée abstraite qui donne une voix à une paupière qui tremble.

Tombant de la feuillée après l'orage, il est des gouttes qui clignotent ainsi et qui font trembler la lumière et le miroir des eaux. A les *voir*, on les *entend* frémir.

Il y a donc, d'après nous, dans l'activité poétique une sorte de réflexe conditionné, réflexe étrange, car il a *trois*

---

1. Charles Nodier, *Dictionnaire raisonné des onomatopées françaises*, 1828, p. 90.

racines : il réunit les impressions visuelles, les impressions auditives et les impressions vocales. Et la joie d'exprimer est si exubérante que, finalement, c'est l'expression vocale qui marque le paysage de ses « touches » dominantes. La voix *projette* des visions. Lèvres et dents produisent alors des *spectacles* différents. Il est des paysages qui se conçoivent avec les poings et les mâchoires... Il est des paysages labiés, si doux, si bons, si faciles à prononcer... En particulier, si l'on pouvait grouper tous les mots à phonèmes liquides, on obtiendrait tout naturellement un paysage aquatique. Réciproquement, un paysage poétique exprimé par un psychisme hydrant, par le verbe des eaux, trouve tout naturellement les consonnes liquides. Le son, le son natif, le son naturel — c'est-à-dire la voix — place les choses à leur rang. La vocalisation commande la peinture des vrais poètes. Nous allons essayer de donner un exemple de cette appartenance vocale qui détermine l'imagination des poètes.

C'est ainsi que, pour moi, en écoutant les remous du ruisseau, je trouvais tout naturel que, dans bien des vers des poètes, le ruisseau fît fleurir le lis et le glaïeul. En étudiant d'un peu près cet exemple, on va comprendre la victoire de l'imagination du verbe sur l'imagination visuelle ou, plus simplement, la victoire de l'imagination créatrice sur le réalisme. On comprendra en même temps l'inertie poétique de l'étymologie.

Le glaïeul a reçu son nom — visuellement, passivement — du glaive. Il est un glaive qu'on ne manie pas, qui ne coupe pas, un glaive dont la pointe est si fine, si bien dessinée, mais si fragile, qu'elle ne pique pas. Sa forme n'appartient pas à la poésie de l'eau. Sa couleur non plus. Cette couleur éclatante est une couleur chaude, c'est une flamme d'enfer ; le glaïeul s'appelle, dans certaines contrées : « la flamme d'enfer ». Enfin, on n'en voit guère effectivement le long du ruisseau. Mais, quand on chante, le réalisme a toujours tort. La vue ne commande plus, l'étymologie ne pense plus. L'oreille, elle aussi, veut nommer avec des fleurs ; elle veut que ce qu'elle entend fleurisse, fleurisse directement, fleurisse dans le langage. La douceur de couler veut, elle aussi, des images à montrer. Écoutez! Le *glaïeul* est alors un soupir spécial de la rivière, un soupir synchrone, en nous, avec un léger, très léger chagrin qui s'étale, qui s'écoule et qu'on ne nommera plus. Le glaïeul est un demi-deuil de l'eau mélancolique. Loin d'être une couleur éclatante qui se souvient, qui se reflète, c'est un léger sanglot qu'on oublie. Les syllabes « liquides » amollissent et emportent des images arrêtées un instant sur un souvenir ancien. Elles rendent à la tristesse un peu de fluidité[1].

Comment aussi expliquer autrement que par la poésie des sons des eaux tant de *cloches englouties*, tant de clochers submergés qui sonnent encore, tant de harpes d'or qui donnent de la gravité à des voix cristallines ! Dans un lied rapporté par Schuré, l'amant d'une jeune fille ravie par le Nixe du fleuve joue à son tour de la harpe d'or[2]. Le Nixe, lentement vaincu par l'harmonie, rend la fiancée. Le charme est vaincu par le charme, la musique par la musique. Ainsi vont les dialogues enchantés.

De même, le rire des eaux n'aura nulle sécheresse et, pour l'exprimer, comme des cloches un peu folles, il faudra des sons « glauques » qui sonnent avec une certaine verdeur. La grenouille, phonétiquement — dans la phonétique véritable qui est la phonétique imaginée — est déjà un animal de l'eau. C'est par surcroît qu'elle est verte. Et le bon peuple ne s'y trompe pas qui appelle l'eau du sirop de grenouille : gribouille qui la boira[3] !

Bonheur aussi d'entendre, après les *a* de la tempête, après les fracas des aquilons, les *o* de l'eau, les trombes et la belle rondeur des sons. Tant va la gaieté reconquise que les paroles s'inversent comme des folles : le ruisseau rigole et la rigole ruisselle.

---

1. Mallarmé associe le glaïeul et le cygne :
　　« le glaïeul fauve, avec les cygnes au col fin »

　　　　　　　　　　　　　　　　　　　　　　(*Les fleurs*).
C'est, à notre avis, une « association » d'origine hydrique.

2. Schuré, *Histoire du Lied*, p. 103.

3. Pour traduire « la confusion volontaire » d'un hymne védique *Aux grenouilles*, M. Louis Renou (*loc. cit.*, p. 75) voudrait un équivalent masculin à « grenouille ». Dans les récits d'un village champenois, le Père Gribouille était le partenaire de la Mère Gribouille. — Voici deux versets traduits par L. Renou :

— « Lorsqu'au début des Pluies, il a plu sur [les grenouilles] consentantes, assoiffées, elles crient akhkhalà ! et comme un fils va vers son père elles vont causant l'une vers l'autre.

— « Si l'une d'elles redit les mots de l'autre comme l'élève ceux du maître, le tout s'harmonise comme un morceau que de vos belles voix vous entonnez sur les eaux. »

On n'en finirait pas à chercher tous les doublets de phonétique imaginaire des eaux si l'on écoutait les trombes et les rafales, si l'on étudiait ensemble les cris et les caricatures de la gargouille. Pour cracher comme une insulte, pour vomir les injures gutturales de l'eau, il fallait attacher à la gouttière des formes monstrueuses, tout en gueule, lippues, cornues, béantes. Sans fin, la gargouille plaisante avec le déluge. La gargouille a été un *son* avant d'être une image, ou, pour le moins, elle a été un son qui a trouvé tout de suite son image de pierre.

Dans la peine et dans la joie, dans son tumulte et dans sa paix, dans ses plaisanteries et dans ses plaintes, la source est bien, comme le dit Paul Fort, « le Verbe se faisant eaux[1] ». A écouter tous ses sons, si beaux, si simples, si frais, l'eau, semble-t-il, « en vient à la bouche ». Faut-il taire, enfin, tous les bonheurs de la langue humide ? Comment comprendre alors certaines formules qui évoquent l'intimité profonde de l'humide ? Par exemple, un hymne du Rig Veda, en deux lignes, rapproche la mer et la langue : « Le sein d'Indra, altéré de soma, doit toujours en être rempli : telle la mer est toujours gonflée d'eau, telle la langue est sans cesse humectée de salive[2]. » La liquidité est un principe du langage ; le langage doit être gonflé d'eaux. Dès qu'on sait parler, comme dit Tristan Tzara, « une nuée de fleuves impétueux emplit la bouche aride[3]. »

Pas de grande poésie non plus sans de larges intervalles de détente et de lenteur, pas de grands poèmes sans silence. L'eau est aussi un modèle de calme et de silence. L'eau dormante et silencieuse met dans les paysages, comme le dit Claudel, des « lacs de chant ». Près d'elle la gravité poétique s'approfondit. L'eau vit comme un grand silence matérialisé. C'est auprès de la fontaine de Mélisande que Pelléas murmure : « Il y a toujours un silence extraordinaire... On entendrait dormir l'eau » (acte I). Il semble que, pour bien comprendre le silence, notre âme ait besoin de voir *quelque chose* qui se taise ; pour être sûre du repos, elle a besoin de sentir près d'elle un grand être naturel qui dorme. Maeterlinck a travaillé aux confins de

1. *Ermitage*, juillet 1897.
2. *Le Rig Veda*, trad. Langlois, t. I, p. 14.
3. Tristan Tzara, *Où boivent les loups*, p. 151.

la poésie et du silence, au minimum de la voix, dans la sonorité des eaux dormantes.

II

L'eau a aussi des voix indirectes. La nature retentit d'échos ontologiques. Les êtres se répondent en imitant des voix élémentaires. De tous les éléments, l'eau est le plus fidèle « miroir des voix[1] ». Le merle, par exemple, chante comme une cascade d'eau pure. Dans son grand roman intitulé *Wolf Solent*, Powys semble poursuivi par cette métaphore, par cette métaphonie. Par exemple : « L'accent particulier du chant de merle, plus imprégné de l'esprit de l'air et de l'eau qu'aucun son du monde, avait toujours eu pour Wolf un attrait mystérieux. Il semblait contenir, dans la sphère du son, ce que contiennent, dans la sphère de la matière, les étangs pavés d'ombre et entourés de fougères. Il semblait contenir en lui toute la tristesse qu'il est possible d'éprouver sans franchir la ligne invisible de la région où la tristesse devient le désespoir » (trad. p. 137). J'ai relu bien souvent ces pages qui m'ont fait comprendre que la roulade du merle est un cristal qui tombe, une cascade qui meurt. Le merle ne chante pas pour le ciel. Il chante pour une eau prochaine. Plus loin (p. 143), Powys entend encore dans le chant du merle, accentuant sa parenté avec l'eau, « cette cascade mélodieuse de notes liquides, fraîches et tremblantes, [qui semble] vouloir tarir ».

S'il n'y avait pas dans les voix de la nature de semblables redoublements des onomatopées, si l'eau tombante ne redonnait pas les accents du merle chanteur, il semble que nous ne pourrions pas entendre *poétiquement* les voix naturelles. L'art a besoin de s'instruire sur des reflets, la musique a besoin de s'instruire sur des échos. C'est en imitant qu'on invente. On croit suivre le réel et on le traduit humainement. En imitant la rivière, le merle aussi projette un peu plus de pureté. Le fait que Wolf Solent soit précisément victime d'une imitation et que le merle entendu dans le feuillage au-dessus de la rivière soit

---

1. *Cf*. Tristan Tzara, *loc. cit.* p. 161.

la voix limpide de la belle Gerda ne donne que plus de sens au mimétisme des sons naturels.

Tout est écho dans l'Univers. Si les oiseaux sont, au gré de certains linguistes rêveurs, les premiers phonateurs qui ont inspiré les hommes, ils ont eux-mêmes imité les voix de la nature. Quinet, qui a si longtemps écouté les voix de Bourgogne et de Bresse, retrouve « le clapotement des rivages dans le nasillement des oiseaux aquatiques, le coassement de la grenouille dans le râle d'eau, le sifflement du roseau dans le bouvreuil, le cri de la tempête dans la frégate ». Où les oiseaux de nuit ont-ils pris les sons tremblés, frissonnants, qui semblent la répercussion d'un écho souterrain dans des ruines ? « Ainsi, tous les accents de la nature morte ou animée ont leur écho et leur consonance dans la nature vivante[1]. »

Armand Salacrou[2] retrouve aussi la parenté euphonique du merle et du ruisseau. Après avoir remarqué que les oiseaux de mer ne chantent pas, Armand Salacrou se demande à quel hasard sont dus les chants de nos bocages : « J'ai connu, dit-il, un merle élevé près d'un marais qui mêlait à ses mélodies des voix rauques et saccadées. Chantait-il pour les grenouilles ? ou était-il victime d'une obsession ? » L'eau aussi est une vaste unité. Elle harmonise les cloches du crapaud et du merle. Du moins une oreille poétisée ramène à l'unité des voix discordantes quand elle se soumet au chant de l'eau comme à un son fondamental.

Le ruisseau, la rivière, la cascade ont donc un parler que comprennent naturellement les hommes. Comme le dit Wordsworth, « une musique d'humanité » :

> *The still, sad music of humanity.*
> *(Lyrical Ballads.)*

Comment des voix écoutées avec une sympathie si fondamentale ne seraient-elles pas des voix prophétiques ?

---

1. At liquidas avium voces imitarier ore
Ante fuit multo quam laevia carmina cantu.
Concelebrare homines possent, auresque juvant.
                              Lucret., liv. V, v. 1378.
2. Armand Salacrou, *Le mille têtes*, in *Le Théâtre élizabéthain*, éd. José Corti, p. 121.

Pour rendre aux choses leur valeur oraculaire, faut-il les écouter de près ou de loin? faut-il qu'elles nous hypnotisent ou faut-il les contempler? Deux grands mouvements de l'imaginaire prennent naissance près des objets : tous les corps de la nature produisent des géants et des nains, le bruit des flots emplit l'immensité du ciel ou le creux d'une coquille. Ce sont ces deux mouvements que l'imagination vivante doit vivre. Elle n'entend que les voix qui s'approchent ou les voix qui s'éloignent. Celui qui écoute les choses sait bien qu'elles vont parler trop fort ou trop doucement. Il faut se hâter de les entendre. Déjà la cascade fracasse ou le ruisseau balbutie. L'imagination est un *bruiteur*, elle doit amplifier ou assourdir. Une fois l'imagination maîtresse des correspondances dynamiques, les *images parlent vraiment*. On comprendra cette correspondance des images au son, si l'on médite « ces vers subtils où une jeune fille, penchée sur le ruisseau, sent passer dans ses traits *la beauté qui naît du son murmurant* » :

> And beauty born of murmuring sound
> Shall pass into her face.
>   (Wordsworth. *Three years she grew.*)

Ces correspondances des images à la parole sont les correspondances vraiment salutaires. La consolation d'un psychisme douloureux, d'un psychisme affolé, d'un psychisme évidé sera aidée par la fraîcheur du ruisseau ou de la rivière. Mais il faudra que cette fraîcheur soit *parlée*. Il faudra que l'être malheureux parle à la rivière.

Venez, ô mes amis, dans le clair matin, chanter les voyelles du ruisseau! Où est notre première souffrance? C'est que nous avons hésité à dire... Elle est née dans les heures où nous avons entassé en nous des choses tues. Le ruisseau vous apprendra à parler quand même, malgré les peines et les souvenirs, il vous apprendra l'euphorie par l'euphuisme, l'énergie par le poème. Il vous redira, à chaque instant, quelque beau mot tout rond qui roule sur des pierres.

Dijon, 23 août 1941.

INDEX DES NOMS CITÉS

Table

Le Livre de Poche s'engage pour l'environnement en réduisant l'empreinte carbone de ses livres. Celle de cet exemplaire est de :
400 g éq. CO₂
Rendez-vous sur
www.livredepoche-durable.fr

PAPIER À BASE DE FIBRES CERTIFIÉES

Imprimé en France par CPI
en août 2016
N° d'impression : 2024049
Dépôt légal 1re publication : mars 1993
Édition 16 - août 2016
LIBRAIRIE GÉNÉRALE FRANÇAISE
21, rue du Montparnasse - 75298 Paris Cedex 06

42/4160/0